Tus Sueños Sagrados

Tus Sueños Sagrados

SEGUNDA EDICIÓN

Alba Ambert

Copyright © 2019 por Alba Ambert.

ISBN:	Tapa Blanda	978-1-7960-6981-5
	Libro Electrónico	978-1-7960-6980-8

Todos los derechos reservados. Ninguna parte de este libro puede ser reproducida o transmitida de cualquier forma o por cualquier medio, electrónico o mecánico, incluyendo fotocopia, grabación, o por cualquier sistema de almacenamiento y recuperación, sin permiso escrito del propietario del copyright.

Las opiniones expresadas en esta obra son de exclusiva responsabilidad del autor y no reflejan necesariamente las opiniones del editor quien, por este medio, renuncia a cualquier responsabilidad sobre ellas.

La autora de este libro no dispensa consejo médico o receta el uso de técnicas como una forma de tratamiento para problemas físicos o médicos sin el consejo de un médico, directo o indirecto. La intención de la autora es ofrecer información de una naturaleza general para apoyar al lector en su búsqueda de mejoramiento espiritual.

Información de la imprenta disponible en la última página.

Fecha de revisión: 11/04/2019

Para realizar pedidos de este libro, contacte con:
Xlibris
1-888-795-4274
www.Xlibris.com
Orders@Xlibris.com

CONTENIDO

PRIMERA PARTE
Trabajando con sueños

1. Por qué soñamos 13
2. Guía espiritual de los sueños 19
3. Tipos de sueños 27
4. Interpretación de sueños 37
5. Tu cuerpo de Luz 43
6. Orientación ofrecida en los sueños 55
7. Los cuarzos y el sueño 67
8. Meditaciones 77

SEGUNDA PARTE
Diccionario de sueños

9. La interpretación de los símbolos 89
La autora 417

Dedico este libro a nuestros ángeles y otros guías espirituales,
seres de Luz amorosos y generosos que a través de los
sueños nos transmiten los mensajes del Creador.
Es por ello que logramos un mejor entendimiento de
lo que nos toca hacer en el diario quehacer
de nuestras vidas para cumplir con nuestro destino de Luz.

Agradecimientos

A través de los años muchos han compartido sus sueños conmigo. Agradezco a todos ellos su confianza y disposición de entender el significado de los mensajes que les envía el Creador Amado.

Mi agradecimiento profundo a mis estudiantes en el Sendero Paramita que también son mis maestros. Siendo aspectos del Creador en manifestación física, cada día me ofrecen más oportunidades de crecer y profundizar mi conexión con ellos y con la divinidad que albergan.

A todo aquel que se abra para recibir los mensajes espirituales de los sueños, mi más profundo agradecimiento por toda la Luz que traen al mundo al recibir, entender y trabajar con los mensajes divinos.

Como siempre y por siempre, le agradezco al Creador la Luz de Su Amor que ilumina cada paso que tomamos en este sendero de Amor y Paz.

PRIMERA PARTE

Trabajando con sueños

1

Por qué soñamos

Dormir soñando

Pasas más de una tercera parte de tu vida durmiendo y este tiempo considerable es de gran beneficio para tu salud y bienestar general. El dormir es esencial para la sobrevivencia. Cada noche mientras duermes ocurre un proceso de regeneración física. El ochenta por ciento de células nuevas se crea durante las horas del sueño, por lo tanto el sueño te provee oportunidades de regeneración y sanación a nivel celular. En estas horas, además, tu cerebro le señala al cuerpo físico el nivel apropiado de vitaminas y minerales que debe absorber y ajusta el balance de tus hormonas. Tus neuronas se reparan y tu sistema inmune se fortalece mientras duermes. En adición, el dormir le da la oportunidad a tu cuerpo y tu mente de descansar y recobrar energías perdidas o debilitadas durante el día.

Pero estos son sólo los beneficios físicos del dormir. Pasamos más de dos horas cada noche soñando. Durante este tiempo caemos en la profundidad del subconsciente y en las oscuras aguas de nuestros sueños excavamos realidades ocultas, adentrándonos en aquello que no deseamos enfrentar cuando despiertos o que no hemos reconocido como importante. No importa el esfuerzo que hagamos por enterrar emociones o pensamientos desagradables, que no aceptamos o que reprimimos, están ahí muy dentro de nuestro ser. Es en los sueños que todas estas emociones y pensamientos salen a la superficie para ser procesados por nuestra mente. Así, los sueños tienen un propósito beneficioso en que nuestra mente subconsciente explora y procesa lo que está ocurriendo en nuestras vidas, las preocupaciones que nos aquejan, los problemas que no logramos solucionar. El subconsciente ordena y clasifica los eventos del día, los coloca en perspectiva y alivia así la carga de pensamientos desordenados y emociones descontroladas.

Mensajes de los planos de Luz

El procesar las emociones, pensamientos y ocurrencias del diario vivir es una de las funciones de los sueños. Sin embargo, esta no es la función principal. El propósito primordial de los sueños es traernos mensajes espirituales. Cuando nuestros guías espirituales desean comunicarse con nosotros usualmente lo hacen a través de los sueños ya que se hace más fácil la comunicación espiritual durante el tiempo en que nuestra mente está descansando y no logra interferir con las energías sutiles de los planos de Luz[1]. El Creador[2] mismo, desde tiempo inmemorial, se ha comunicado con los humanos a través de los sueños. Ejemplos de esta comunicación divina se encuentran en las narraciones bíblicas en que José y Daniel —entre muchos otros profetas y patriarcas— reciben mensajes del Creador a través de sueños adivinatorios. El subconsciente es parte de nuestra mente, un instrumento del ego, y aunque ofrece una manera efectiva de mediar entre nuestra vida física y nuestro ser psicológico, no es nuestro subconsciente sino nuestra alma la que recibe mensajes de los planos elevados de Luz que nos ayudan a evolucionar espiritualmente. La mente no sabe nada sobre la evolución espiritual. El alma, por el contrario, tiene como misión exclusiva el conectarnos a nuestro ser infinito[3] y guiarnos

---

[1] Los planos de Luz son las dimensiones espirituales donde se encuentran los ángeles y otros seres de Luz.

[2] Creador, Dios, el Todo y la Divina Presencia se utilizarán indistintamente para designar al Ser Supremo que en realidad es Innombrable.

[3] El ser infinito es también llamado espíritu o ser superior.

hacia la Luz. Los sueños ayudan al alma en esta encomienda trayendo a nuestro ser consciente mensajes importantes para la evolución espiritual.

Los tres niveles de consciencia

Contamos con tres niveles de consciencia y los sueños se manifiestan en dos de ellos.

Consciencia limitada

La consciencia limitada es el aspecto de nuestro cuerpo físico en que estamos físicamente despiertos, conscientes de nuestro entorno y de nosotros mismos. Este ser consciente es limitado en el sentido de que lo domina la mente, un aspecto reducido del ser que lidia con el plano físico exclusivamente. La consciencia física y limitada se ocupa de nuestros pensamientos, palabras, emociones, ideas; de todo lo que surge en nuestra vida despierta. A este nivel no soñamos. La consciencia limitada de nuestro cuerpo físico permanece inactiva mientras dormimos cada noche.

Mente subconsciente

Al nosotros dormir la mente subconsciente se activa. Toma los sucesos de la vida física, esto es, los pensamientos, emociones, intenciones, deseos y otros eventos de la cotidianidad y los procesa dándole cierto orden, cierto grado de organización. Como los sueños son simbólicos, en muchas ocasiones se hace difícil interpretar esta organización y pensamos que los sueños no tienen sentido.

Consciencia infinita

Es a este nivel en que llegamos a la verdadera naturaleza de nuestros sueños, a su función principal. Los planos de Luz son las dimensiones espirituales en que existe nuestro ser infinito. El ser infinito, también llamado espíritu o ser superior, es ese aspecto de ti que está eternamente conectado con el Creador.

El ser infinito o espíritu es la perfección divina, la esencia inmortal de cada consciencia que surge del Creador. El ser infinito nunca se ha separado del Creador. Como esta esencia divina no puede existir dentro de la densidad del mundo material, el alma nos provee una manera de permanecer conectados a los planos de Luz mientras estamos en el cuerpo físico, minimizando la Luz potente del ser infinito para que la podamos tolerar. El alma es la consciencia intermedia entre tu espíritu o ser infinito (eternamente conectado al Creador) y tu cuerpo físico. Así, el alma sirve la función de un transformador de Luz disminuyendo la Luz divina para que pueda entrar a la materia. Cuando se alcanza la Unión con el Creador ya fuera del plano material, no se necesita el alma y nos convertimos en espíritu puro, en ser infinito absoluto. El ser infinito es un ser consciente y nuestra consciencia de ser individualizada, esto es, nuestra consciencia como un aspecto del Creador, un aspecto de Su Consciencia cósmica, continúa existiendo dentro del éxtasis de la Unión.

Ahora bien, el ser infinito se comunica con nosotros a través de nuestra alma cuando logramos trascender la consciencia limitada de nuestra materia física y nos elevamos más allá del subconsciente hacia la consciencia infinita que es parte del Todo y se conecta fácilmente al Todo. Ya aquí, en la consciencia infinita, la comunicación se establece fácilmente entre nuestro ser infinito, nuestros guías espirituales y, por supuesto, el Creador. Después de todo, en la consciencia infinita somos parte de la gran consciencia de Dios. Aquí, todo se conecta, todo está en comunicación constante. Se hace mucho más fácil recibir los mensajes de los planos de Luz cuando estamos conectados a nuestra consciencia infinita, a nuestro ser infinito.

Si deseamos utilizar nuestros sueños como una herramienta potente que nos impulse hacia la evolución espiritual es esencial alcanzar los mensajes que llegan a nuestra consciencia infinita. El portal de nuestra consciencia infinita facilita la comunicación de nuestro ser infinito, nuestros guías espirituales y el Creador. Esta comunicación esencial vía nuestra consciencia infinita es posible a través de una práctica espiritual que incluya la meditación y oración, la autosanación, el perdón y un corazón abierto, entre otros.[4] Al nosotros permanecer en la comunicación más elevada de la consciencia infinita, recibimos sueños con mensajes que tienen que ver con nuestro despertar espiritual en lugar de sueños que simplemente representan nuestro haber cotidiano. En el capítulo 8 de este libro se ofrece una meditación corta que puedes hacer todas las noches antes de dormir para ayudarte a alcanzar la consciencia infinita y desde ahí recibir los mensajes espirituales que tus sueños te traen. Esta meditación suplementa una práctica espiritual que desarrolla la consciencia infinita.

En este libro se ofrece una guía para recibir y entender los mensajes que llegan a tu consciencia infinita y que te brindan orientación, dirección, asistencia en tu desarrollo espiritual. Desde la consciencia infinita los seres de la más alta Luz pueden indicarte si estás tomando las decisiones correctas o incorrectas y si hay situaciones en tu vida diaria que te impiden tu desarrollo espiritual. Te alertan cuando hay situaciones urgentes en tu vida que necesitan resolverse y mucha más orientación que te puede inspirar a calibrar tu vida de tal manera que esté más alineada a tu destino de Luz.

---

[4] Favor de ver mi libro *Los siete pilares de la evolución espiritual* para una descripción detallada de una práctica espiritual basada en el Amor y la Luz.

2

Guía espiritual de los sueños

El objetivo principal de los sueños es ofrecerte guía espiritual. Estos mensajes soñados te llegan desde los planos más elevados de Luz a través de tu consciencia infinita, el estado de ser de tu ser infinito. El Creador, en su majestad luminosa, te provee todo lo que necesitas para regresar a tu verdadero hogar, para llegar a la unión completa con Su Amor y Su Luz. Con este fin, te muestra maneras en que puedes mejorar tu vida, enaltecer tus circunstancias y utilizar tus actividades diarias para crecer espiritualmente. Te recuerda que eres un ser divino, eternamente unido a Él[5].

Los sueños, entonces, te ofrecen una manera hermosa de reconocerte como el ser divino que eres y recibir los mensajes del Creador, la guía de tus consejeros espirituales y un mapa que te lleve a tu propósito más elevado, a tu destino de Luz.

---

[5] El Creador es nuestra Madre y nuestro Padre, nuestra Fuente infinita que lo contiene todo dentro de Sí Mismo. Utilizo el pronombre masculino a lo largo de este libro en aras de la conveniencia práctica y con el entendimiento de que Dios no es ni masculino ni femenino. Dios Es.

Los sueños espirituales tienen los siguientes objetivos específicos en los diferentes aspectos de nuestro ser:

- **Guía para la vida diaria**: Nuestros sueños nos revelan las situaciones, relaciones, actividades, pensamientos y emociones que nos ayudan o nos retrasan espiritualmente. Los mensajes de los sueños nos asisten en determinar si estamos en el camino más beneficioso para nuestro desarrollo espiritual o si hay aspectos de nuestra vida que necesitamos cambiar. En los sueños recibimos guía sobre como mejor vivir una vida espiritualizada a pesar de la densidad de la vida material en la que residimos. Los sueños también nos pueden ofrecer sugerencias prácticas para mejorar nuestra salud, nuestro trabajo o algún otro aspecto de la vida cotidiana.
- **Superar el dominio del ego**: La falsa identidad que nos manipula, nos engaña y nos ciega a la verdadera realidad de quienes somos es nuestro ego. Cuando nos separamos del Creador, se creó en nosotros un sentido de culpabilidad y miedo. Nos sentimos culpables por habernos separado del Creador (por volición propia, el Creador nunca nos expulsó) y sentimos temor ante las repercusiones que nos pueda traer este acto nuestro de separación. Caímos del estado de perfección en que nos encontrábamos a la densidad del mundo físico e imperfecto. En esta densidad, el ego se creó y fortaleció. Al fortalecerse, se fortaleció también el temor y el sentido de culpa. Para lidiar con éstos, el ego creó un velo que nos hace ver una realidad que no existe. A través de este velo nos sentimos separados del Creador aunque no lo estamos verdaderamente. Este es el más grande engaño del ego. No estamos separados del Creador. Nunca nos separamos verdaderamente, sólo tuvimos el deseo de separarnos y ahí caímos a una densidad en que se creó el ego que nos convenció de una separación falsa. Hizo posible el que olvidáramos nuestra verdadera identidad como aspectos del Creador en manifestación física. El ego, entonces, es un ente ajeno a nosotros que hemos permitido que nos domine como un tirano. El ego nos presenta una realidad falsa y su interés mayor es la supervivencia propia. Los sueños, cuando provienen de los reinos de Luz a través de la consciencia infinita, logran sobrepasar el ego y llegar directamente al centro de nuestro ser donde son interpretados con la sabiduría del corazón.

- **Reconocer el ser espiritual**: Somos seres espirituales teniendo una existencia física. Debido a que residimos dentro de la energía densa de la materia física, en muchas ocasiones no estamos conscientes de lo que somos verdaderamente, esto es, seres divinos viviendo temporalmente en un cuerpo físico. Uno de los objetivos de nuestros sueños consiste en recordarnos nuestra verdadera realidad y cómo debemos vivir nuestras vidas como seres espirituales.
- **Transformar nuestras vidas**: Los sueños nos muestran las maneras en que podemos transformar nuestras vidas. Primero, nos indican los obstáculos a vencer, las limitaciones que necesitamos superar, las lecciones que debemos aprender. Nos revelan nuestros miedos, dudas, ansiedades, sentido de culpa y retos entre muchos otros. Luego, nos dan una guía efectiva sobre las transformaciones posibles para nuestro mayor bien. En los sueños se nos advierte si estamos actuando de maneras equivocadas, maneras que no nos sirven. Así, los sueños nos ayudan a mejorarnos al sugerir lo que necesita rectificarse y nos impulsan a actuar, pensar y hablar desde un nivel vibratorio elevado.

Un ejemplo de un sueño que apoya la transformación es el de una mujer que llamaré Luisa. En el sueño, Luisa pasaba de su habitación a la cocina cuando se encontró con una culebra negra, delgada y larga en la sala. De repente la culebra desapareció. Cuando Luisa entró a la cocina vio otra culebra enorme, gris y gruesa. Salió corriendo diciéndole a su esposo y un joven que había en la casa que tuvieran cuidado con la culebra. Toda la familia entró a la cocina y Luisa les advirtió que tuvieran cuidado. Entonces vio como la culebra había entrado a un gabinete y estaba saliendo del gabinete y serpenteando hacia la sala. En el sueño Luisa pensó que tenía que abrir una puerta para que la culebra saliera. Sintió temor de que su esposo la matara porque no quería hacerle daño, sino sacarla de la casa.

Para interpretar este sueño era importante saber que Luisa estaba en el proceso de comenzar una nueva empresa. El hecho de que la culebra estaba en la cocina indica que el sueño tiene que ver con el área de trabajo en su vida. (Ver la entrada para "Cocina" en el diccionario para una explicación más completa.) La primera culebra era negra y el color negro representa el subconsciente o esas áreas desconocidas de la vida. Esta culebra negra y más pequeña desapareció de repente y es posible que Luisa acabara de pasar por un proceso en que cosas reprimidas estaban saliendo a la superficie y luego disolviéndose. Quizás esto le permitió cambiar su vida y comenzar una nueva empresa. La culebra grande era gris que es un color entre el blanco y el negro. Esto indica que Luisa está en transición. La culebra más grande en este sueño puede simbolizar tanto el temor que siente ante la empresa que tiene por delante y el poder enorme y la sabiduría que ella tiene dentro para lograr sus objetivos y efectuar una transformación en su vida.

- **Ofrecer avisos:** En los sueños recibimos advertencias sobre situaciones por ocurrir o que están ocurriendo y que necesitamos solucionar, evitar o prepararnos para su llegada. La protección espiritual está disponible para cada uno. Sólo necesitamos estar abiertos a recibir las protecciones de nuestros ángeles y los arcángeles a cargo de protección. No hay sueños malos. Lo que sí tenemos son sueños fuertes, como pesadillas, que nos llegan con gran intensidad para que les prestemos atención. En muchas ocasiones nuestros guías espirituales nos tratan de advertir sobre alguna situación o persona y no prestamos atención al aviso. Es entonces que se comunican a través de pesadillas o sueños recurrentes que se repiten para asegurarse de que le prestaremos atención al mensaje.

- **Ayudar a otros**: En ocasiones recibimos sueños en que se nos dan mensajes para otras personas. Estos mensajes llegan con mucha claridad y tienen que ver con asuntos de salud, como por ejemplo, qué remedio ayudaría a la persona con una enfermedad; o asuntos financieros si la persona corre el riesgo de un percance económico serio y necesita ayuda inmediata para ello. En adición, los sueños nos pueden mostrar la mejor manera en que podemos servirle a otros y cumplir con nuestra misión de servicio en la Tierra.

- **Alumbrar el aspecto sombra**: Tenemos un aspecto de nuestro ser que guarda todo lo que no queremos traer a la superficie. Le llamamos nuestro aspecto sombra. La sombra, también llamado el ser sombra, es un aspecto de la personalidad humana que contiene y esconde lo que no queremos reconocer en nosotros mismos. La sombra es esa parte de nosotros que no concuerda con lo que pensamos que somos o creemos que debemos ser. Es esa parte de nuestro ser que nos esforzamos por esconder, no sólo de los demás, sino de nosotros mismos. El ego causa que desperdiciemos mucha energía intentando mantener estos aspectos de nuestra personalidad enterrados. Puedes visualizar el ser sombra como las partes de ti misma que están aprisionadas en un calabozo oscuro y sin buena ventilación. Afortunadamente, los sueños nos revelan esos aspectos de nuestro ser que están en sombra y nos ofrecen mensajes sobre como liberar la sombra y traerla a la claridad.

Un ejemplo de un sueño sobre el ser sombra es uno relatado por Carmen. En el sueño ella se encuentra con un hombre que le dice que su amiga está en un cuarto de un hotel. Cuando Carmen llega al cuarto, todo es negro. En el centro de la habitación hay un colchón en el piso y sobre él una mujer. Carmen le dice al hombre que en el cuarto hay una mujer, pero que ésta no es su amiga así es que ella debía irse. El hombre insiste en que hable con la mujer. Carmen se fija en la mujer nuevamente y se da cuenta que estaba enferma y que le podía dar sanación a pesar de que no era su amiga. Al darle sanación, la mujer comienza a contorsionarse. Carmen sale del cuarto y al salir tanto el hombre como la mujer desaparecen. En este sueño, la mujer enferma es un aspecto del ser sombra de Carmen que necesita sanarse y tan pronto Carmen le dio sanación, desapareció. El mensaje del sueño es que hay un aspecto sombra que Carmen necesita sanar.

- **Impartir iniciaciones:** Cuando se está en un estado de apertura espiritual debido a una práctica de meditación, oración y auto-sanación; se nos transmiten energías muy elevadas a través de los sueños. Nuestros guías espirituales aprovechan el sueño para transmitir iniciaciones que nos ayudan en nuestro despertar de Luz. Una iniciación es una hermosa transmisión de Luz en que se establece una radiante y profunda conexión con la Luz. Se crea un vínculo entre tu energía y los patrones energéticos de la Luz que eleva tu vibración e impulsa tu evolución espiritual.
- **Hacer trabajo espiritual:** Cuando se ha logrado cierto nivel de evolución espiritual el ser multidimensional que somos comienza a salir del cuerpo físico para hacer trabajo espiritual en otras dimensiones. Este trabajo puede consistir en darle sanación a

otros y al planeta, irradiar Luz a una situación que lo necesite o comunicarse con otras almas. También el alma sale para recibir enseñanzas en los niveles elevados de Luz. En estos casos de trabajo espiritual realizado mientras se duerme, se tienen sueños en que se están recibiendo enseñanzas en una escuela o universidad o la persona sueña que le está dando sanación a otros o irradiando una situación.

- **Ofrecer consuelo:** En esas ocasiones en que estamos sufriendo, en duelo, cuando nuestros corazones se cierran y sentimos profundo dolor interno, la mano tierna del Creador nos toca en nuestros sueños trayendo un bálsamo de ternura y Luz.
- **Comunicación con el Creador**: Es este el objetivo más importante de nuestros sueños. A través de nuestros sueños, estando de lleno en la consciencia infinita, logramos la apertura necesaria para que los mensajes de Dios nos lleguen sin dificultad. Si cada noche antes de dormir elevas una corta oración: "Creador, dime cómo puedo servirte," recibirás guía directa de Dios.

3

Tipos de sueños

Los sueños pueden clasificarse como sigue:

1. **Sueños de la mente subconsciente**: A este nivel, se está soñando desde el nivel de la mente subconsciente y los sueños representan el esfuerzo del subconsciente en analizar, categorizar y organizar ocurrencias de la vida diaria. Al dormir, es importante sobrepasar este nivel para lograr recibir mensajes espirituales que llegan a través de la consciencia infinita. Los sueños del subconsciente nos llegan encapsulados en símbolos intrincados e imágenes desencajadas que en muchas ocasiones no logramos descifrar.
2. **Sueños de la consciencia infinita**: Estos son los sueños que deseamos tener, ya que son los sueños que nos traen mensajes espirituales de nuestros guías espirituales desde los planos elevados de Luz y del Creador mismo. Este libro trata de sueños con mensajes espirituales. Los sueños espirituales de la consciencia infinita pueden revelarse en:

a. **Símbolos**: Los sueños son en su mayoría simbólicos y nos presentan objetos y personas que representan aspectos de nuestra vida sobre los cuales debemos reflexionar y actuar.
b. **Vidas pasadas**: En sueños podemos ver situaciones de vidas pasadas que están afectando nuestra vida en el momento. Así se nos avisa que necesitamos sanar esta vida pasada o aprender las lecciones que aún traemos de una vida pasada.
c. **Experiencias espirituales:** Usualmente las experiencias espirituales que tenemos en los sueños carecen de símbolos o imágenes. Por lo tanto, no vemos personas ni objetos. Es posible que percibamos una Luz radiante o puntitos de Luz. Podríamos tener una experiencia de vastedad de nuestro ser o de profunda quietud que indica que no estamos dentro de nuestro cuerpo físico sino que hemos entrado de lleno a los planos de Luz mientras dormimos. En estos momentos de grandes influjos de Luz sobre la Tierra está ocurriendo una fusión de las dimensiones al movernos más hacia la unión completa en la existencia. Durante esta transformación que acaece a todos los niveles es posible que al dormir sintamos que el tiempo cesa de existir y flotemos en un estado de presencia total. Las experiencias espirituales en sueños están ligadas a un sentir de alegría, gratitud, paz y bienestar.
d. **Voces o sonidos**: En esta categoría de sueños escuchamos una voz que nos revela algo o nos ofrece un aviso de algún suceso que está por pasar. También es posible escuchar campanas o música. El escuchar campanas o música nos indica que el sueño tiene un mensaje espiritual importante.

3. **Sueños premonitorios**: Los sueños que presagian un evento son producto de nuestra consciencia infinita. Los coloco en una categoría aparte debido a que estos sueños no son comunes y, además, tienen una textura muy diferente a otros sueños. El sueño premonitorio se distingue por la calidad real de los eventos que se ven. Es como estar en una situación real. No trae un mensaje a través de símbolos, como en los sueños usuales, sino que nos muestra un evento que está por ocurrir, de la manera en que ocurrirá. Cuando despertamos, tenemos la certeza absoluta de que se nos ha avisado sobre un evento por acontecer en un futuro cercano.

Temas

Además de las categorías mencionadas, los sueños pueden distinguirse por su temática sea esta personal o universal.

Tema personal: Es posible que una persona desarrolle una serie de símbolos que representa un tema definido. Por ejemplo, siempre que una persona en particular está pasando por emociones fuertes, sueña con un mar tempestuoso. Hay muchos símbolos de agua que representan emociones como la lluvia, un bote, un baño, una inundación. Pero los sueños con el tema de las emociones fuertes que tiene esta persona se han enfocado en sólo uno de los símbolos que representa este tema y así la persona sabe sin lugar a dudas lo que el símbolo representa. La simbología de los sueños es como un lenguaje y con el tiempo y una práctica de análisis de sueños, podemos traducir efectivamente lo que el lenguaje de los sueños nos dice.

En adición, podemos utilizar los sueños como una herramienta que nos ayude a tomar decisiones personales correctas. Por ejemplo, a una sanadora se le presentó la oportunidad de mudarse a otra ciudad. Ya ella tenía una práctica de sanación con clientela establecida y no estaba segura si el mudarse era una decisión prudente. Por lo tanto, antes de dormir le pidió a sus guías espirituales que le dieran una señal clara si se debía mudar o no. Para mayor claridad pidió que se le mostrara el color rojo si no le convenía mudarse y el color verde si mudarse a la otra ciudad sería para su mayor bien. Esa noche soñó con banderas verdes, confirmando que la mudanza le convendría.

Tema universal: Existen símbolos universales que todos hemos visto en nuestros sueños y estos representan temáticas que afectan a los humanos en general. Toda persona que sueñe con estos símbolos recibe el mismo mensaje. Los símbolos universales casi siempre representan lecciones o verdades espirituales. A continuación los símbolos universales más comunes. Para más detalles sobre el significado de estos símbolos, favor de consultar con el diccionario de sueños en la segunda parte de este libro.

- **Escuela o universidad**: Simboliza aprendizaje espiritual, lecciones que se están aprendiendo o necesitan aprenderse. Una de mis estudiantes soñó que iba a una universidad a estudiar matemáticas y para entrar a la universidad necesitaba cruzar un puente. El puente desaparece y de repente está dentro de un carro en el agua con miedo a hundirse. Empieza a sacar las manos por la ventana y a empujar el carro. Pasó por varias esquinas, viró a la izquierda y entró en el vestíbulo de la universidad donde fue recibida con libros y estudiantes conversando cómodamente en cojines en el piso. En el sueño ella sintió un gran alivio por haber llegado al fin. En este sueño, la persona está recibiendo un mensaje importante sobre una lección espiritual que le llegará después de mucho esfuerzo. Al fin su perseverancia rendirá fruto.
- **Desastres**: Soñar con terremotos, fuego, inundación o algún otro desastre simboliza un repentino cambio que llega a la vida del que recibe este mensaje. El símbolo de desastres usualmente representa puntos de viraje, oportunidades de seguir un rumbo nuevo.
- **Volar**: Cuando vuelas en un sueño esto representa la liberación de tu alma, el desprendimiento de ataduras y otras limitaciones. En una versión de este símbolo, José Enrique me escribió contándome que durante dos años soñaba que quería volar pero no podía porque había unos cables negros, como una red, que no lo dejaban ascender. En muchos de estos sueños recurrentes, él intentaba abrir una ventana o buscar la manera de escapar pero no lo lograba. José Enrique estaba envuelto en una relación que afectaba de manera adversa su evolución espiritual, esto es, le estaba impidiendo volar. Los cables negros representan las enormes ataduras que él tenía con su pareja y que necesitaban removerse para que él pudiese entonces volar sin impedimento. En este caso el volar, que representa la liberación espiritual, se estaba haciendo imposible debido a las ataduras de la pareja que lo mantenía atado firmemente. Durante dos años los guías espirituales de José Enrique le dieron el mismo mensaje en una serie de sueños para que se diera cuenta de la importancia del mensaje y la necesidad de actuar sobre ello.

- **Caída:** Soñar que te estás cayendo simboliza falta de control, inseguridad y falta de apoyo en tu vida.
- **Dientes cayendo**: El soñar que se te están cayendo los dientes simboliza una falta de entendimiento sobre un problema o una situación que necesitas solucionar. Hay algo en la vida que no estás manejando bien.
- **Sexo:** Soñar con el acto sexual simboliza la integración de los diferentes aspectos de tu ser, incluyendo los aspectos masculinos y femeninos. De acuerdo a principios orientales, el yin y el yang son las dos fuerzas complementarias que existen en el universo. El yin es la energía femenina y el yang es la energía masculina. Las cualidades de las energías femeninas son serenidad, compasión, la creatividad naciente, receptividad, intuición y apertura emocional. Las cualidades de las energías masculinas son la fortaleza interna para impulsar situaciones hacia adelante, acción, enfoque en objetivos, voluntad y la creatividad activa. Seamos hombre o mujer, todos tenemos energías masculinas y energías femeninas y éstas deben estar en balance y armonía. Nos beneficia enormemente cuando estas cualidades de energías femeninas y masculinas están presentes en nosotros de manera armoniosa y en balance. Así el yin y el yang están representados en nuestras energías trayendo a nuestro ser los beneficios de estas dos fuerzas universales que en nosotros se fusionan en una unión armoniosa.
- **Muerte:** La muerte en un sueño no tiene que ver con el fallecimiento de alguien en tu vida cotidiana. El soñar con muerte, funeraria, entierro u otros temas relacionados a la muerte simboliza el fin de algún aspecto, situación, relación de tu vida que tiene que terminar para que algo nuevo pueda venir en su lugar.
- **Dinero**: Soñar con dinero es un mensaje de que un cambio está por llegar a tu vida.
- **Inodoro, baño**: Estos sueños indican una necesidad de limpieza energética, de purificación espiritual.
- **Teléfono**: Cuando se sueña que se está hablando por teléfono, haciendo o recibiendo una llamada, este es un símbolo universal de que tus guías espirituales están tratando de comunicarse contigo o que es importante que tú hagas el esfuerzo por comunicarte con ellos a través de la meditación y periodos de silencio. El soñar con

un teléfono indica que el sueño contiene un mensaje espiritual importante, por lo tanto debes analizarlo cuidadosamente.

Un ejemplo de este símbolo está en un sueño que tuvo Belinda. Soñó que había sido raptada con otra muchacha (que representa otro aspecto de Belinda). Las adormecieron y cuando despertaron vieron un hombre muy hermoso, tipo Adonis (que también representa otro aspecto de Belinda), quien empieza a hablar por teléfono. Belinda le hace señales a la otra muchacha que la puerta estaba abierta y se escaparon. Llegaron a una playa y comenzaron a gritar pidiendo ayuda. Voltean la cabeza y ven que Adonis las había encontrado y ambas se tiraron al mar. En este sueño hay una advertencia sobre el ego de Belinda representado por Adonis y la necesidad de escapar su dominio. El hecho de que Belinda y la otra mujer se tiraron al mar indica que Belinda está abrumada por las emociones. La parte de Belinda representada por Adonis está hablando por teléfono y esto señala que Belinda necesita la ayuda de sus guías espirituales para lidiar con asuntos del ego.

En otro sueño relatado, Guillermo se ve llamando al 911, el número de emergencia en su país. Esto es un mensaje claro que Guillermo necesita comunicarse con sus guías espirituales a través de la meditación para recibir orientación sobre un asunto urgente.

- **Sangre:** Soñar que se está sangrando representa la pérdida de energía. Esto es, algo o alguien está drenando nuestra fuerza vital. Recibí un pedido de ayuda interpretando un sueño en que un perro pequeño muerde a Jazmín por todo el cuerpo con pequeñas mordeduras que parecían no doler. Cuando Jazmín se mira estaba sangrando entre las piernas y por varias mordeduras que eran muy hondas. El soñar con un perro significa que hay alguna agresividad escondida que necesita canalizarse de manera positiva. En este caso, la agresividad estaba causando la pérdida de energía representada por las heridas de Jazmín que sangraban. Como Jazmín estaba sangrando entre las piernas, seguramente el drenaje de energía ocurría en el chacra raíz que es el centro energético de sobrevivencia física. Hay un asunto de sobrevivencia material con el que Jazmín está lidiando de manera agresiva u hostil.

- **Persecución**: El soñar que te están persiguiendo indica que estás evitando enfrentar algún problema o situación en tu vida.
- **Casa:** Una casa en un sueño simboliza tu ser, quién eres. El sueño indica que estás recibiendo un mensaje sobre ti misma y el mensaje depende de qué partes de la casa estás viendo en el sueño, si un dormitorio o una sala o una cocina. Para más información sobre el significado de las diferentes partes de una casa, favor de ver el diccionario de sueños en la segunda parte de este libro.
- **Automóvil**: Un carro, por el contrario, simboliza tu vida física, tu vida en el diario vivir, hacia donde te diriges en la vida. Es importante notar quién está conduciendo el vehículo ya que esto te indica quién está en control de tu vida.
- **Maletas**: Las maletas son el símbolo universal de las ataduras. Mientras más grandes y pesadas las maletas, más serias son las ataduras que te impiden la evolución espiritual.
- **Personas famosas**: Representan tus guías espirituales.
- **Familiares y personas conocidas**: Nuestros sueños están llenos de otras personas, muchas veces personas cercanas a nosotros o que conocemos. Con frecuencia las personas con las que soñamos son representación de nosotros mismos, de las cualidades que tienen estas personas y que deseamos tener o negamos que tenemos. Por ejemplo, si soñamos con un familiar que tiende a juzgar a otros, es muy posible que nosotros tendamos a enjuiciar pero no queremos aceptar que lo hacemos. Así el sueño nos señala un aspecto sombra de nosotros mismos que necesitamos cambiar. Por otro lado, si soñamos con un amigo compasivo y generoso es posible que tengamos un deseo muy profundo de tener estas características o que envidiamos o resentimos estas cualidades en él. Así, en general cuando soñamos con otras personas, estas personas son representaciones de nosotros mismos.

Un sueño compartido por alguien que llamaré Estela es un buen ejemplo de soñar con otras personas que verdaderamente representan la persona que sueña. En este sueño Estela estaba con una amiga caminando por la calle de una ciudad cuando un judío jasídico[6] las secuestró metiéndolas en una camioneta. Estela estaba muy atemorizada, pero se dio cuenta que podía escapar. Abrió la puerta trasera de la camioneta y brincó. Al brincar, gritó: "¡Aaaaaameeeennnn!" y logró salir. La amiga quedó en la camioneta. En este sueño la amiga y Estela son dos aspectos de sí misma. El secuestrador es un aspecto de Estela también simbolizando las creencias antiguas y limitantes que Estela necesitó soltar para su desarrollo espiritual. El aspecto que quedó en la camioneta y no logró escapar es la parte de sí misma que está aún bloqueada, controlada por creencias estrictas y viejas. El aspecto de Estela más espiritualizado está libre y en su libertad afirma la verdad que está presente en esta liberación. *Amén* es una palabra hermosamente compleja con muchas camadas de significado profundo, desde una afirmación de la verdad hasta la certeza de que lo que le pedimos al Creador será manifiesto.

Emociones

Al despertar de un sueño frecuentemente tenemos emociones creadas por el contenido del sueño. Dependiendo de la naturaleza del sueño, nos sentimos alegres, cansados, tristes, avasallados por emociones fuertes o simplemente confusos por la dificultad en entender los símbolos en el sueño. La emoción que se queda contigo aún después de despertar te ayuda a interpretar el sueño adecuadamente. Si, por ejemplo, sueñas que estás volando y al despertar te sientes feliz, esto indica que el sueño trae un mensaje positivo sobre cómo vives tu vida. Te muestra que te has desecho de ataduras y disfrutas de la libertad de tu alma. Si, por el contrario, despiertas sintiendo miedo o ansiedad esto te indica que no has logrado la liberación o que debido a las ataduras fuertes que tienes y que te mantienen en limitación, no deseas la libertad o no estás listo para liberarte espiritualmente. En el sueño que relaté anteriormente cuando Estela brinca de la camioneta y escapa esto es un mensaje claro que ella ya no está aprisionada por las creencias antiguas que la dominaban y ahora disfruta de la libertad

---

[6] Tipo de judaísmo ortodoxo en que los hombres llevan barbas largas y vestimenta negra.

espiritual. Al despertar, Estela se sintió feliz de haber escapado del secuestrador (símbolo de sus propias ataduras a creencias viejas). Al sentir la emoción de alegría luego de despertar muestra que el sueño es un mensaje muy positivo en que se le indica que está tomando la dirección correcta en su vida.

4

Interpretación de sueños

Una de las cosas más difíciles al trabajar con nuestros sueños es el recordarlos. En tantas ocasiones abrimos los ojos sabiendo que hemos soñado, sólo para darnos cuenta que la memoria del sueño se ha desvanecido. A veces permanece en nosotros un sentir de que soñamos, podemos hasta sentir si fue positivo o negativo, pero el vestigio del sueño se escapa sin que logremos recordar lo que fue. En otras ocasiones nos queda una impresión mental de haber estado en medio de un sueño activo, en que pasaron muchas cosas con mucha gente, pero no podemos recapturar lo que vimos o percibimos. Y así nuestro sueño se esfuma como humo llevado por el viento.

Para recordar tus sueños es esencial seguir una práctica nocturna fija que incluye:

- Tener la intención de soñar con los símbolos que aparecen en este libro. Así podrás interpretar los sueños más fácilmente.
- Colocar el cuarzo que has escogido –según se recomienda en el capítulo 7– debajo de tu almohada. Si el cuarzo es grande, lo puedes colocar en tu mesa de noche.

- Antes de cerrar los ojos, hacer la *Meditación para soñar* que aparece en el capítulo 8.
- Tener la intención de recordar tus sueños cuando despiertes.
- Mantener una libreta y bolígrafo sobre tu mesita de noche. Cuando despiertes por la mañana, o aún si despiertas a media noche, apuntar tu sueño o sueños en detalle antes de olvidarte. Cada detalle en un sueño cuenta ya que representa un símbolo y todo símbolo debe interpretarse.
- Al terminar de apuntar el sueño, haz una lista de los símbolos que aparecen en el sueño.
- Anota cómo te sientes emocionalmente.
- Busca la interpretación de cada símbolo en el diccionario de sueños que aparece en la segunda parte de este libro.
- Si hay un símbolo que no aparece en este diccionario, busca el significado en un diccionario sin abreviar, esto es, un diccionario que tenga definiciones completas. Un símbolo es siempre relevante y debes hacer un esfuerzo por encontrar su significado. Por ejemplo, una persona me pidió que le interpretara un sueño. En el sueño un amigo sacaba una planta de mandrágora de una jardinera. Esta planta tiene efectos sedantes y se utiliza en rituales mágicos. En adición, la mandrágora aparenta tener características humanas porque sus raíces parecen dos piernas. Es una planta curativa y venenosa a la vez, según el uso. Es obvio que este símbolo debe interpretarse de manera muy diferente a un sueño que se tenga con una planta de sábila, por ejemplo, que es una planta beneficiosa para la sanación física de diversas dolencias. Por lo tanto, se hace imprescindible buscar información e interpretar el sueño dentro del contexto de las características del símbolo, los otros símbolos en el sueño y lo que esté pasando en la vida del que sueña.
- Luego de tener claro el significado de cada símbolo y estar consciente de tu sentir al despertar, escribe tu interpretación del sueño. Utiliza tu intuición al analizar tus sueños, así puedes "leer" mejor tus sueños e interpretarlos. Toda persona tiene dones psíquicos, esto es, la habilidad de percibir energías sutiles y no-físicas e interpretarlas. Estoy segura que en algún momento has entrado a un lugar donde te sentiste incómoda y tuviste deseos de salir del lugar sin saber por qué. Esto es lo que ocurre cuando

percibes energías sutiles. En este caso, percibiste energías negativas en el lugar y te hicieron sentir inquieta. Otro caso en que sientes y puedes interpretar las energías sutiles es cuando ves a alguien y logras sentir su dolor o su enojo aún cuando la persona no ha dicho nada o trata de ocultarlo. En otras ocasiones suena el teléfono y ya sabes quién está llamando o es posible que sientas que algo va a pasar y luego ocurre. Estos son dones psíquicos que tenemos todos y que puedes desarrollar más ampliamente a través de la práctica de interpretación de sueños. A medida que practicas la interpretación de sueños, tu análisis de los mensajes que te llegan de los planos espirituales se torna más preciso.

Ejemplo de un sueño y su interpretación

El sueño: María se vio parada frente a un espejo y una fantasma intentó halarla dentro del espejo. Al no poder halarla dentro, la fantasma salió del espejo muy enojada. Había un bebé en la cama y una muchacha que estaba en el sueño dijo: "Pon tu bebé en la cama." Cuando María miró hacia arriba, vio que la fantasma tenía cables eléctricos flotando alrededor de todos.

Símbolos: Espejo, fantasma, todas las protagonistas en el sueño son del género femenino, halar, enojo, bebé, cama, muchacha, cables eléctricos.

Interpretación: Soñar con un espejo representa su ser enfrentándose a su propio ser. María está viéndose a si misma, pero de una manera distorsionada ya que el espejo es sólo una representación de una imagen y la representación es invertida porque lo que es izquierdo aparece derecho y lo derecho aparece izquierdo. La fantasma (que era femenina) representa un aspecto de María misma que no entiende o se niega a ver. Por lo tanto, este aspecto escondido de ella está siendo halado hacia su visión de vida en un intento de hacer claro esta parte para que la pueda ver y entender. La fantasma entonces, es un aspecto sombra de María y la ira y frustración que muestra indica que ella no está lidiando con algo que necesita enfrentar y solucionar. El bebé simboliza el potencial de algo nuevo que está listo para llegar a su vida. La cama clarifica que este sueño se trata de algo en su ser interno que necesita aflorar ya que la cama representa un puente entre el estado físico y el ser interno. Las cuerdas eléctricas tienen la intención de darle una sacudida para que despierte a la realidad de su ser. Hay algo que ella no está viendo o que está reprimiendo y este sueño es un mensaje fuerte que necesita mirarlo. El mensaje, "pon el bebé en la cama," puede significar que María necesita realizar su potencial que ya ha florecido en su ser interno y está listo para manifestarse en su estado físico. El hecho de que todas las protagonistas del sueño son femeninas indica que son diferentes aspectos del ser de María y existe la necesidad de desarrollar más las energías masculinas para establecer un balance energético.

El soñar con electricidad, con cualquier cosa eléctrica, es un símbolo de energía, de fuerza vital, de nivel de vibración, de frecuencia. Es posible que este aspecto escondido de su ser no sólo quiere sacudirla para que lo reconozca sino además este reconocimiento le traerá una infusión de energía que puede que necesite.

Esta interpretación no se hace en un vacío, sino que requiere verse dentro del contexto de la vida de María, las situaciones en que se encuentra y las personas que la rodean. María se sintió temerosa y preocupada luego del sueño porque fue un sueño tan fuerte. Sin embargo, un sueño fuerte es un llamado para que la persona esté alerta a algo que necesita su atención. Por lo tanto, no es una pesadilla sino una oportunidad de reconocer algo que no anda bien en la vida y corregirlo.

5

Tu cuerpo de Luz

Para que tus sueños provengan de tu consciencia infinita con mensajes importantes para tu evolución espiritual, es fundamental que te encuentres en buenas condiciones energéticas. La energía de la Luz te llega a través de un sistema energético complejo que recorre tu cuerpo físico e irradia más allá del cuerpo físico. Este sistema energético afecta todo aspecto de tu vida física incluyendo cómo te sientes y tu bienestar general. También afecta tu evolución espiritual. Dependiendo del estado en que te encuentres, tu cuerpo energético puede traer a ti la Luz necesaria para evolucionar espiritualmente, o –si tu sistema energético no está en buenas condiciones– puede bloquearse, desarmonizarse y hasta sufrir desgarres que impidan que la Luz te llegue. Es por esto que para recibir los mensajes espirituales de los sueños que sólo llegan a través de la consciencia infinita, es tan importante que tu sistema energético esté funcionando en óptimas condiciones. A continuación incluyo información más detallada sobre el sistema energético, también llamado el cuerpo de Luz. Esta descripción te ayudará a entender mejor la complejidad de tu sistema energético y la interacción delicada y sutil que debe existir entre todos sus aspectos.

Cuerpo de Luz

El cuerpo de Luz es el sistema energético del ser humano que consiste de capas energéticas alrededor del cuerpo físico, el sushumna, los chacras y el kundalini. Estos aspectos del cuerpo de Luz deben funcionar en unísono, con balance y armonía entre ellos. Cuando el cuerpo de Luz funciona óptimamente, éste te permite traer más Luz a tu ser, cambiar energías desequilibradas a energías armoniosas y utilizar la Luz que hay en tu entorno para elevar tus frecuencias. Además, abre portales divinos a los planos más altos de Luz y te conecta más duraderamente con la divinidad. Cuando están activados, los diferentes aspectos de tu cuerpo energético facilitan el que la Luz circule por tu cuerpo físico y la totalidad del cuerpo energético. Esto es esencial para recibir los mensajes espirituales del Creador en tus sueños. Al tener un cuerpo de Luz activado y vibrando en altas frecuencias, logras alcanzar la consciencia infinita al dormir abriéndote a los planos espirituales elevados. Desde aquí se pueden comunicar contigo tus guías espirituales, tu ser infinito y te llega sin obstáculo la comunicación divina del Creador Amado. Cuando se practica la meditación, oración y auto-sanación diariamente, el cuerpo de Luz se mantiene en óptimas condiciones.

A continuación describiré los diferentes elementos que componen tu cuerpo de Luz, comenzando desde el sushumna, los chacras y el kundalini en el centro de tu cuerpo físico, hasta las capas energéticas que se extienden más allá de tu cuerpo físico y alcanzan las dimensiones espirituales.

Sushumna

El sushumna es un canal energético principal que recorre y envuelve nuestra espina dorsal con Luz. Este canal energético sostiene e impulsa el fluir de la Luz a través de los chacras y los demás canales energéticos del cuerpo. Conserva dentro de nuestro cuerpo físico un raudal de pureza espiritual que, cuando es activada a través de la acción de los chacras, trae gran bienestar a nuestro ser. Los chacras principales están conectados al sushumna, corriendo verticalmente en el centro del sushumna desde la base de nuestra columna vertebral hasta la corona de la cabeza. El sushumna también sostiene y fortalece el fluir del kundalini, una fuerza espiritual que se eleva desde la base de la vértebra hasta brotar por la corona de la cabeza.

Fluir del Kundalini con Luz Paramita

Kundalini

La potente fuente de energía llamada kundalini nos ayuda con su impulso vigoroso a despertar a la realidad de nuestro ser[7]. El despertar del kundalini es una de las metas de muchas prácticas espirituales debido a su importancia en lograr la iluminación. El kundalini está localizado en el perineo, cerca de la base de la espina dorsal y en la mayoría de los seres humanos el kundalini permanece inactivo. Cuando el kundalini despierta sube a través del sushumna, pasando por el centro de todos los chacras, y se desborda por el chacra de la corona. Al lanzarse por la corona, la energía del kundalini puede sentirse a varios pies de distancia

---

[7] En las iniciaciones del Sendero Paramita tu kundalini es activado y despertado.

fuera del cuerpo físico. La función del kundalini es de limpiar y purificar tus chacras, sushumna y otros canales energéticos. A la vez que limpia tus canales energéticos, el kundalini disuelve energías negativas, bloqueos y otras impurezas que impiden el que eleves tus vibraciones y atraigas más Luz. La Luz del kundalini, cuando se desata en nuestro ser, destruye la ilusión de nuestro ego y trae a nosotros una visión clara de la verdadera realidad, la realidad del Creador. Con un kundalini despierto y activo podemos absorber la pureza espiritual contenida en nuestro sushumna e irradiarla a través de todo el cuerpo físico y el cuerpo energético.

Los Siete Chacras Mayores

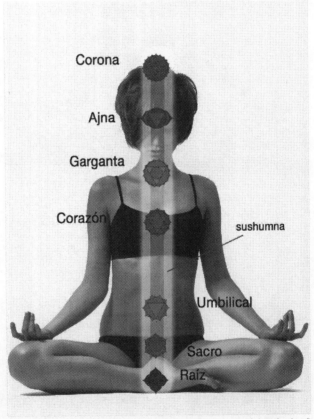

(El chacra raíz está localizado en la base de la espina dorsal)

Chacras

El tercer componente del cuerpo luminoso consiste de los siete chacras mayores. Estos portales de Luz recorren verticalmente el sushumna desde la base de la columna vertebral hasta la corona de la cabeza[8]. Los chacras son vórtices de energía que extraen energía negativa de tu cuerpo y atraen la energía pura y regeneradora de la Luz. Los chacras pueden estar abiertos o cerrados, balanceados o en desequilibrio, dependiendo de tu condición energética. El sushumna y los chacras forman un sistema de procesamiento energético que atrae la Luz que nutre tu cuerpo y espíritu.

En el nivel físico, los chacras están conectados a los órganos, glándulas y sistemas circulatorio, nervioso y linfático y proveen la energía vital para su funcionamiento apropiado. Cualquier desequilibrio o lentitud en los chacras afectará su habilidad para limpiar el sistema de energías negativas y por consiguiente afectará tu salud y estado general de bienestar. Es importante mantener tus chacras bien –balanceados y libres de bloqueos. Con los chacras en buenas condiciones y armonizados, se te hará más fácil tu conexión con los planos de Luz tanto en tu estado de consciencia limitada como en tu estado de consciencia infinita. Cuando estás conectada a los planos de Luz, tu consciencia infinita absorbe la información vibratoria que llega de los planos espirituales y tus sueños reflejan ese estado de ser tan elevado.

Los siete chacras mayores son los chacras raíz, sacro, umbilical, garganta, corazón, ajna y corona.

Chacra raíz: Este chacra, localizado en la base de la espina dorsal, es de suma importancia ya que es la base que sostiene todos los demás chacras que recorren nuestro ser. El chacra raíz es el centro de supervivencia física y afecta cuan seguros y estables nos sentimos en el mundo. Se relaciona al bienestar de nuestro cuerpo físico, nuestra salud, nuestra existencia material y monetaria. Si albergamos temores financieros o tememos por nuestra seguridad personal, este chacra será afectado. Además, el chacra raíz es el centro de nuestra sexualidad, el punto físico en que la sexualidad nace. Cuando está en buenas condiciones, este chacra nos mantiene arraigados para que podamos vivir cómodamente una existencia física aún cuando mantenemos una práctica espiritual sólida. Al sentirnos arraigados nuestras energías vibran en armonía con

---

[8] En los talleres del Sendero Paramita se activan los chacras y se llenan de Luz.

el campo electromagnético de la Tierra y sentimos nuestra unión con ella. Las energías del chacra raíz fluyen al perineo donde el kundalini descansa listo para ser despertado. Físicamente, el chacra raíz está asociado a los huesos, las glándulas adrenales y suprarrenales y el intestino grueso.

Chacra sacro: Localizado en el área pélvica, el chacra sacro es el centro de reproducción y el nacimiento de la creatividad. Las ideas creativas son semillas que germinan en el chacra sacro. La sexualidad nace en el chacra raíz, pero se activa en el chacra sacro. Este chacra nos permite sentir placer en todos los aspectos de nuestras vidas y trae a nuestro ser la alegría que viene de sentirnos cómodos en el mundo que nos rodea y disfrutar de sus muchas bendiciones. El chacra sacro es el centro de la pasión sensual y el deseo. En el aspecto físico, está asociado a la vejiga, la próstata, el útero, los riñones, los ovarios y los testículos.

Chacra umbilical: Al recorrer el sushumna hacia arriba encontramos el tercer centro energético llamado el chacra umbilical por estar localizado en el centro del abdomen. Este chacra es el fundamento de la voluntad personal, de la transformación por esfuerzo propio, de ambición y autoestima. Este chacra sostiene nuestra vitalidad y poder personal. La acción se origina en este chacra y nos asiste en movernos hacia delante y crear cambio y transformación. Pensamientos, opiniones y juicios originan y son controlados por este chacra. El chacra umbilical afecta los músculos, el páncreas, hígado, vesícula, intestino delgado y el resto del sistema digestivo.

Chacra del corazón: El cuarto chacra constituye un portal entre nuestro ser físico y nuestro ser espiritual. Este chacra es el punto central del sistema de chacras y representa los aspectos centrales de las cosas, la esencia de la verdad. El chacra del corazón está localizado en el centro del pecho, paralelo a las axilas y es el núcleo de nuestro corazón espiritual. El corazón espiritual contiene toda la sabiduría que necesitamos para progresar espiritualmente. El chacra del corazón, al ser el núcleo del corazón espiritual, trae a esta parte esencial de nuestro ser las energías de la Luz necesarias para que podamos sentir amor incondicional y compasión sin juicio. Cuando está armonizado y funcionando óptimamente, este chacra es una fuente de paz, amor, alegría y belleza interna. El chacra del corazón armoniza nuestro ser físico con nuestro ser espiritual y nos ayuda a manejar la dualidad que percibimos en la existencia. El chacra del corazón es el centro de sanación, integración y balance del ser. Afecta el corazón físico y el pecho, los pulmones, los bronquios, el diafragma, el sistema circulatorio y la glándula del timo.

Chacra de la garganta: Este chacra es el centro de comunicación y creatividad expresada. La creatividad nace en el chacra sacro y se expresa a través del chacra de la garganta. Es el centro del sonido, vibración, ritmo, telepatía y autoexpresión. Nos ayuda a expresar nuestra verdad con claridad y mantenernos confiados en la certeza de nuestra expresión creativa, sea a través de las palabras u otros medios. El chacra de la garganta es el eje de la comunicación en todos sus aspectos, desde la comunicación entre las células hasta la expresión de la palabra oral y escrita; desde la comunicación entre la mente y el cuerpo hasta la comunicación entre el sistema electromagnético nuestro y el resto de la naturaleza. Esta comunicación se lleva a cabo a través de sonido, vibración, expresión oral y resonancia rítmica, entre muchas otras formas de comunicación que ocurren constantemente en la naturaleza y entre los diferentes elementos de nuestro cuerpo físico y energético. El chacra de la garganta está asociado a la tiroides, la boca y la garganta física.

Ajna: El chacra del ajna, también llamado el tercer ojo o chacra del entrecejo, está localizado en el centro de la cabeza, detrás de la frente. Es el punto central de la intuición, conciencia elevada y conocimiento. El ajna nos ayuda a aprender de nuestras experiencias y ponerlas en la perspectiva apropiada para nuestro crecimiento espiritual. Nos permite separar la realidad de lo ilusorio. Nuestro razonamiento intuitivo se logra a través del desarrollo de este chacra. A través de un ajna abierto y en buenas condiciones recibimos imágenes o percepciones de las energías sutiles. El ajna nos permite percibir patrones de energía tales como auras y ver o percibir vidas pasadas. El ajna está asociado a la glándula pineal y a nuestros órganos de audición y visión.

Chacra de la corona: Este chacra, localizado en la corona de la cabeza, se ocupa de nuestra comunicación con las dimensiones espirituales. Este chacra ha sido llamado la Fuente de Dios porque es a través de su energía espiritualizada que nos podemos fundir con el Creador y lograr así la unión con el Todo. A través del chacra de la corona logramos entender que somos seres espirituales y con este entendimiento conectarnos a los planos elevados de Luz. Por esta conexión del chacra de la corona con el Creador, nos es permitido el despertar espiritual. El chacra de la corona es el chacra de la trascendencia, el asiento de la consciencia superior. Es a través de este chacra que se nos hace posible recibir la Luz en nuestro cuerpo físico y energético. El chacra de la corona está asociado a la glándula pituitaria, el cráneo, el cerebro y la piel.

Capas del cuerpo

Más allá de tu cuerpo físico, formando un óvalo vasto alrededor de tu vibración física y conectadas a tu alma y ser infinito, están las siete capas de tu cuerpo. Estas capas energéticas funcionan en armonía completa con tu kundalini, sushumna y chacras formando con ellos tu cuerpo de Luz. Existe en potencia una octava capa, que en la mayoría de las personas permanece inactiva. Esta octava capa, llamada la capa Crística-Búdica, te conecta al Amor universal y la Unión con el Todo.[9]

Las Siete Capas del Cuerpo

[9] En las iniciaciones del Sendero Paramita recibes iniciaciones potentes que activan, fortalecen y expanden las ocho capas del cuerpo para propiciar tu evolución espiritual.

Cada capa del cuerpo tiene como su centro uno de los chacras. Las capas del cuerpo sostienen la Luz y remueven energías densas y las reemplazan con energías puras que afectan nuestro sistema energético y físico. Nos ayudan a tolerar la energía elevada del espíritu, de nuestro ser infinito. A continuación una breve descripción de las diferentes capas y los chacras conectados a ellas:

1. La **primera capa** que está justo alrededor del cuerpo físico tiene como su centro el chacra raíz. La primera capa del cuerpo trae la energía sanadora y purificadora de la Luz a nuestro cuerpo físico. Cuando una persona manifiesta alguna enfermedad esta condición de desequilibrio aparece primero en la primera capa del cuerpo. Esta capa del cuerpo necesita sanarse para que sane el cuerpo físico.
2. El chacra sacro está en el centro de la **segunda capa** que está más allá de la primera capa. Esta capa del cuerpo recoge nuestras energías emocionales y las purifica y armoniza.
3. La **tercera capa** del cuerpo con el chacra umbilical en su centro es el receptáculo de nuestra actividad mental como los pensamientos y el razonamiento.
4. A partir de la cuarta capa entramos en los cuerpos espirituales del ser. La **cuarta capa** del cuerpo tiene como su centro el chacra del corazón y sirve de balance entre las capas más cercanas al cuerpo físico y las capas espirituales que están más conectadas a las dimensiones de Luz. La cuarta capa también es fuente de la compasión, la intuición y nos ayuda a llegar a la sabiduría del corazón.
5. El chacra de la garganta está en el centro de la **quinta capa** del cuerpo que trae a nosotros la voluntad del espíritu para que podamos escoger lo que más le conviene a nuestra alma.
6. La **sexta capa** del cuerpo, cuyo centro es el ajna o chacra del entrecejo, impulsa el alma para que pueda expresarse a través de nuestro ser físico.
7. La **séptima capa** tiene como centro el chacra de la corona y es la capa que trae a nuestro ser el sentido de unión con el Todo. Es a través de esta capa que nos sentimos Uno con el Creador y con toda Su creación.

Existe una octava capa del cuerpo, llamada la capa Crística-Búdica, que cuando se activa a través de iniciaciones de Luz potentes se conecta a todos los chacras, especialmente al chacra del corazón y el chacra de la corona. Su Luz es dorada y es una capa vasta que ayuda a mantener el corazón abierto y amar incondicionalmente. Con su conexión tan cercana a los planos de Luz más elevados, nos ayuda a lograr la unión con el Creador, esto es, la iluminación.

Cuando el cuerpo de Luz, esto es nuestro sistema energético completo, está funcionando en armonía, todos los canales energéticos armonizados y en balance, se logra una apertura espiritual muy grande y esta apertura es reflejada en la calidad de nuestros sueños. La mejor manera de limpiar, purificar, activar y armonizar nuestro cuerpo de Luz para que nos impulse en nuestra evolución espiritual es recibiendo las iniciaciones y enseñanzas del Sendero Paramita.[10] Luego de activar el cuerpo de Luz, éste se mantiene en óptimas condiciones a través de la Luz que le irradias en sesiones de auto-sanación, según se enseña en los talleres del Sendero Paramita.

---

[10] Para información sobre los talleres del Sendero Paramita, favor de visitarnos en www.senderoparamita.org

6

Orientación ofrecida en los sueños

Al entender lo que representan sus símbolos, tus sueños te ofrecen mensajes claros de trabajo que necesitas hacer de inmediato en tu cuerpo físico y energético y en tu vida diaria –incluyendo situaciones y relaciones– para tu desarrollo óptimo espiritual. En muchas ocasiones pensamos que estamos bien, que somos espiritualmente evolucionados, que ya no necesitamos hacer nada porque pensamos que estamos en excelentes condiciones. Este es uno de los engaños comunes del ego que no desea que progresemos espiritualmente ya que mientras más avanzados estamos espiritualmente más deseamos eliminar nuestro ego. El ego controla la mente y la mente se convierte en un filtro que deja fuera de nuestro entendimiento las cosas que no le son de beneficio. En nuestra evolución espiritual nunca llegamos a una condición de estancamiento en que no nos es posible progresar más. Nuestra evolución espiritual continúa expandiendo y profundizándose aún después de la iluminación. Por lo tanto, siempre necesitamos orientación sobre cómo mejor continuar con este progreso, con esta evolución. Nuestros sueños nos revelan la verdad de nuestra condición espiritual.

En los sueños, el Creador se comunica a través de nuestros guías espirituales y de nuestro ser infinito cuando la consciencia física y limitada está dormida y el subconsciente ha sido superado. La comunicación ocurre al nosotros entrar de lleno a nuestra consciencia infinita. Desde la consciencia infinita los sueños nos revelan el verdadero estado en que nos encontramos espiritualmente. En los sueños podemos darnos cuenta si estamos perdiendo energía, por ejemplo, energías que necesitamos reemplazar rápidamente. Los sueños nos indican si hay algo que estamos reprimiendo y que necesitamos enfrentar y solucionar. También nos pueden indicar si hay emociones fuertes como el temor, la ira, la falta de perdón que nos están atrasando espiritualmente. Hasta situaciones de vidas pasadas pueden surgir en nuestros sueños, señal de que nos están afectando en la vida presente y necesitan sanarse a través de procesos kármicos.

Directrices comunes

A continuación algunas de las directrices más comunes que nos ofrecen los sueños. Cuando recibimos estos mensajes de los planos de la más alta Luz, sabemos que son situaciones que debemos atender de inmediato. Al continuar siguiendo estas directrices nos damos cuenta de nuestro verdadero estado de ser, podemos hacer los cambios necesarios en nuestras vidas y nuestro desarrollo espiritual se acelera.

En el capítulo 7 encontrarás un descripción de los cuarzos y otras piedras que te pueden ayudar a despejar los obstáculos espirituales señalados en tus sueños. En el capítulo 8 se ofrecen meditaciones que te ayudan a disolver las limitaciones espirituales que tus sueños te han indicado. En el diccionario de sueños en la segunda parte del libro se analizan los sueños mencionados a continuación en más detalle.

Soñar con:

- **Agua**: El agua nos ofrece un fluir de energía que limpia, purifica y trae gran sanación a nuestros cuerpos físico y energético. El soñar con agua –sea en forma de lluvia, mares, ríos, cascadas, duchas u otras— simboliza tu estado emocional. Presta atención a este sueño porque te indica claramente el estado de tus emociones dependiendo si el agua en el sueño aparece calmada o turbia. Si sueñas con aguas turbulentas o sucias necesitas explorar las emociones fuertes que te dominan y esforzarte por calmarlas y retornar a la serenidad de tu corazón espiritual.

- **Baño o inodoro**: Este sueño es un llamado a la purificación física, mental, emocional y espiritual. Es una señal de que necesitas purificarte de energías negativas que están alojadas en ti y pueden causar malestar en los diferentes aspectos de tu ser.
- **Maletas**: Las maletas son símbolo de ataduras y otras cargas. Soñar con maletas es un indicio claro que estás cargando con cosas innecesarias del pasado o con situaciones, personas, relaciones o cosas dentro de ti mismo –como pensamientos, emociones, hábitos y creencias– que no necesitas cargar y que te conviene soltar para poder seguir adelante. Aún cuando se sueña que se va de viaje, las maletas en el sueño te indican que no estás en completa libertad espiritual, que hay cosas que te están aguantando, limitando y pesando sobre ti y de las cuales necesitas desprenderte.
- **Caminos:** Cuando sueñas con un camino, este sueño tiene que ver con el camino que estás tomando en la vida. El camino puede ser una calle o avenida, hasta una autopista. Dependiendo del estado del camino, el sueño te indica si estás tomando el camino correcto o si, por el contrario, estás desviándote o distrayéndote como cuando el camino aparece curvado; o tomando el camino incorrecto como cuando el camino aparece empinado hacia abajo. Necesitas fijarte si el camino está liso o pedregoso, si hay huecos en el camino o si el camino es estrecho y en la oscuridad. Todos estos símbolos adicionales están explicados en el diccionario.
- **Dinero:** Los cambios son importantes en la vida y el dinero es un símbolo de cambio. Es esencial saber cuando vienen cambios a nuestras vidas, prepararnos para ellos y aceptar los cambios como oportunidades que nos da la vida de progresar, aprender lecciones y salirnos de las situaciones que nos mantienen limitados. Por esto, cuando nuestros guías espirituales nos avisan de que viene un cambio en nuestra vida es importante aceptar el cambio y permitirnos ser movidos por el fluir del cambio. En muchas ocasiones nos limitamos al no aceptar los cambios, al aferrarnos a la manera en que vivimos, en que hacemos las cosas sin considerar que este aferramiento es en sí un obstáculo a nuestro crecimiento.
- **Símbolos del aspecto sombra**: Hay muchos símbolos que te pueden mostrar los aspectos de tu ser sombra que te conviene sanar. El aspecto sombra contiene esos aspectos de tu ser que no

quieres ver o aceptar y que reprimes. Los reprimes a tal punto que no logras reconocer que son una parte de ti y cuando observas estos aspectos en otras personas los criticas, juzgas y hasta condenas. En los sueños tu aspecto sombra o partes desconocidas de tu ser aparecen como diferentes símbolos, entre ellos fantasmas, enemigos, desconocidos, vudú, magia negra, brea y paquetes.

- **Símbolos de temor:** Soñar con abismo, monstruo, gérmenes, grito, jaula o puerta cerrada, entre muchos otros símbolos, te indican la existencia del temor en ti. Dependiendo del sueño, puedes identificar las causas de tu temor y lidiar con ello para que se remueva este gran bloqueo a tu desarrollo espiritual. El temor es la emoción que lleva dentro de sí las energías más densas que puedas sostener. Energéticamente el temor es más denso que el odio y el sentimiento de culpabilidad. El temor es la energía contraria al amor y mientras vives dentro de la vibración del miedo no puedes sentir el amor incondicional que te lleva a mantener una vibración elevada en tu ser.
- **Símbolos de pérdida de energía**: Es bastante común recibir el aviso en un sueño de que estás perdiendo energía. Símbolos tales como el sangrar, el hueco en un bolsillo, las garrapatas, entre otros, te indican que algo o alguien está drenando tus energías. Este es un asunto de gran seriedad, ya que las energías son nuestra fuerza vital y si se debilitan o disipan, nos puede causar graves problemas de salud y dificultades mentales y emocionales. Además, la pérdida de energía afecta nuestro desarrollo espiritual de manera adversa ya que causa una falta de conexión entre nuestro ser físico y nuestro ser infinito. Cuando perdemos esta conexión, perdemos nuestra conexión con Dios.
- **Símbolos de energías masculina y femenina**: Seas hombre o mujer, los sueños te revelan si existe un desbalance en tus energías femeninas y masculinas, entre las dos fuerzas del universo llamadas el yin y el yang. El yin representa la energía femenina y el yang representa la energía masculina y la integración de estas dos fuerzas potentes es esencial para que tengamos un ser energético en armonía y balance. Cuando las cualidades de las energías femeninas –serenidad, compasión, creatividad naciente, imaginación, receptividad, intuición y apertura emocional– se fusionan con las cualidades de las energías masculinas –fortaleza

interna, impulso hacia adelante, acción, enfoque, voluntad y creatividad activa– estas dos fuerzas universales se unen y entran en un balance y armonía perfecta. El soñar con matrimonio, bodas, amante y otros símbolos que aparecen en el diccionario te señala hacia la necesidad de integrar estas dos energías en tu ser, de establecer el balance entre las energías del yin y el yang.
- **Símbolos de emociones o pensamientos negativos**: Muy frecuentemente recibimos avisos en los sueños sobre emociones y pensamientos negativos que están causando estragos en nuestro ser. Cuando sueñas con acné, insectos, agua turbia y otros símbolos mencionados en el diccionario contenido en este libro se te está avisando que necesitas liberarte de estas emociones y pensamientos. Las emociones negativas y los pensamientos negativos son tóxicos para el ser espiritual ya que bajan tu vibración considerablemente. Por lo tanto, es necesario monitorear tus emociones y tus pensamientos para asegurarte de que estás albergando emociones y pensamientos elevados que fortalecen tu vibración y atraen hacia ti el bienestar en todos los aspectos de tu vida.

Tipos de orientación

Al tener sueños que te indican la necesidad de purificar tu ser, de hacer una limpieza energética que remueva energías negativas que puedan existir dentro de ti, de abrir tu corazón o sanar tu karma, tú puedes optar por responder a la guía ofrecida y seguir una práctica espiritual que te ayude a evolucionar o puedes optar por ignorar la advertencia. En caso de que ignores la guía de tus sueños, los sueños continuarán llevándote el mensaje espiritual hasta que decidas responder de manera positiva a lo que se te señala. Las advertencias pueden llegar de varias maneras:

Sueños recurrentes

Cuando tienes el mismo sueño en más de una ocasión, este es un sueño recurrente. Los sueños recurrentes son mensajes que se repiten una y otra vez porque hay algo importante que necesitas atender y no lo has hecho. Cuando tienes un sueño recurrente es importantísimo que lo analices cuanto antes y pongas en acción las medidas necesarias para solucionar el asunto que está afectando tu vida.

Diversidad de símbolos

Una variante de un sueño recurrente es cuando se te transmite un mensaje sobre un asunto en particular, no le haces caso y se te transmiten diferentes símbolos que representan la misma cosa. Esto es para ayudarte a reconocer el significado del mensaje. Por ejemplo, en un sueño se te transmite el mensaje que tus emociones están descontroladas y el símbolo que se te muestra es agua tumultuosa. Tienes un sueño en que nadas en un mar turbulento, pero lo ignoras. Otra noche sueñas que navegas en una canoa frágil en un río de aguas turbias y en el tercer sueño se te muestra una inundación en tu casa en que los muebles se arruinan. El mensaje de estos sueños es el mismo, pero se te dan diferentes símbolos en un esfuerzo de que les prestes la atención debida. Si la advertencia se ignora, es posible que se te presente el mensaje en una pesadilla.

Pesadillas

Las llamadas pesadillas, o sueños fuertes, son intentos de tus guías espirituales de lograr que prestes atención a la información que te están tratando de transmitir. Una pesadilla es el resultado de algo importante que necesitas atender en tu vida, es una señal de alerta que si no le prestas atención puede tener consecuencias negativas. No se deben juzgar la pesadillas como algo malo. Las pesadillas nos traen mensajes fuertes, pero importantes que sólo nos llegan de esta manera extrema porque hemos ignorado esfuerzos anteriores de comunicarnos un asunto urgente que debemos atender.

Respondiendo a las directrices

Dependiendo del mensaje que te llegue, hay diferentes maneras en que puedes responder a los avisos que se te transmiten desde los planos de Luz.

Purificación y limpieza energética

Cuando sueñas con agua turbia, inodoro, baño o algún otro símbolo de este tipo, este mensaje te alerta a la necesidad de purificarte espiritualmente. Esta purificación conlleva una limpieza energética de todo tu cuerpo de

Luz, tu cuerpo energético, para remover energías negativas que se han adherido. Los chacras, que son un portal tan importante hacia los planos de Luz, necesitan estar en buenas condiciones, libres de bloqueos para que puedas desarrollar tu espiritualidad. Igual ocurre con el sushumna, el kundalini y tu cuerpo energético en general que incluye las capas mental y emocional de tu cuerpo de Luz. Cuando tus emociones se apoderan de ti o cuando tu estado mental está en desasosiego, necesitas limpieza energética y purificación para que las energías negativas alojadas en tu cuerpo energético se limpien y purifiquen, esto es, se llenen de Luz. Al llenarse de Luz, toda energía negativa es removida, disuelta y todo tu ser vuelve al balance y armonía que es tu estado de ser normal.

En el capítulo 8 se ofrece una *Meditación de purificación* que ayuda mucho en este proceso. Además, puedes pedirle a una sanadora Paramita que te ofrezca sanación. Si padeces de alguna enfermedad física, mental o emocional, te será de beneficio también la *Meditación para sanar*.

Si has recibido las iniciaciones del Sendero Paramita, la mejor manera de lograr la limpieza y purificación del ser es a través de la sanación y auto-sanación, incluyendo la armonización de chacras, según se enseña en los talleres del Sendero Paramita. Cuando recibas un mensaje de limpieza energética y purificación en un sueño, debes hacerte auto-sanación o recibir sanación Paramita de una persona adiestrada y capacitada para ofrecerla[11].

En ocasiones, verás un símbolo en un sueño que te indique la necesidad de una purificación que incluya no sólo tu ser físico, mental y espiritual sino también de los espacios a donde resides y trabajas. La letrina y el cabro son ejemplos de símbolos en que se te avisa que tu espacio físico de residencia o trabajo necesita limpiarse y purificarse energéticamente. Puedes hacer esta limpieza y purificación siguiendo el proceso que se detalla en mi libro *Tu espacio sagrado*, tomando el taller con el mismo nombre ofrecido por el Sendero Paramita o comunicándote con www.espaciosiluminados.com para que una especialista en la limpieza de espacios lo trabaje.

---

[11] Favor de visitar www.senderoparamita.org para información de contacto de personas que ofrecen servicios basados en la enseñanzas del Sendero Paramita, incluyendo sanación energética, procesos de sanación kármica y lectura de los Registros Akáshicos.

Recargar energías

Tu energía vital es lo que te sostiene en buen estado de salud, con tus emociones y estado mental en balance. En ocasiones recibirás mensajes en tus sueños de que algo o alguien está drenando tus energías. Usualmente estos mensajes llegan a través del símbolo de la sangre. En este caso, es sumamente importante que recuperes las energías perdidas cuanto antes. Esto se logra de dos maneras. Primero, necesitas resolver la situación que está causando la pérdida de energía, sea este un problema o una persona. Nadie tiene derecho de drenar a otra persona de su energía vital y es esencial que si hay alguien en tu vida que te drena las energías que le pongas un paro a la situación cuanto antes. Segundo, es imprescindible recargar tus energías a través de varias sesiones de sanación o auto-sanación Paramita que incluya la armonización de chacras, ya que los chacras siempre son afectados adversamente cuando hay drenaje de energía.

El corazón espiritual

Es posible que se te presenten símbolos en tus sueños como una cerradura, un ataúd o una brújula que te indican la necesidad de abrir tu corazón o de escuchar los consejos sabios de tu corazón en lugar de la mente. La apertura del corazón espiritual es fundamental para la evolución espiritual. El corazón espiritual, localizado en el centro del pecho, contiene nuestro chacra del corazón y se extiende más allá de nuestro cuerpo físico. Dentro del corazón tienes los mecanismos necesarios para conocer la Verdad. Para lograr conectarte a tu corazón espiritual necesitas abrirlo y penetrar su energía sabia y serena. Sin embargo, debido al control del ego en nuestras vidas es posible que se te haga difícil abrir tu corazón y seguir el sendero que te muestra. Es por esto que en ocasiones recibes la advertencia en sueños de que tu corazón está cerrado o que estás escuchando tu mente en lugar de tu corazón. El mensaje te indica que necesitas abrir tu corazón para recibir todas las bendiciones de Luz que están disponibles para ti.

Si recibes un mensaje así en tus sueños, necesitas hacer el trabajo espiritual necesario para abrir tu corazón y beneficiarte de su sabiduría. La presencia del Creador se siente en el corazón, no la mente y el mantener un corazón abierto y despierto te ayuda a sentir la Divina Presencia dentro de ti en todo momento. En el capítulo 8 encontrarás una *Meditación para abrir el corazón*. Esta meditación te ayuda a enfocarte en el corazón. Sin embargo, la mejor manera de abrir el corazón y entender sus mensajes es tomando los talleres del Sendero Paramita donde se ofrece una práctica espiritual dedicada a la apertura del corazón y el disfrute del Amor del Creador.

Emociones negativas y pensamientos negativos

No hay razón por la que necesites albergar emociones o pensamientos negativos dentro de tu ser especialmente cuando éstos sólo atraen más energías negativas a tu vida. Para lograr estar en un estado de apertura y recibir las múltiples bendiciones del Creador, es esencial que tu vibración se mantenga en estado elevado. Así logras atraer hacia ti la abundancia, la buena salud, el bienestar general. Toda energía, sea positiva o negativa, atrae hacia ti energías similares. Por lo tanto, si deseas atraer energía positiva es imprescindible mantener tus energías en equilibrio y resonancia con las energías divinas. Para lograr esto, debes en todo momento monitorear tus energías. Si tienes un pensamiento negativo o sientes una emoción negativa, identifícalo enseguida. No lo niegues o reprimas. Acepta que esta energía negativa existe dentro de ti y agradece que has podido darte cuenta que momentáneamente tus energías no están tan elevadas como quisieras. Entonces, sustituye la energía negativa por una positiva. Por ejemplo, si sientes ira por algo que te hicieron acepta que estás sintiendo ira, agradece que al sentir la ira te has dado cuenta del bajón en vibración que has sostenido y ten la intención de sentir amor y compasión por la persona que te irritó. Recuerda que esta persona no es responsable por lo que tú sientes. Tú eres la única responsable por los pensamientos y emociones que te afectan. Nadie puede obligarte a sentir algo que tú no desees sentir. Como dice el proverbio chino: "No puedes evitar que las aves de la tristeza vuelen sobre tu cabeza, pero sí puedes evitar que se aniden en tu pelo."

Si tienes sueños que te indican que estás controlada por emociones o pensamientos negativos, es crucial que aceptes el mensaje del sueño y hagas la práctica necesaria para liberarte de éstos ya que estas energías negativas continuarán afectando tu vida de manera adversa. Sugiero que para que logres esta liberación hagas las meditaciones que se ofrecen en el capítulo 8 y practiques el proceso de entrega al Creador también ofrecido en este libro para entregar las emociones y pensamientos que no has logrado soltar. Una práctica de meditación diaria y sanación energética frecuente, fortalecerán la Luz dentro de ti para que los pensamientos y emociones negativas logren disolverse.

Poder personal

Es posible que un sueño te advierta que le estás cediendo tu poder personal a otra persona. El poder personal es tu capacidad de tomar las decisiones y acciones que resulten en tu mayor bien. El poder personal no se trata de control, ya que el control es un esfuerzo por cambiar las cosas a la fuerza. Por el contrario, el poder es la capacidad de fluir en la armonía del universo y vivir en esa armonía tomando decisiones y acciones que convienen a tu evolución espiritual. Nunca se le debe ceder esta capacidad a otra persona ya que al hacerlo permites que alguien ajeno a ti controle tu vida e impida tu evolución. Si le estás cediendo tu poder personal a otro es posible que sea debido a falta de amor propio o autoestima baja. Al cederle tu poder personal a otro ocurre una debilidad o bloqueo en tu chacra umbilical que es donde se alberga la energía del poder personal. En este caso, irradiar tu chacra umbilical con Luz sanadora te ayudará mucho.

Perdón

El perdonarte a ti misma y a los que te han herido es uno de los pasos más significativos en tu evolución espiritual. El perdón ofrece una liberación del sufrimiento y de los sentimientos de culpa. También esclarece energías negativas que se adhieren a nuestro cuerpo energético causando problemas físicos, mentales y emocionales. En muchas ocasiones pensamos que hemos perdonando a alguien sólo para darnos cuenta a través de un sueño de advertencia que verdaderamente no hemos perdonado, que aún existe dentro de nosotros el rencor y el sufrimiento profundo de la falta de perdón. Perdonarnos a nosotros mismos es tan importante como perdonar a otros.

Si recibes un mensaje en tus sueños sobre la necesidad de perdonar, puedes hacer la *Meditación de perdón* que aparece en el capítulo 8 para ayudarte a remover las energías densas que existen cuando no se perdona y encontrar la paz en tu corazón. Es posible que tengas que hacer la meditación muchas veces antes de sentir que tu corazón verdaderamente se ha liberado de esta carga.

Vidas pasadas

Cuando sueñas que estás en un tiempo que no es el contemporáneo indicado por la manera de vestir, los vehículos o las viviendas que aparecen en el sueño, esto usualmente señala que tuviste una vida pasada en esa época y hay una situación o una lección de esa vida que está afectando tu vida presente. Este cuadro se te presentó para que hagas los procesos kármicos necesarios para sanar cualquier cosa que necesite sanarse de esa vida. Es muy posible que en el sueño se te presente cuál es la situación y por esto es importante que analices el sueño con detenimiento. Si en el sueño se te presenta, además, el símbolo de la rueda, escuchas un eco o algún personaje del sueño está sudando, estos símbolos enfatizan la naturaleza kármica del sueño. Esto es, el sueño tiene que ver con tu karma; la ley de causa y efecto en que todo lo que haces, piensas y dices crea una consecuencia energética.

Si tienes un sueño de una vida pasada es importante que hagas el proceso de sanación kármica necesario para sanar cualquier asunto relacionado al karma de esa vida pasada que te está afectando en el presente. Puedes hacer el proceso con una persona especializada en guiar a otros en los procesos kármicos o puedes tomar el taller *Tu karma en el Nuevo Mundo* ofrecido por el Sendero Paramita.

Registros Akáshicos

Los Registros Akáshicos contienen todo lo que la persona ha dicho, hecho, pensado durante sus vidas pasadas y la presente. Estos registros están codificados en la Luz para mantener energéticamente todo lo que ocurre en la existencia, incluyendo la existencia propia. Toda persona tiene un registro y puede alcanzar este registro a través de un hermoso proceso espiritual en que una persona adiestrada la guía hacia los registros y le ayuda a leer lo que está ahí inscrito. En los Registros Akáshicos recibes clarificación sobre tu misión y propósito en la vida y se te ofrecen consejos sobre cómo mejor cumplir con lo que te propusiste al reencarnar. Si sueñas con símbolos como páginas, libros o bibliotecas, esto puede indicar que te convendría ir a tus Registros Akáshicos para recibir la orientación que necesitas en estos momentos.

7

Los cuarzos y el sueño

Los cuarzos son nuestros aliados espirituales y uno de sus propósitos es ayudarnos a evolucionar espiritualmente. Los cuarzos contienen dentro de su estructura energética potentísimos códigos de crecimiento que nos impulsan a despertar. Almacenan la Luz en manifestación física y con esta Luz concentrada de los cuarzos se nos hace más fácil elevarnos a la Luz desde la densidad del plano material.

Existe una variedad de cuarzos que nos facilita tener sueños más vívidos, recordarlos y entenderlos. Estos usualmente son cuarzos de alta vibración que estimulan nuestra glándula pineal y el ajna (chacra del entrecejo o tercer ojo). Además, su vibración afecta las frecuencias de nuestro cuerpo energético para que podamos transformar nuestra propia energía a una frecuencia que se comunique más fácilmente con la vibración elevada de los reinos espirituales. De esta manera logramos entrar fácilmente a nuestra consciencia infinita y en nuestros sueños recibir los mensajes del Creador. Los cuarzos que recomiendo más adelante te ayudan y apoyan en cualquier trabajo espiritual que hagas con tus sueños. Puedes escoger varios de estos cuarzos o piedras y ponerlos en una bolsita de tela de fibras naturales y colocar la bolsita debajo de la almohada. Si utilizas sólo un cuarzo puedes colocarlo suelto debajo de la almohada o, si es demasiado grande, sobre tu mesa de noche.

También se incluye en este capítulo una lista de los cuarzos que apoyan tu evolución espiritual. Al recibir guía espiritual en tus sueños sobre áreas en tu vida que necesitan trabajarse, puedes utilizar los cuarzos recomendados para ayudarte a hacer este trabajo espiritual más efectivamente. El uso de los cuarzos fortalece cualquier trabajo espiritual que hagas y que esté basado en los mensajes que recibes en tus sueños.

Debes recibir permiso de los cuarzos que desees utilizar ya que cada cuarzo tiene su misión y el cuarzo necesita estar de acuerdo con el trabajo espiritual que le quieras asignar. Cuando recibas permiso del cuarzo deberás limpiarlo energéticamente y programarlo para la labor que desees que realice. Para información detallada sobre como escoger, limpiar y programar tus cuarzos favor de ver mis libros *Tu botica sagrada* y *Tu espacio sagrado*. Ambos libros están disponibles en www.senderoparamita.org.

Si no te es posible conseguir los cuarzos recomendados más adelante, puedes utilizar cuarzos claros y programarlos para lo que desees, sea esto tener sueños claros, recordar tus sueños o entenderlos.

Cuarzos para apoyar tus sueños

Amatista (Amethyst)

La amatista es un cuarzo hermoso de energías sanadoras, purificadoras y que vibra a una frecuencia de elevada compasión. Debido a su alta vibración espiritual, nos ayuda a conectarnos fácilmente con los reinos de Luz. Así logra propiciar sueños que llegan a través de nuestro ser infinito y entran como mensajes claros a nuestra consciencia infinita. Este cuarzo de gran poder espiritual nos ayuda a abrir el corazón y alcanzar su sabiduría. Esto nos facilita el interpretar sueños más efectivamente y con gran precisión.

Celestita (Celestite)

Este es otro cuarzo de muy alta vibración. La energía de la celestita apoya nuestra conexión con los reinos angelicales y estimula la clarividencia, esto es, el poder ver[12] energías sutiles y no-físicas con claridad. Como tal, es de gran beneficio para que nuestros ángeles y otros guías espirituales logren comunicarnos sus mensajes. La celestita vibra con la frecuencia de Amor puro y abre nuestro corazón para que podamos recibir los mensajes que nos llegan en sueños a través del filtro del corazón y no la mente. Además, la celestita nos ayuda a recordar nuestros sueños.

Cianita (Kyanite)

Este transmisor potente de energía de muy elevada vibración nos conecta a nuestros guías espirituales en meditación y en sueños. Debido a su energía tan potente, nos asiste a tener sueños sanadores. Sólo tenemos que pedir que se nos transmitan sueños en que recibimos sanación de los ángeles y otros seres de Luz elevados o que se nos den mensajes en los sueños sobre como podemos sanar alguna condición física que exista en nosotros o en otra persona. Al tener el sueño sanador, la cianita nos ayuda a recordar el sueño. Así podemos llevar a cabo lo que se nos aconseja.

Crisoberilo (Chrysoberyl)

Esta linda piedra ayuda a abrir y expandir el chacra de la corona ofreciéndonos una apertura hacia los reinos más elevados de Luz. Así, en nuestros sueños logramos comunicarnos con nuestro ser infinito, nuestros guías espirituales y con los mensajes del Creador. Estimula el ajna (chacra del entrecejo o tercer ojo) para que podamos ver las imágenes de los sueños con más claridad y brillantez.

Diamante Herkimer (Herkimer Diamond)

Promueve la visión clara de energías sutiles y nos conecta a los planos de Luz más elevados, estimulando la recepción de transmisiones espirituales que llegan a través de nuestros sueños. Nos abre las puertas de los chacras para que la comunicación de seres de elevada Luz logren,

---

[12] El "ver" no significa tener imágenes como las que vemos con los ojos abiertos. El don de la clarividencia consiste en saber en el corazón que algo está presente o que una verdad es revelada. Este "ver" es más verídico de lo que podemos divisar con los ojos abiertos.

con su vibración, comunicarnos sus mensajes. Esta piedra nos ayuda a recordar los sueños y entenderlos.

Jade

Cuando se coloca en la frente o cerca de la cabeza, esta piedra estimula el tener sueños con mensajes espirituales. El jade nos ayuda a reconocer quienes somos verdaderamente, esto es, seres divinos viviendo una existencia física. Al tener este entendimiento, nuestros sueños se convierten en vehículos para la expresión de nuestro ser infinito.

Jaspe (Jasper)

El jaspe, incluyendo el jaspe rojo, facilita el recordar los sueños al alinear nuestros chacras y crear una armonía que permite que los mensajes de los sueños lleguen a nosotros sin obstáculo. El jaspe negro (*black jasper*), también llamado basanita (*basanite*), nos ayuda a tener sueños proféticos y visiones ya que nos lleva a las profundidades de nuestra consciencia infinita donde podemos conocer una realidad sin la limitación de tiempo o espacio.

Lapislázuli (Lapis Lazuli)

Esta piedra de azul profundo abre los chacras superiores y nos ayuda a entender mejor nuestros sueños. Trae gran armonía a nuestro cuerpo energético llenándonos de paz y sosiego. Dentro de esta paz podemos tener un entendimiento más profundo de nuestros sueños, removiendo de ellos la emoción y trayendo a su análisis la verdad del corazón.

Malaquita (Malachite)

Esta piedra de transformación espiritual es beneficiosa para los que deseen efectuar grandes cambios en su vida utilizando la guía ofrecida por el Creador a través de los sueños. Debido a sus energías potentes no recomiendo colocarla debajo de la almohada, sino mantenerla cerca de la cama mientras duermes. Si utilizas esta piedra para trabajar con tus sueños, debes estar preparada para las transformaciones que ocurrirán en tu vida.

Rodocrosita (Rhodochrosite)

La rodocrosita es una piedra de amor incondicional y compasión sin juicio. Nos ayuda a ver la verdad aún cuando sea una verdad que hemos tratado de ocultar y reprimir. Es por esto que facilita mensajes sobre nuestro aspecto sombra para que podamos sacar a la superficie estos aspectos escondidos en nuestro ser y sanarlos.

Rubí (Ruby)

Al estimular la glándula pineal, esta piedra activa el chacra del entrecejo o tercer ojo (ajna) y nos ayuda a tener sueños que nos orienten en el camino de la vida. Aún cuando tengamos sueños fuertes, y hasta en forma de pesadillas, el rubí nos ayuda a percibir estos sueños con optimismo y de manera positiva, viendo en ellos una oportunidad para crecer espiritualmente.

Turmalina multicolor
(Multicolored Gem Tourmaline – Elbaite)

Trae armonía y balance a los cuerpos físico, emocional, mental y espiritual creando un campo energético dentro de nosotros que es receptivo a las enseñanzas que nos llegan a través de los sueños. Al utilizar esta piedra en una práctica espiritual que incluya la interpretación de nuestros sueños, logramos acelerar nuestra vibración para que esté más alineada a la vibración divina. Esta es la base de la comunicación con el Creador.

Ulexita (Ulexite)

Una piedra de claridad y visión, la ulexita nos ayuda a entender nuestros sueños con más precisión. Trae gran claridad a nuestra visión interna, nos ayuda a enfocarnos en nuestro sendero espiritual y recibir guía sostenida de los reinos elevados de Luz.

Zafiro verde (Green Sapphire)

Esta piedra nos ayuda a expandir nuestra visión interna facilitando el recordar los sueños. El zafiro contiene energías de sabiduría que nos asisten en dejar de lado las ideas equivocadas de la mente e interpretar los símbolos en nuestros sueños como lo que verdaderamente son, guías para impulsar nuestra evolución espiritual.

Cuarzos para despejar obstáculos espirituales

Cuando recibes mensajes en tus sueños que te señalan la necesidad de purificación, armonización de chacras, apertura del corazón y otros procesos importantes para tu evolución espiritual, es recomendable reforzar tu práctica de auto-sanación y meditación con el apoyo de cuarzos. A continuación te ofrezco una lista de cuarzos que puedes utilizar para la sanación de diferentes aspectos de tu ser.

Puedes trabajar con los cuarzos de diferentes maneras:

- Colocándolos en tu cuerpo mientras estás acostado. Si, por ejemplo, estás intentando abrir tu corazón, puedes colocar un cuarzo rosado sobre tu pecho.
- Colocándolos bajo tu almohada mientras duermes. Recuerda tener la intención de que el cuarzo te irradie con su energía sanadora mientras duermes.
- Colocándolos alrededor de tu cama con intención de recibir la energía sanadora de los cuarzos mientras estés acostada.
- Sosteniéndolos en la mano mientras meditas.
- Colocándolos en una bolsita de tela y llevándolos en un bolsillo o en la cartera.
- Si estás trabajando con los chacras, puedes colocar los cuarzos u otras piedras indicadas para la limpieza y apertura de los chacras sobre estos canales energéticos y permanecer acostada con los cuarzos sobre tus chacras durante por lo menos 10 minutos. En este tiempo, puedes irradiar Luz a los chacras.
- Preparar un elíxir de cuarzos y tomarte unas gotitas del elíxir tres veces al día. Para instrucciones detalladas sobre la elaboración de elíxires, favor de ver mi libro *Tu botica sagrada*, disponible en:

www.senderoparamita.org

- Colocándolos en una bañera de agua tibia. El agua es un transmisor excelente de energía. Al sumergirte en el agua recibes la energía sanadora del cuarzo. Para mayor beneficio, puedes hacer la *Meditación de purificación* mientras permaneces en el agua fortalecida por el cuarzo.

Los cuarzos que se recomiendan a continuación son apropiados para la limpieza y purificación del cuerpo energético y el despejar los obstáculos a tu desarrollo espiritual según señalados por tus sueños.

Purificación y limpieza energética

Amatista combinada con Citrino
Ámbar
Calcita claro
Calcedonia
Obsidiana
Peridotita

Crisocola
Fluorita
Granate
Jaspe
Petalita
Topacio

Desarrollo de amor propio y autoestima

Cuarzo fantasma negro*
Cuarzo rosado
Calcita rosada
Citrino
Turmalina rosada
Crisoberilo

Ópalo
Ojo de tigre
Piedra del sol
Rodonita
Sodalita

*El "fantasma" que alberga este cuarzo es un aspecto del cuarzo mismo que está duplicado dentro de sí. Esto es muy similar a los aspectos sombra que residen muy profundamente dentro de la persona y que pueden impedir el desarrollo del amor propio y la autoestima.

Recargar energías drenadas y debilitadas

Cianita
Cuarzo claro
Cuarzo rutilado

Fenacita
Granate
Labradorita

Malaquita
Pirita

Abrir el corazón

Apofilita verde
Calcita rosada
Crisocola

Cuarzo rosado
Dioptase
Esmeralda

Moscovita
Tugtupita

Disolver emociones negativas

Amatista combinada con Citrino
Aguamarina
Azurita
Calcita azul

Esmeralda
Piedra lunar
Rubí

Disolver pensamientos negativos

Aguamarina
Amatista

Calcita verde
Jade

Zafiro

Superar el temor

Aguamarina
Amatista
Azurita
Calcita anaranjada

Celestita
Charoita
Crisocola
Cuarzo ahumado

Cuarzo rutilado
Piedra lunar

Facilitar el perdón

Calcita rosada
Crisoberilo
Obsidiana

Crisoprasa
Rodonita
Cuarzo rutilado

Cuarzo rosado
Sugilita

Armonizar energías femeninas y masculinas

Ágata	Piedra lunar	Tectita
Aventurina	Ónix	Turmalina

Arraigar el ser espiritual en la materia física

Ágata
Amatista combinada con Citrino
Cornalina
Cuarzo ahumado

Malaquita
Piedra Boji
Piedra lunar

Aceptación y sanación del ser sombra

Cuarzo fantasma negro*
Cuarzo rutilado
Moscovita

Obsidiana
Rodocrosita
Turmalina combinada con Cuarzo claro
Sodalita

*El "fantasma" que alberga este cuarzo es un aspecto del cuarzo mismo que está duplicado dentro de sí. Esto es muy similar a los aspectos sombra que residen muy profundamente dentro de la persona.

Sanación y armonización de chacras

Raíz: Cuarzo ahumado, Granate, Hematita, Jaspe rojo, Obsidiana, Rubí, Turmalina negra
Sacro: Calcita anaranjada, Cornalina anaranjada, Vanadinita
Umbilical: Calcita dorada, Citrino, Jaspe amarillo, Ojo de tigre, Topacio amarillo, Turmalina amarilla
Corazón: Calcita rosada, Cuarzo rosado, Danburita rosada, Jade, Malaquita, Rodonita, Tugtupita, Turmalina rosada
Garganta: Ágata encaje azul, Amatista, Angelita, Calcita azul, Cianita azul, Lapislázuli, Sodalita, Turquesa, Zafiro
Ajna: Apofilita, Azurita, Diamante Herkimer, Florita lila
Corona: Amatista, Azeztulita, Celestita, Danburita, Fenacita, Petalita

8

Meditaciones

El proceso y las meditaciones ofrecidas a continuación te ayudarán a mejorar las situaciones que se presentan en tus sueños. Estas meditaciones están codificadas con los patrones de Luz necesarios para traer a los diferentes aspectos de tu ser sanación, purificación y apertura a la Luz. Las meditaciones están disponibles en audio y las puedes bajar a tu aparato electrónico para escucharlas cómodamente.

Meditación para soñar

En esta meditación llamas la Luz hacia tu ser para facilitar tu apertura a la consciencia infinita donde puedes recibir mensajes importantes para tu evolución espiritual. Estos mensajes te llegan de tu ser infinito, tus ángeles, guías espirituales y, por supuesto, del Creador.

Puedes descargar esta meditación en audio en:
www.senderoparamita.org/meditationsp.php

Meditación para soñar

Al recostar la cabeza sobre tu almohada, deja ir todos los pensamientos, todas las preocupaciones del día.

Deja ir toda la energía que has acumulado durante el día y que no te pertenece.

Deja ir toda la energía que no quieres en ti.

Siente tu corazón. Y siente la paz profunda de tu corazón.

Al sentir la paz de tu corazón, te relajas más y más.

Tus pensamientos se acallan, tu cuerpo se relaja aún más y una gran paz, un gran regocijo te llena.

Tienes la seguridad, la confianza de que todo está bien.

Relaja tu cuerpo aún más y siente como una hermosa Luz, luminosa y radiante, fluye a ti, llenando tu ser entero de destellos radiantes.

Y tu corazón se abre más y más a esta gran Luz de Amor Puro.

Siente la Luz que baja desde los planos más elevados de Luz, fluyendo por tu cabeza y llenando tu corazón y tu ser entero de esplendor.

Permite que la Luz te llene completamente.

La Luz está en ti y en todo tu entorno. Estás radiante con la Luz.

Y en toda esta Luz, tienes la intención de alcanzar tu consciencia infinita mientras duermes.

Y tienes la intención esta noche de comunicarte en tus sueños con los ángeles, arcángeles, seres de la más alta Luz para recibir sus mensajes.

Y desde tu consciencia infinita el Creador se comunica contigo.

Ten la intención ahora de llenar todos tus sueños de Luz. Estaremos en silencio por unos momentos mientras tus sueños se llenan de Luz.

Abre tu corazón para recibir los mensajes que necesites recibir para tu evolución espiritual más elevada.

En tus sueños, recibes los mensajes de tu ser infinito, los mensajes de tus guías espirituales y el Creador se comunica contigo.

Ten la intención ahora de recordar estos sueños al despertar y poder interpretar con precisión los mensajes que te traen los sueños.

Al dormir esta noche entras lentamente, suavemente a la consciencia infinita, a los planos más elevados de Luz.

Meditación de purificación

En muchas ocasiones nuestra energía se afecta debido a que estamos expuestos a energías densas en el entorno. También nuestros pensamientos y emociones negativas como la duda, ira, frustración, impaciencia y temor pueden causar que nuestras energías sean afectadas y no estemos vibrando a una frecuencia elevada. En esta meditación de purificación, la energía de la Luz fluye por ti para limpiar energías densas de tu cuerpo físico, tu cuerpo energético y en tu entorno. Así te purificas completamente y tu ser entero se espiritualiza. Al elevar tu vibración, tu hermoso corazón se abre y entras en un estado de bienestar y paz.

Puedes descargar esta meditación en audio en:
www.senderoparamita.org/shopsp.php

Meditación de purificación

Toma una respiración profunda, y al exhalar, deja de lado todos los pensamientos, las preocupaciones del día.

Toma otra respiración profunda, y relaja tu cuerpo completamente.

Siente tu corazón, siente la paz profunda asentándose en tu corazón.

Siente la paz llenando tu corazón y tu ser entero.

Siente tu corazón abriéndose con la Luz, llenándose de Luz. Siente tu corazón abriéndose y abriéndose con la Luz.

Por un momento, permite que tu corazón se expanda aún más y únete al amor Divino que te rodea. Estás llena de Amor, rodeado de Amor, sólo hay amor en ti y en tu entorno. Eres un océano de Amor.

Ahora, una hermosa y potente Luz fluye a ti. Es una Luz purificadora que fluye por tus cuerpos físico y energético. Siente como esta Luz purificadora penetra todas las células de tu cuerpo con su belleza y esplendor.

Mientras la Luz purificadora fluye por ti, su energía poderosa disuelve todas las energías negativas dentro de ti y en tu entorno.

La Luz purificadora limpia, sana y regenera todos tus cuerpos energéticos, tus células, tus órganos, todo tu cuerpo físico.

Nuevos filamentos de Luz llenan todos tus chacras y otros canales energéticos, tu aura, tu cuerpo físico hasta que te llenas completamente de Luz.

La hermosa Luz remueve todo lo que no debe estar en ti y estás completamente regenerado, rejuvenecido. La Luz te llena completamente.

Mientras estás aquí disfrutando de la Luz purificadora y sanadora, te preparas para tomar tu próximo paso en tu evolución espiritual mientras las energías viejas que tenías son transmutadas en Luz.

Y ahora, entras a un espacio de silencio total. Te compenetras con tu espíritu y llegas a un lugar que está más allá de las palabras. Estaremos en silencio mientras entras a este espacio de quietud y silencio total.

Tu cuerpo energético está compuesto por líneas de Luz alrededor de tu cuerpo físico. Siente ahora como estas líneas de Luz se purifican, se abren con la luz y todas las memorias almacenadas aquí, cosas que no funcionaron, cosas de vidas pasadas, todo se borra con la Luz purificadora y transmutadora.

Y la Luz de la perfección recorre tu cuerpo energético, todos tus chacras y todo tu aura. Eres restaurada a la paz y la perfección de la Luz.

Permite que tu corazón te guíe y permite que la hermosa Luz de purificación que fluye a ti te revitalice a todos los niveles.

Y mientras disfrutas de esta Luz purificadora, afirma y da permiso para que todo sea purificado en ti.

Estaremos en silencio por unos momentos mientras te revitalizas, regeneras y purificas completamente y te llenas de Luz.

Cuando estés listo, puedes abrir los ojos lenta y suavemente.

Meditación para abrir el corazón

Esta corta meditación te ayuda a estar en tu corazón rápidamente cuando sientas tristeza, impaciencia, temor, enojo o alguna otra emoción densa que afecte tu estado de ser. Con esta meditación lograrás entrar al momento presente, a la paz de tu corazón y así volver a la perfección de tu ser.

Puedes descargar esta meditación en audio en:
www.senderoparamita.org/meditationsp.php

Meditación para abrir el corazón

Toma una respiración profunda y al exhalar relaja tu cuerpo completamente.

Toma otra respiración profunda y deja ir toda la energía que no deseas en ti.

Deja ir todos los pensamientos, todas las emociones y trae tu consciencia al corazón.

Siente tu corazón. Siente una paz profunda asentándose en tu corazón.

Y siente como tu corazón te trae al momento presente, donde no existe el pasado, ni el futuro, solo el fluir eterno del momento.

El momento presente es todo lo que existe. Siente la paz, siente la paz que hay aquí en este momento.

Siente tu corazón. Siente tu corazón abriéndose, expandiéndose, llenándose de luz.

Y siente la suavidad de tu respiración a medida que tu corazón se calma, se llena de paz y gozas de la quietud en tu corazón.

La luz fluye a tu corazón abriéndolo, expandiéndolo cada vez mas. Siente lo luminoso y espacioso que está tu corazón ahora.

Tu corazón es un cielo infinito. Estás en la luminosidad espaciosa de tu corazón ahora.

Siente la paz, siente la belleza, la quietud en tu corazón. Tu corazón brilla con el amor, brilla con la luz.

Solo siente la paz, la calma, la quietud en tu corazón.

Siente la belleza de tu corazón abierto y espacioso.

Siente la expansión gloriosa de tu corazón.

Y cuando estés listo, regresa lenta y suavemente de la meditación, con una sonrisa, consciente de que tu corazón está ahora expandido, abierto y lleno de una Luz luminosa, hermosa.

Meditación de perdón

El perdón es uno de los factores más influyentes en el desarrollo espiritual. Al perdonarte a ti mismo y a otros liberas tu alma para que pueda disfrutar de la Luz más elevada sin las cargas del resentimiento, el pesar y otras emociones densas que nos ocasiona el no perdonar. En esta meditación logras tu liberación al perdonar a los que te han hecho daño. Llegas a un entendimiento profundo sobre la naturaleza del amor incondicional y la compasión. También puedes hacer esta meditación para perdonarte a ti misma. Al perdonar comienzas a remover uno de los obstáculos más fuertes que te impide la evolución espiritual.

Puedes descargar esta meditación en audio en:
www.senderoparamita.org/shopsp.php

Meditación de Perdón

Respira hondo y permite que toda la energía que le has entregado a otros o que has dejado atrás, regrese a ti ahora.

Siente como tu energía regresa a ti y te sientes más relajado, más presente.

Ahora, siente tu corazón y siente la Luz radiante que llega de los planos más elevados llenando tu corazón completamente.

Tu corazón se expande y se ilumina con la Luz.

Ahora, permite que tu corazón se expanda aún más y se disuelva con el Amor divino que te rodea. Estás impregnado de Amor, rodeada de Amor, sólo hay Amor dentro de ti y en todo tu entorno.

Y en toda esta Luz, en todo este amor, piensa en una persona que te ha herido. Mira a esta persona ahora con tu visión interna, con amor incondicional, con compasión total.

Sabiendo en tu corazón que esta persona no supo actuar de otra manera.

Ahora, reconoce la belleza y amor que hay en esta persona. Dentro de él o ella sólo hay Luz, es que esa Luz se ha tapado.

Y siente como tu corazón se abre al pensar en la persona de esta manera.

Estás en un sendero de amor y compasión. Este es el sendero del perdón y te das cuenta que es hora de perdonar, de dejar ir todas las ataduras y de liberarte. Porque cada vez que perdonas, te liberas a ti mismo.

Con toda esta compasión que ahora sientes, dile a esta persona: "Te perdono. Eres perfecta, perfecto, según eres. Dejo ir cualquier energía que exista entre nosotros y que no sea amor. Y me perdono a mí mismo."

Reconoces que el alma de esta persona es perfecta y reconoces el destello divino que hay en su corazón. Siente un profundo amor por esta persona, ya que es como tú. Uno con la Luz universal del Amor.

Ahora, invoca la Sagrada Luz de Transmutación. Esta es una Luz potente, una sagrada Luz que nos ayuda a transmutar en Amor todo lo que no sea Luz. Toda la densidad se transforma en su Luz radiante.

Puedes ver o percibir la sagrada Luz de Transmutación frente a ti. Esta sagrada Luz está apoderada por un Amor que es absoluto, incondicional, infinito y eterno.

Siente como tu corazón se abre más y más al estar consciente de esta Luz. Siente como el Amor en tu corazón se fortalece, se agranda y lo llena todo y todos de Amor.

Con todo este Amor en tu corazón, ten la intención de colocar dentro de la sagrada Luz de transmutación cualquier energía que exista entre tú y esta persona que no sea amor. Y fíjate si hay alguna emoción, alguna energía densa en cualquier parte de tu cuerpo y que te cause contracción. Fíjate si hay algo que necesitas soltar. Y ten la intención de soltarlo todo y colocar esta energía que ya no quieres en ti dentro de la Sagrada Luz de Transmutación.

Estaremos en silencio por unos momentos mientras la sagrada Luz transforma toda la energía densa en Amor y Luz.

Ahora, siente tu compasión por esta persona y siente el amor incondicional del que eres capaz. Reconoce ahora la Luz y la divinidad que existe en esta persona y deja que la imagen de la persona se disuelva en la Luz.

Ten la intención ahora de entrar en la Sagrada Luz de Transmutación y permite que esta sagrada Luz penetre profundamente tu ser entero.

Ahora suelta toda energía que no debe estar en ti, mientras la sagrada Luz limpia y purifica tu cuerpo físico, tus pensamientos y tus emociones.

Ahora eres libre. Tienes en ti la libertad de perdonar a otros y al hacerlo, te liberas.

Siente el amor en tu corazón y la gran compasión de la que eres capaz.

Y cuando regreses de esta meditación, siente tu corazón tan abierto, libre y lleno de paz.

Proceso de entrega al Creador

Si recibes un mensaje en tus sueños aconsejando que te desprendas de ataduras o remuevas obstáculos de tu vida que impiden tu desarrollo espiritual, este proceso te ayudará mucho especialmente si se te hace difícil resolver la situación por tu cuenta. El Creador todo lo puede y los obstáculos y ataduras más difíciles se disuelven cuando se las entregas de todo corazón. El siguiente proceso de entrega es sencillo y a la vez muy potente.

Proceso de entrega

- Siente tu corazón, siente la paz, la alegría, el amor en tu corazón.
- Coloca tus manos frente al corazón, palmas hacia arriba.
- Ten la intención de poner el obstáculo en las manos.
- Con todo el corazón, eleva las manos y entrega el obstáculo al Creador.
- "Creador, te entrego este obstáculo porque Tú todo lo puedes."

Meditación para sanar

Esta meditación de media hora contiene dentro de cada palabra la Luz sanadora del Amor Puro. Al escuchar esta meditación se despierta la Luz sanadora en tu corazón y fluye a cada célula de tu cuerpo regenerando y sanando para que todo tu ser esté en armonía con la perfección de la Luz. Esta meditación sólo está disponible en audio. La puedes escuchar en:

www.senderoparamita.org/meditationsp.php

SEGUNDA PARTE

Diccionario de sueños

9

La interpretación de los símbolos

A

Ábaco: Este sueño indica que mantienes ideas, creencias y perspectivas caducas. Éstas ya no te sirven. Un cambio de perspectiva te beneficiará.

Abandono: El soñar que has sido abandonada(o) puede indicar que hay cosas que necesitas soltar o dejar atrás. Estas pueden ser actitudes que ya no te convienen o creencias, hábitos y patrones que coarten tu crecimiento. Este sueño también puede señalar que estás cediendo a otros tu poder personal o que estás desatendiendo tus propias necesidades. Por otro lado, el sueño te está advirtiendo que aunque tienes grandes recursos internos y fortalezas, no las estás reconociendo o utilizando a plenitud.

Abanico: Representa los cambios que están ocurriendo en tu vida o un cambio que está por llegar. Si cubres tu cara con un abanico de mano, esto representa que estás ocultando tu verdadero ser. También puede indicar que necesitas tener más confianza en ti mismo(a).

Abdomen: A menudo soñar con el área abdominal simboliza tu chacra umbilical y puede indicar un desbalance en este centro energético, dependiendo del contexto del sueño. Si sientes incomodidad en esa área en el sueño es probable que tienes un asunto que necesita resolverse en el chacra umbilical. Bloqueos, debilidad, drenaje de energía y otros problemas en el chacra umbilical pueden deberse, entre otras causas, a que tu ego está controlando tu vida en lugar de tu corazón; o tienes una atadura o cordón energético fuerte con otra persona. Como el chacra umbilical es el centro de tu poder personal, es posible que le hayas cedido tu poder personal a otra persona o cosa. En todos estos casos es esencial que armonices el chacra umbilical y disuelvas toda atadura que puedas tener y que te ha robado tu poder personal. Si tu ego está controlando tu vida es tiempo de despertar y abrir tu corazón y comenzar a dirigir tu vida desde éste. Tu corazón es el centro esencial de tu ser y contiene toda la sabiduría que necesitas para tomar las decisiones que son para tu bien mayor.

Abeja: La abeja simboliza buena fortuna, armonía, regocijo y creatividad. Representa las fuerzas benévolas del universo y una conexión profunda con la naturaleza. Soñar con un panal de abejas indica abundancia que resulta del trabajo creativo y la cooperación con otros.

Abismo: Puede representar una amenaza a tu desarrollo, algo desconocido que te impide moverte hacia delante. Sugiere circunstancias en tu vida que te causan desasosiego. Puede indicar que es el momento de enfrentarte a temores que te paralizan y llenar tu vida de gozo y fortaleza. Si sueñas que caes en un abismo, este sueño indica que temes descubrir cosas ocultas dentro de ti. Estas pueden ser temores u otras emociones enterradas.

Abogada, Abogado: Representa tu guía espiritual e indica que este sueño es un mensaje sobre las leyes espirituales que necesitas reconocer y seguir. Tus ángeles y otros guías espirituales siempre están disponibles para ayudarte. Lo que ocurre es que necesitan respetar tu libre albedrío en todo momento. Por lo tanto, sólo te pueden ayudar si tú pides su ayuda. Asegúrate de pedir la ayuda espiritual que necesites. Siempre hay ayuda disponible, sólo tienes que pedirla.

Abono, Fertilizante: Necesitas más alimento espiritual para facilitar tu crecimiento espiritual. La meditación, oración, el seguir un sendero espiritual basado en el Amor, son prácticas que te nutren espiritualmente. Si el fertilizante en el sueño es estiércol, o excremento de algún animal, el sueño tiene otra interpretación. Favor de ver la entrada bajo "Estiércol" en este diccionario.

Aborigen, Indígena: Te beneficiaría conectarte a tu intuición y permitir que el poder que llevas dentro se manifieste. Este poder espiritual es de por sí libre de las dictaduras de la mente y te ofrece una perspectiva clara sobre tu vida y lo que necesitas hacer. El sueño también puede indicar que te beneficiaría conectarte más con la naturaleza y verla como parte de ti mismo(a). Si te sientes en estado de separación de la naturaleza, es el momento de darte cuenta de que esta separación no es real, ya que todo y todos somos Uno.

Aborto: Este sueño te advierte que estás bloqueando o impidiendo tu propio crecimiento. Es posible que hayas impedido que ideas, proyectos, oportunidades o relaciones lleguen a fruición. Practica la auto-observación y reflexiona sobre ti misma(o) y tu vida para determinar qué es lo que estás impidiendo que crezca dentro de ti.

Abrazo: Simboliza sanación y consuelo. Estando en un cuerpo físico, dentro de la materia densa de la Tierra, es normal que tengas momentos en que necesitas sanación física o emocional u ocurran situaciones en tu vida en que sufres y necesitas consuelo. Este sueño reconoce estos momentos y te asegura que la sanación y el consuelo están disponibles para ti. Sólo necesitas pedirlo. Desde tu corazón eleva una oración sencilla para que el Creador te ayude a sanar a todos los niveles y sentir la paz y regocijo del Amor divino. Entrégale todo lo que te agobia al Creador y Él levantará tus cargas.

Abrigo: Simboliza protección. Todo lo que pidas, con el corazón abierto y lleno de confianza, te es otorgado. Por lo tanto puedes invocar las fuerzas divinas de protección en cualquier momento. Cada mañana al despertar, ten la intención de rodearte de una esfera de Luz radiante para protección. Esta esfera te protegerá durante todo el día de energías densas que no quieres en ti. Por otro lado, soñar con un abrigo puede indicar que estás ocultando tu verdadero sentir, impidiendo que otros vean quien eres realmente. Te conviene iniciar una práctica espiritual para abrir tu corazón. Al abrir tu corazón descubres la libertad infinita de mostrarte al mundo como eres verdaderamente, un ser espiritual conectado eternamente al Creador amado.

Absceso: Hay algo que estás reprimiendo. Necesitas expresar tu verdad.

Abuelo, Abuela: Representa los aspectos más sabios y maduros de tu ser. Estos aspectos están floreciendo en ti. El abuelo puede simbolizar la protección y tradición; mientras que la abuela puede representar amor incondicional y cuido. Una abuela también puede representar el arquetipo de la anciana sabia.

Abuso: Si sueñas que estás abusando de alguien, indica emociones reprimidas que posiblemente se manifiesten de manera inapropiada. Si en el sueño estás recibiendo el abuso (o ves a otra persona siendo abusada), sea este abuso verbal o físico, esto indica que te sientes acosada(o) por alguien o algo. También puede indicar que alguien está aprovechándose de ti.

Accidente: Indica que no estás prestando atención a tu ser interno. Estás demasiado preocupado(a) por temores o te encuentras en estado de ansiedad y estrés extremo. También puede indicar que llevas una vida acelerada y necesitas disminuir la velocidad. Puede indicar una preocupación excesiva con el futuro, impidiendo que vivas en el momento presente. El pasado ya pasó y el futuro aún no ha ocurrido. El momento presente es lo único que existe.

Aceite: Simboliza el correr suave de las cosas; energía que fluye sin dificultad. Entra en el hermoso fluir de la vida que no requiere esfuerzo ni control.

Aceituna: Símbolo de paz, sanación e inmortalidad. La paz que siempre está presente en tu corazón te trae a profundos niveles de sanación en todos los aspectos de tu vida. Cuando estás en paz, tu corazón se abre y te das cuenta que tu ser verdadero es inmortal, infinito y eterno.

Acelerador: Este sueño indica que lograrás tus metas muy pronto. También puede indicar que necesitas disminuir la velocidad en algún asunto de tu vida y tomar las cosas con más calma. Si el acelerador está roto o atascado, el sueño te indica que has perdido el control en alguna situación y necesitas retomar las riendas para controlarla.

Acera: Progresas firmemente en la vida. Si la acera está quebrada, significa que tendrás reveses menores y temporeros. En este caso necesitas ajustar las cosas y cambiar de dirección.

Acero: Simboliza fuerza, inflexibilidad, determinación, resolución. Existe gran fortaleza dentro de ti y puedes vencer los obstáculos que pueda presentarte la vida.

Ácido: Tienes pensamientos corrosivos capaces de causar mucho daño a ti y a tu entorno. Medita, entrega tus problemas al Creador y comienza a vivir desde tu corazón en lugar de las emociones densas.

Acné: Representa emociones negativas dentro de ti que necesitas aceptar y expresar de manera positiva. Las emociones negativas son tóxicas para tu ser espiritual ya que bajan tu vibración considerablemente. Por lo tanto, es necesario monitorear tus emociones y asegurarte de que estás albergando emociones positivas que elevan tu vibración y atraen hacia tu vida el bienestar, la paz, el sosiego.

Acordeón: Hay un asunto que te deprime o entristece. Necesitas enfocarte en las cosas buenas de la vida en lugar de las cosas negativas.

Acróbata: Este sueño señala hacia el balance necesario en los diferentes aspectos de tu ser (físico, emocional, mental y espiritual) y de tu vida para vivir en armonía y paz.

Actor, Actriz, Actuación: Este sueño representa el papel que estás desempeñando en tu vida. Esto es como otros te ven y no necesariamente como lo que eres realmente. A menudo asumimos el rol de madre, padre, hijo, amiga, empleado y nos olvidamos de que la vida es una ilusión, de que ninguno de estos roles son reales ya que verdaderamente somos seres infinitos y divinos. Si estás actuando en el sueño, esto puede indicar que estás aparentando ser lo que no eres y estás presentándole una fachada al mundo.

Acuario, Pecera: Este sueño indica la necesidad de purificación emocional. Por el contrario, puede indicar que muestras tus emociones de manera calmada, que estás en completo control de tus emociones.

Acuerdo: Ver "Contrato".

Acupuntura: Te beneficiaría recibir sanación energética.

Acusación: Si en el sueño eres acusado(a) de algo esto refleja tus sentimientos de culpabilidad. También puede indicar que dudas de tus propias decisiones. Si estás acusando a otra persona, esto indica que existe la discordia con personas que te rodean.

Adhesivo, Pegamento, Cola: Este sueño señala tu temor a estar en una situación de la cual no puedes salir. También puede indicar que estás demasiado apegado a algo o alguien.

Adicto: El soñar con un adicto o que eres un adicto indica una falta de control en alguna situación importante en tu vida. Simboliza el haber cedido una responsabilidad o tu poder personal. También puede indicar inseguridad y autoestima baja.

Adiós: Le das la despedida a asuntos del pasado o relaciones que te acongojaban. Estás lista(o) para comenzar una nueva etapa en tu vida, en plena libertad.

Admirar: Si admiras a alguien en el sueño esto indica que en la vida real admiras las cualidades de esta persona y deseas tenerlas. Si te admiras a ti misma(o) en el sueño, esto sugiere que necesitas trabajar en controlar tu ego.

ADN: Clarifica lo que deseas para tu vida y reflexiona la manera en que cumplirás tu misión espiritual. Este sueño te indica que no estás consciente del propósito de tu vida y necesitas meditar y entrar en una introspección profunda para determinar el por qué viniste a este mundo. Todos tenemos un propósito espiritual de amar a los demás incondicionalmente. Dentro de ese propósito están las acciones que podemos tomar para obrar desde el Amor.

Adolescente: Soñar con un adolescente o que eres una adolescente puede indicar que estás actuando de manera inmadura. Hay aspectos de tu ser que necesitan desarrollarse y adquirir madurez para que puedas crecer y lograr autonomía personal.

Adopción: Soñar que se está adoptando un bebé indica que estás trayendo a tu ser un aspecto nuevo. Este puede ser un nuevo reconocimiento o entendimiento que te ayudará a evolucionar espiritualmente. Este sueño representa un nuevo comienzo.

Adorno: Te llega un regalo, una bendición espiritual.

Adulterio: Estás desperdiciando tu energía en algo que te separa de tu ser interno, tu ser verdadero y estás traicionándote a ti mismo. Es posible que en tu vida diaria te encuentres envuelta en un asunto que no te conviene o que estés buscando fuera de ti lo que necesitas encontrar en tu ser interno.

Advertencia: Cualquier advertencia que llegue en un sueño debe tomarse seriamente y actuar sobre ella con prontitud. Este es un mensaje de que hay algo urgente en tu vida que necesitas cambiar o solucionar. Reflexiona sobre las personas y situaciones en tu vida para obtener claridad sobre el asunto. Es posible que el mismo sueño te revele lo que es.

Aeropuerto: Simboliza el momento de embarcarse en un despertar espiritual. Estás acercándote a un nuevo comienzo, lista(o) para arrancar hacia nuevos horizontes. Representa el punto de despegue en tu camino hacia la Luz.

Aerosol: Sientes que estás bajo presión para tomar una decisión o hacer algo.

Afeitar: Representa cambios en tu imagen propia. Necesitas trabajar en tu autoestima y reafirmar tu valor propio. Recuerda siempre que eres un hermoso destello del Creador Amado, por lo tanto, eres Luz radiante, Amor puro.

Agente de bienes raíces: Estás en una búsqueda interna por algo que te llene profundamente.

Agonía: Tienes un problema agobiante que necesitas resolver.

Agua: El símbolo de agua en un sueño representa tus emociones. Este sueño te ofrece un indicio de tu estado emocional y cómo puedes calibrar tus emociones para que no te afecten adversamente. Si el agua hierve en tu sueño, estás en un estado de agitación emocional. Si ves las aguas claras y serenas, estás en un estado de serenidad, paz y rejuvenecimiento. Aguas sucias o turbias te señalan las energías negativas que sostienes. También pueden indicar que tus pensamientos son confusos, imprecisos. Si sueñas que el agua está inundando tu casa, esto indica que tus emociones se desbordan. Si escuchas agua corriente, este sueño te indica que necesitas reflexionar sobre tus emociones.

Agua bendita: Símbolo de purificación y regeneración espiritual. Buscas paz y alegría. Las encuentras cuando purificas tu corazón y logras vivir con un corazón puro. Logras esto a través de la meditación y la devoción y el amor imperecedero hacia el Creador.

Aguacate: Simboliza gran potencial para la creatividad. También simboliza riqueza, abundancia y fertilidad.

Aguas negras, Cloaca: Este sueño te advierte que hay algo en tu vida que necesita limpiarse, esclarecerse o cambiar de inmediato. Existen condiciones, situaciones o relaciones sumamente negativas. Necesitas desprenderte de las cosas que traen toxicidad a tu vida, sean estas personas, situaciones, hábitos, costumbres o creencias.

Águila: Simboliza gran poder espiritual. Tu ser espiritual se eleva libremente a grandes alturas. El águila representa una libertad potente que debe usarse con sabiduría.

Aguja: Representa la creatividad, la unión de elementos dispares en un todo completo y armónico. Es posible que te encuentres lista(o) para despertar a la realidad de que todos los elementos de la existencia, aunque aparentan ser cosas separadas y distintas, son en realidad parte de un Todo universal y divino. Todo lo que existe, existe en Dios. Todo lo que existe es Dios. No hay nada más.

Ahogarse: Este sueño te indica que estás completamente agobiado, abrumada por las emociones. Es una advertencia de que necesitas salir de una situación que puede causarte mucho daño.

Ahorcarse: Si apareces ahorcada(o) en el sueño, esto indica un elemento destructivo dentro de ti causado por el temor y un sentido de culpabilidad. También puede representar un obstáculo que no te permite expresar tu verdad, seguramente causado por un bloqueo en el chacra de la garganta.

En este caso, necesitas recibir sanación o darte auto-sanación para remover el bloqueo y armonizar tu chacra de la garganta.

Ahorros, Ahorrar: Indica preocupación por asuntos monetarios.

Aire: Simboliza el empuje creativo que tienes. Si te lo propones, puedes lograr tus metas creativas con una mente clara. Si el aire está contaminado en tu sueño, esto indica que tu creatividad está bloqueada y tus ideas carecen de claridad.

Aire acondicionado: Necesitas calmar las emociones negativas que te avasallan. La paz y el sosiego se logran cuando estás en el corazón y logras dejar ir emociones densas que sólo aprietan tu corazón.

Ajedrez: Representa el juego de la vida, la competencia en que te encuentras en el trabajo y otras situaciones y que hace difícil el diario vivir. Si asumes que la competencia es necesaria, no podrás descubrir que hay maneras más fáciles de existir en el mundo.

Ajo: Simboliza protección tanto espiritual como física. Esto es, protección de enfermedades y protección contra cualquier negatividad en el ambiente que pueda afectarte energéticamente. El sueño te indica que debes protegerte. Comienza cada día creando una esfera de Luz alrededor de tu aura para protección. Simplemente ten la intención de que baje la Luz hacia ti desde los planos más elevados de Luz. Visualiza la Luz formando una esfera alrededor de tu aura y pídele a tus ángeles y otros guías espirituales que te ayuden a fortalecer la esfera. Después de unos momentos, cuando sientas que la esfera está fortalecida, pide que esta esfera te proteja durante todo el día.

Ajonjolí: Simboliza abundancia y tesoros escondidos.

Alabar, Alabanza: Este sueño indica que sientes orgullo por lo logrado.

Alabastro: Disfrutas de buenas relaciones con otros y con tu pareja.

Aladino: Este símbolo representa el poder espiritual que tienes de transmutarlo todo en Luz, simplemente con intención. Como todos los seres humanos, tienes un poder creativo enorme y con tu intención puedes crear tanto cosas positivas como negativas. Este sueño te recuerda que aún cuando te enfrentes a algo o alguien negativo en tu vida, tienes el poder espiritual de transmutar la negatividad en Luz. Haces esto con intención de irradiar Luz hacia la situación o persona.

Alambre, Alambre de púas: Representa una dificultad en sobrepasar un problema o logrando que otros te entiendan. Si estás atrapada en el alambre esto simboliza opresión, aprisionamiento. Te sientes atrapado y hay serias restricciones en una situación en tu vida o una relación.

Álamo: Simboliza la energía vital que lo mueve todo.

Alarma: Este símbolo representa un aviso, una advertencia de que estás desviándote de tu sendero espiritual o que estás por tomar una decisión equivocada en cuanto a una relación o situación.

Alas: Simbolizan la libertad espiritual, la posibilidad de volar hacia nuevas alturas espirituales sin limitaciones.

Albahaca: Simboliza dulzura, ternura y un amor profundo hacia nuestro Creador.

Albañil: Tienes el potencial y la habilidad de crear las cosas que necesitas para sentirte en paz.

Albino: Simboliza la pureza del corazón. Para disfrutar de esta pureza, necesitas ser más tolerante y abstenerte de enjuiciar a otros.

Álbum de fotografías: Si sueñas con un álbum de fotografías, esto indica que necesitas soltar tu pasado y dejar de vivir en el mundo de las memorias, de los recuerdos.

Álbum de recortes: Representa el pasado, las memorias y otras ataduras del pasado que necesitas soltar para que puedas enfocarte en el presente. Liberándote del pasado, logras vivir en el momento presente que es donde existe tu ser verdadero, tu ser infinito.

Alcalde: Representa un maestro espiritual. Es posible que necesites guía sobre un asunto espiritual en tu vida.

Alcaldía: Indica falta de apoyo o falta de poder personal.

Alcantarilla, Alcantarillado: Simboliza ideas, creencias, actitudes viejas que necesitas soltar. Algo, sea una relación o una situación en tu vida, necesita atención inmediata. Es importante cambiar o desprenderte de lo que ya no te sirve, lo que no te conviene.

Alcanzar: El soñar que estás tratando de alcanzar algo indica que añoras algo que aún no has logrado conseguir. El sueño señala hacia un vacío en tu vida, una carencia. Recuerda que una vez estés en conexión con el Amor del Creador, te das cuenta que no te falta nada ya que este Amor lo es todo.

Alcohol: Simboliza algo que está nublando tus sentidos y te impide ver la realidad de la existencia tal y como es. Este velo que te tapa puede ser el resultado de haber ignorado tu ser espiritual. Este ser espiritual y divino es quien eres verdaderamente. El velo que te impide ver esta realidad, la realidad verdadera, se disuelve a través de una práctica espiritual basada en un corazón abierto y despierto. Por otro lado, si estás brindando en el sueño, esto puede representar un triunfo en tu vida.

Alegría: Ver "Felicidad."

Alergia: Hay una situación en tu vida que encuentras difícil de tolerar. Considera el desprenderte de la situación o persona.

Alfabeto, Letras: Si ves el alfabeto o porciones del alfabeto en un sueño, esto indica que tienes la necesidad de comunicación en alguna área de tu vida. Si ves una letra o algunas letras individuales, puedes interpretar la letra o letras a través de la numerología. La numerología te ofrece una interpretación espiritual de las letras que ves en los sueños. Si se te muestra un nombre o escuchas un nombre en un sueño y no conoces a nadie con ese nombre, puedes convertir las letras del nombre en números y darle una interpretación espiritual de acuerdo a los números y su significado que aparecen en la entrada de "Números" en este diccionario. Por ejemplo, si en el sueño ves o escuchas el nombre o la palabra "Druna," esta palabra o nombre no tiene significado alguno a menos que la interpretes con números. De acuerdo a la gráfica que aparece abajo, esta palabra contiene los siguientes números:

D = 4
R = 9
U = 3
N = 5
A = 1

Estos números suman 22, un número maestro que te trae un mensaje de balance y armonía espiritual.

A continuación encontrarás las letras del alfabeto y sus números correspondientes. En el caso de la "ch" y la "ll" se consideran como dos letras apartes.

Correspondencias de números y letras

1	2	3	4	5	6	7	8	9
A	B	C	D	E	F	G	H	I
J	K	L	M	N y Ñ	O	P	Q	R
S	T	U	V	W	X	Y	Z	

Alfiler: Simboliza una situación difícil, peliaguda, espinosa. También puede representar la inestabilidad de una relación en tu vida o tu nerviosismo sobre algún problema.

Alfombra: Sientes que otros se aprovechan de ti. También puede indicar que tu chacra raíz necesita sanación y armonización. Por otro lado, puede señalar la necesidad de arraigarte si sientes que no estás completamente conectado(a) al mundo físico.

Alfombra mágica: Soñar que estás volando en una alfombra mágica indica que estás sobrepasando obstáculos y limitaciones.

Alga marina: Simboliza los enredos emocionales que te están obstaculizando el progreso. Practica la meditación y auto-sanación para disolver los nudos emocionales que te limitan.

Algodón: Símbolo de armonía en todos los aspectos del ser. También simboliza la simplicidad. Las cosas importantes en la vida son las más sencillas. La complejidad es un instrumento que utiliza el ego para distraernos, desenfocándonos de lo que debíamos estar haciendo para nuestro progreso espiritual que es siempre simple y sin complejidad.

Alicate: Necesitas sacar algo o alguien de tu vida.

Alivio: Toma el tiempo que necesites para evaluar tus decisiones. Si has tomado decisiones incorrectas, agradece las lecciones aprendidas y ten la intención de optar por acciones positivas en el futuro.

Alma: El soñar con tu alma indica que tu alma intenta una más profunda comunicación contigo para poder expresarse como Luz. Tu alma permanece en estado pasivo, pero cuando comienzas una práctica espiritual, el alma se aviva y empieza a guiarte hacia el Creador.

Alma de un difunto: Simboliza aspectos de ti misma(o) que no entiendes y que temes. Si sueñas con el alma de alguien que conociste en vida, puede indicar que está intentando comunicarse contigo o que tu sentir por esta persona no se ha resuelto por falta de entendimiento o falta de perdón.

Almacén, Almacenaje: En cualquier momento puedes disfrutar de las energías y recursos que guardas dentro de ti. Tienes un potencial tremendo de progresar si utilizas tus talentos, ideas creativas e intuición.

Almeja: Simboliza problemas con la comunicación. No estás expresando lo que sientes o mantienes distancia emocional de los demás. Te ayudaría mucho sanar y armonizar tu chacra de la garganta. En meditación pide y recibe guía sobre cómo mejor entrar en un estado de cooperación con los demás. En estos momentos en que la Tierra se transforma y eleva, necesitamos trabajar cooperativamente para armonizar las energías de nosotros mismos y de la Tierra. El trabajo espiritual ya no se realiza de manera aislada, sino junto a otras personas cuyas energías están en resonancia con las nuestras. Así, el trabajo espiritual que se haga cobra más potencia y se esparce más.

Almendra: Simboliza riqueza, éxito y alegría.

Almíbar, Jarabe, Sirope: Simboliza sentimentalismo excesivo y la nostalgia malsana. Despréndete de tus ataduras al pasado y vive en el presente que es todo lo que existe.

Almirante: Logras enfrentarte a las dificultades de tu vida con aplomo y certeza.

Almohada:. Este sueño indica la necesidad de descanso, relajación, el acallar la mente para poder ahondar en la profundidad de tu ser. Decelera, entra al silencio y la contemplación para que puedas ver las cosas con claridad.

Alondra: Simboliza la alegría y el placer que nos traen las cosas sencillas de la vida.

Alquilar: Estás pasando por una transición en tu vida y muchas cosas cambian, incluyendo tu perspectiva.

Alquimia: Eres capaz de una gran transformación interior que te traerá a una nueva vida de elevada vibración y entendimiento espiritual.

Altar: Simboliza tu entrega a Dios, el estar consciente de tu unión con el Creador.

Alucinación: No estás viendo las cosas como son verdaderamente por temor a los cambios que representan y que no quieres hacer. Los cambios son parte esencial de la vida. Aún los cambios que aparentan ser negativos, traen consigo oportunidades para aprender lecciones y sobrepasar los escollos que nos mantienen en limitación.

Amanecer: Este símbolo te avisa sobre nuevos comienzos, un renacimiento de tus energías vitales y espirituales.

Amante: Este sueño te indica la necesidad de integrar los aspectos femeninos y masculinos de tu ser para que exista un balance saludable y estés en armonía tanto con el yin como el yang. Estos dos aspectos no son contrarios, sino interdependientes y complementarios. Uno va con el otro. Un desbalance entre la energía femenina y la energía masculina de una persona puede provocar dificultades en su funcionamiento. Toda falta de balance trae consigo problemas energéticos y de salud física.

Amarillo: Cuando este color aparece en un sueño, puede tener significado positivo o negativo. Por un lado, simboliza la paz, la sabiduría, la armonía. También significa alegría y vitalidad. Por otro lado, simboliza miedo, cobardía, traición, engaño y enfermedad. El significado depende del sueño y de lo que está pasando en tu vida en estos momentos.

Amarrar, Atar: Si sueñas que estás atada o amarrado, significa que necesitas deshacerte de ataduras a personas, cosas, hábitos o situaciones.

Amatista: Simboliza la paz, la sanación y el potencial de alcanzar niveles espirituales elevados.

Ambulancia: Este símbolo representa un estado de emergencia que existe en tu vida y que necesitas sanar o resolver de inmediato.

Ameba: Simboliza falta de flexibilidad en una situación de tu vida. Necesitas cambiar de perspectiva para poder ver otras opciones o soluciones.

Amenaza, Amenazar: Estás permitiendo que alguien te controle. Necesitas defenderte y mantenerte firme en tus opiniones, ideas y creencias.

Ametralladora: Tu ira y agresión están descontroladas. Necesitas reconocer que estas emociones negativas existen en ti y lidiar con ellas de manera productiva.

Amiga, Amigo: Simboliza aspectos de tu personalidad que has rechazado pero que estás listo(a) para aceptar e integrar. Es posible que proyectes en este amigo o amiga características tuyas. Por otro lado, puede simbolizar aspectos de esta persona que admiras o respetas y que deseas hace parte de ti.

Amnesia: Estás reprimiendo emociones densas o partes de tu ser sombra, esos aspectos negativos dentro de ti que rehúsas reconocer.

Amor: Símbolo de paz, contento, alegría. Estás satisfecha(o) con lo que tienes y a donde te encuentras en la vida. Reconoces que el Amor lo es todo y este Amor proviene del corazón del Creador. El Creador siempre está presente en tu corazón, saturándote de la Luz de Amor Puro.

Amputación: Este símbolo significa que estás entregándole tu poder a otros o simplemente no estás usando tu poder personal o tus habilidades. Estás cercenando partes de ti mismo que necesitas conservar y utilizar. Amputación del brazo o la mano derecha significa que no estás dando lo suficiente a ti misma a otros, estás mostrando falta de generosidad. Si la amputación es del brazo o mano izquierda, esto indica que no estás recibiendo la energía que necesitas para recargarte. Amputación de una o ambas piernas quiere decir que no estás arraigado o que has perdido la ambición, los deseos de lograr tus sueños.

Amuleto: Simboliza el intento de encontrar tu poder espiritual en cosas externas en lugar de dentro de ti.

Anaquel: Ver "Estante".

Anaranjado: Simboliza la esperanza, la amabilidad y la simpatía. Puede indicar estímulo sensorial que tienes o necesitas.

Ancestros: Hay una sabiduría interna que puedes acceder al valorizar los conocimientos de los que caminaron por esta vida antes de nosotros.

Ancla: Representa la estabilidad y seguridad. Es posible que estés disfrutando de éstos o que los estés buscando. Por otro lado, puede indicar que estás en búsqueda de un fundamento o base más sólida en tu vida. Un ancla también puede simbolizar una persona, situación o trabajo que te está manteniendo atascada(o) en un lugar sin permitirte moverte libremente por la vida, algo o alguien que impide tu progreso.

Andador: Tienes el apoyo necesario para poder moverte en la dirección que deseas.

Andamio: Representa tu estructura física que se mantiene erecta a través de tu sistema óseo. El sueño te indica que necesitas prestar atención a tus huesos o, específicamente, tu columna vertebral.

Anestesia: Evitas una situación en tu vida que debes enfrentar. Esto ha

causado el que te sientas emocionalmente adormecida(o) y el no poder ver con claridad. Necesitas despertar a la realidad que te rodea y enfocarte con claridad en una acción a tomar. Una práctica de meditación te ayudará mucho.

Anfiteatro: Tienes el potencial de difundir tus conocimientos y sabiduría a muchas personas.

Ángel: Este sueño tiene un mensaje espiritual importante. Préstale mucha atención. Los ángeles son símbolos de pureza, protección, consuelo. Son mensajeros del Creador y nos traen mensajes del Amado.

Anguila: Se te hace difícil comprometerte a algo o alguien, eludiendo responsabilidades y desechando cosas y relaciones fácilmente.

Anillo, Sortija: Simboliza perspectiva eterna, integridad emocional, continuidad y compromiso. Representa la unión. Un anillo de compromiso simboliza un compromiso de amor a largo plazo. (Ver la definición de "Círculo" más adelante.)

Animal: Dependiendo del sueño y del animal especifico en el sueño, puede simbolizar aspectos de ti que no se han domado y que se mantienen en estado salvaje. Éstos pueden ser aspectos de tu ser sombra. Si estás peleando con el animal, esto simboliza aspectos escondidos de tu ser que rechazas y tratas de empujar fuera de ti. El soñar que un animal habla representa sabiduría, algún conocimiento que es importante tener. Favor de ver los animales específicos descritos en este libro para interpretaciones adicionales.

Ano: Necesitas limpieza, purificación interior, desechando las experiencias y pensamientos que ya no necesitas. Indica la necesidad de soltar ataduras. También puede indicar un bloqueo en el chacra raíz.

Anochecer: Simboliza el fin de una relación o situación. También puede representar un punto en tu vida en que tienes la fortaleza y conocimientos necesarios para dejar ir una persona, hábito o situación que no te conviene.

Anorexia: Necesitas nutrición espiritual y emocional para sentir amor propio y aceptación de quién eres. Eres un ser perfecto y al adentrarte en tu ser interno logras este reconocimiento a través de la sanación energética y la meditación.

Ansiedad: Existen emociones y pensamientos reprimidos que necesitas reconocer, traer a la superficie y dejar ir.

Antena: Representa tu habilidad para recibir y transmitir energía. Si la antena con la que soñaste está rota o es corta, indica que tu capacidad energética está limitada o bloqueada. En este caso necesitas sanación energética y armonización de chacras. Si la antena es larga y en buenas condiciones, entonces te es posible tanto recibir como transmitir energía efectivamente. Este sueño también puede representar tu habilidad o falta de habilidad de transmitir tus ideas a otros.

Antigüedades: Este símbolo representa viejos patrones, comportamientos, creencias o hábitos que ya no te sirven y que necesitas soltar.

Antiséptico: Indica la falta de crecimiento, estancamiento. Necesitas tomar decisiones importantes en tu vida y actuar sobre ellas para poder salir de la inmovilización en que te encuentras.

Antorcha: Simboliza la iluminación, el percibir la realidad verdadera con claridad. Indica que tienes la confianza espiritual necesaria para seguir adelante en tu sendero de Luz.

Anuario: Representa la nostalgia del pasado, remordimiento por las cosas que no lograste y los buenos tiempos que ya no volverán. Este sueño te advierte que necesitas parar de vivir en el pasado para que puedas evolucionar espiritualmente.

Anuncio, Letrero, Señal: El sueño contiene un mensaje importante. Presta atención.

Anzuelo: Este sueño te indica que debes estar alerta. Puede representar una provocación, algo que te está incitando a tomar una dirección que quizás no es la más aconsejable para ti en estos momentos. Presta atención ya que necesitas fijarte bien en algo que está ocurriendo en tu vida y evaluar la situación antes de actuar.

Apagón eléctrico: Este sueño señala que hay falta de claridad, perspectiva y percepción en una situación.

Apartamento: Ver "Casa".

Apertura: Simboliza un gran despertar espiritual que llega a tu vida pronto.

Aplastar: Refleja el gran estrés que tienes sobre una decisión que necesitas tomar.

Aplauso: Indica que tus guías espirituales están celebrando tus logros. Este sueño es una afirmación de que estás contento(a) con algo que has logrado.

Apocalipsis: Un gran cambio interno se avecina. Pasarás por una transformación interior que traerá elevación espiritual y paz interna.

Aprender: Si te ves aprendiendo algo en un sueño, esto señala un deseo de adquirir conocimientos que te ayuden a entender mejor tu misión en la vida, tu propósito de vida.

Apretar: El soñar que estás apretando algo o que algo o alguien te aprieta indica que necesitas más espacio para crecer y evolucionar. También puede indicar que estás sobrecogida por el estrés o que te sientes presionado por alguna situación o persona.

Apretón de manos: Simboliza el comienzo de un proyecto o situación. También puede simbolizar la terminación de algo en tu vida.

Apuesta: Tomas un riesgo en una relación o situación de trabajo. Es posible que este riesgo no sea la mejor opción. Procede con cautela utilizando tu buen juicio.

Arado: Si sueñas con un arado o que estás arando, esto indica que estás preparándote para nuevo crecimiento. Necesitas prepararte para las nuevas experiencias por llegar.

Araña: La araña representa la energía femenina y la creatividad. Nos recuerda que somos los que tejemos nuestra propia vida, creando cada momento con el poder de creación que el Creador nos otorgó. La araña también simboliza la paciencia; la necesidad de observar el desarrollo de los acontecimientos y esperar pacientemente a que se desenvuelvan. Indica la integración de todos los aspectos del ser en una unidad armoniosa y de gran fortaleza. Por otro lado, la araña también simboliza los aspectos sombras de nuestro ser, esos aspectos de nuestra personalidad que reprimimos o rechazamos.

Árbitro: Simboliza una batalla interna entre tus ideales y valores y los de las personas que te rodean.

Árbol: Símbolo de crecimiento individual y de tu desarrollo en la vida. Representa la esperanza y la vida misma. También simboliza protección y estabilidad. Las raíces representan la base de la vida y la conexión con la Tierra y todos los seres vivientes. El tronco simboliza la espina dorsal, nuestra fuerza de voluntad, la fortaleza de nuestro ser. Las ramas representan nuestros talentos y habilidades, las oportunidades que se nos presentan para expresar nuestra verdad. Las hojas reflejan las múltiples manifestaciones de nuestros talentos y dones, cómo florecemos en la vida. Si el árbol en tu sueño está seco o escuálido, esto indica que no reconoces tu potencial, tu valor propio. Si el árbol es viejo y retorcido, esto significa que has dejado de lado tus aspiraciones y esperanzas, no has aprendido las lecciones que te tocaban aprender. Si el árbol está pelado, esto indica que has puesto todas tus energías en una relación o proyecto y estas energías se han agotado. Si el árbol está caído, esto indica que tu vida requiere balance y armonía. Si estás montando el árbol, esto indica que estás alcanzando tus metas.

Arca: Simboliza la protección y preservación de algo valioso. También representa la resolución de la polaridad (bien-mal, bonito-feo, caliente-frío) para llegar a un estado de unión con el Todo. Al darnos cuenta de quienes somos verdaderamente, sabemos que no existe la separación, sino la unión.

Archivar, Archivos: El soñar que estás archivando documentos indica que necesitas traer orden a tu vida. Si ves archivos o cartapacios en el sueño, necesitas atender a algo importante.

Arcilla, Plastilina, Plasticina: Representa creatividad y flexibilidad. Estás listo(a) para moldearte en algo nuevo, para crear nuevas realidades en tu vida. Puedes transformar cualquier situación a una experiencia armoniosa y llena de amor.

Arco iris: Simboliza buena fortuna, éxito y bienestar. Representa un balance perfecto y la armonía de tu ser. Este sueño es un mensaje de tu guía espiritual de que está muy complacida con tu progreso. El arco iris también representa un puente entre tu ser físico y tu ser espiritual.

Arco y flecha: Este sueño simboliza el poder que tienes de alcanzar tus metas con fortaleza y flexibilidad.

Ardilla: Este sueño indica que necesitas armonizar tus energías para que exista un balance entre el dar y el recibir, el placer y el trabajo, el descanso y la actividad. También puede indicar que estás recibiendo más de lo que estás dando.

Arena: Existe una parte de tu ser que es ilimitada, en cambio constante, nunca la misma pero a la vez siempre ha estado ahí. Este es el aspecto divino de tu ser que es eterno y en expansión continua. Soñar con arena representa el tiempo cambiante, la ilusión del mundo físico donde nada es permanente. Este sueño te recuerda que lo único eterno es tu ser infinito, conectado siempre al Creador Amado. Todo lo demás es limitado por el tiempo y el espacio. Por lo tanto, aún las situaciones más difíciles pasan y otras situaciones toman su lugar.

Arena movediza: Estás atascada(o) en tus propios temores y puedes hundirte en ellos a menos que superes estos temores a través de una práctica espiritual que te ayude a desprenderte de los miedos para poder encontrar la paz y sosiego existentes dentro de tu corazón.

Aretes, Pantallas, Zarcillos: Es muy importante que en estos momentos escuches tu voz interior, las directrices de tu corazón. Te está llegando un mensaje espiritual importante en este sueño. Escucha, presta atención.

Aritmética: Evalúas una situación en tu vida sacando cuenta de los beneficios versus los perjuicios. Si dejas de lado las emociones fuertes y sintiendo la paz en tu corazón tomas tu decisión, logras evaluar la situación con una mente clara y escoger la opción más beneficiosa para ti en estos momentos.

Armadillo: Necesitas establecer límites para que otras personas no interfieran en tus asuntos personales. Es posible que exista un abuso de poder en alguna relación en tu vida.

Armadura, Escudo: Simboliza la protección espiritual. No hay nada que temer. La protección espiritual está siempre disponible para ti. Cierra los ojos y pide a tu ángel guardián, el Arcángel Miguel y los ángeles de protección que te protejan siempre. Siente como estos seres de Luz forman una hermosa esfera de Luz alrededor de tu cuerpo para que nada negativo pueda penetrar.

Armario: Representa algo escondido en tu vida. También puede indicar que estás escondiéndote de algo que necesitas enfrentar.

Armas: Simboliza abuso de poder, el uso erróneo de las energías. Representa manipulación, control y conflicto. Las palabras pueden ser armas efectivas para herir y destruir. El amor y la compasión sin juicio son las únicas energías que necesitamos para crear un mundo de paz.

Arnés: Simboliza falta de control, falta de libertad. Éstas pueden deberse al temor.

Arpa: Simboliza música celestial. Este sueño representa la armonía espiritual. Es un símbolo de sanación y de despertar a la Luz.

Arpón: Estás listo(a) para enfrentarte a un problema o dificultad emocional que te está afectando profundamente.

Arquitecto: Este sueño puede indicar que estás lista(o) para crear una nueva vida que te traiga grandes beneficios emocionales y espirituales.

Arrabal: Señala hacia tu perspectiva negativa, pensamientos deteriorados e ideales derrumbados. Tú puedes ser feliz. Pide ayuda de inmediato.

Arrecife: Hay una barrera en tu vida que no te permite progresar. Ten precaución.

Arrepentimiento, Arrepentirse: Necesitas reconocer tus errores pasados, tener la intención de no repetirlos y agradecer las lecciones que estos errores te han ofrecido. Estas lecciones te ayudan a crecer.

Arresto: Estás sintiendo una falta de libertad. Sientes que se te está impidiendo el moverte hacia delante. Es posible que un aspecto de tu ser esté detenido, sin poder progresar.

Arriba: Si ves algo en tu sueño que está sobre ti, más arriba de ti, esto indica que necesitas elevar tus aspiraciones, tus metas. Es importante que utilices tu creatividad innata y persigas metas más elevadas. Si lo que ves sobre ti es algo oscuro o que inspira miedo, esto indica que estás agobiada(o) por temores que sólo bloquean tu crecimiento. Examina estos temores con detenimiento y date cuenta que los temores son una energía densa y puedes, con la Luz, disolverlos para que sólo cosas positivas entren a tu vida.

Arrodillar: Honras la divinidad que hay en ti.

Arroyo: Simboliza un fluir hermoso de las emociones.

Arroz: Simboliza éxito, prosperidad, buena suerte y amistad. Llegarán a tu vida la bienandanza y el progreso.

Arruga: Existe una experiencia de tu pasado que aún no has logrado soltar. Este pliegue causa que vivas en el pasado en lugar de enfocar tu atención en el presente.

Arte: Ver una obra de arte en tu sueño indica habilidades que tienes y el potencial de hacer algún trabajo creativo, sea éste en alguna de las artes o en el arte de la vida.

Artista: Representa los aspectos creativos e intuitivos de tu ser. Es posible que el sueño señale que necesitas ahondar en tus aspectos creativos, trayendo esta creatividad a todos los aspectos de tu vida.

Artritis: Simboliza actitudes y creencias rígidas y emociones reprimidas.

Asalto: Ver "Robo".

Ascender: Ver "Subir".

Ascensor, Elevador: Si el ascensor sube significa que vas en dirección correcta, elevando tu estado de consciencia. Si el ascensor baja estás tomando la dirección equivocada.

Aserrín: Necesitas sanar una herida emocional abierta recientemente.

Asesinar, Matar: Si sueñas que le das muerte a alguien, esto significa que estás al borde de perder el control. Hay una ira enconada dentro de ti. También es posible que estés tratando de eliminar un aspecto de ti misma representado por la persona que matas. Esto puede ser positivo, ya que indica que estás intentando deshacerte de aspectos de tu ser que ya no te convienen como creencias fijas, comportamientos, hábitos, ideas caducas o energías negativas. Si estás siendo asesinada, esto indica que estás perdiendo energía, tu fuerza vital está drenándose. Es posible que tus propios pensamientos o emociones u otras personas en tu vida te estén chupando la energía.

Asesino, Matón: Pierdes la esperanza de que se solucione un asunto que te aqueja. Sin embargo, es importante que tomes acción inmediata.

Asfixia: Indica un bloqueo en los chacras de la garganta y el corazón que se refleja en la inhabilidad de expresar tu propia verdad, la verdad que nace del corazón. También puede indicar falta de expresión de tu creatividad o que existe una situación en tu vida que se te hace difícil aceptar.

Asma: Señala la existencia de estrés en tu entorno y tu sentir de inestabilidad debido a las energías caóticas que te rodean.

Asno: Ver "Burro."

Asteroide: Este sueño trae un mensaje espiritual importante. Estás al borde de recibir una revelación espiritual que transforma tu vida. La meditación y el tomar tiempo en la naturaleza te hará más receptiva(o) a los mensajes celestiales.

Astronauta: Espiritualmente estás listo(a) para una expansión en tu estado de consciencia a un plano elevado y sin límites. Medita y pide guía sobre el próximo paso a tomar que te ayude a dar un salto cuántico en tu evolución espiritual.

Astrónomo: Estás demasiado enfocada(o) en las minucias de la vida. Te beneficiará alejarte un poco de las situaciones para verlas desde una perspectiva más amplia y completa.

Ataduras, Nudo: Usualmente soñar con ataduras o nudos representa las ataduras que tienes con alguna persona en tu vida. Necesitas disolver estas ataduras para poder evolucionar espiritualmente. Las ataduras siempre son negativas ya que cuando se ama verdaderamente, la única energía existente es la del amor. El verdadero amor no puede existir en conjunto con la energía negativa de las ataduras. Cuando se ama con ataduras el amor es condicional, dependiente de cómo la otra persona se comporta o actúa, de las expectativas que tienes de ella. Las ataduras provienen de los chacras inferiores, especialmente el chacra umbilical y limitan el amor. Cuando se ama sin ataduras, esto es de corazón a corazón, la única energía que existe entre tú y la persona amada —sea pareja, hijo, amiga, madre— es la hermosa energía de la Luz. Amar sin ataduras representa el amor en todo su esplendor.

Ataque: Si atacas a alguien en el sueño, esto representa ira reprimida que necesitas reconocer y soltar. Si tú sufres el ataque, esto indica que estás en estado de estrés, te sientes vulnerable e impotente. Sientes la necesidad de defenderte a ti mismo(a) y al permanecer en este estado defensivo, pierdes energía y te debilitas.

Ataque de nervios: Si sueñas que tú u otra persona tienen un ataque de nervios esto indica que has sufrido una pérdida de balance, de equilibrio en cuanto a una relación o situación en tu vida. Buscas claridad para resolver un asunto y no la encuentras.

Atardecer: Se termina un ciclo, una fase de tu vida se completa. Algo en tu vida llega a su fin y te preparas para un período de descanso, contemplación y evaluación.

Ataúd: Puede significar el fin de alguna situación o experiencia, especialmente si el ataúd es parte de un sueño sobre un entierro o ritual funerario. El símbolo del ataúd también puede indicar que tu corazón está cerrado y al cerrar tu corazón te encierras dentro de ti misma, estás encajonada, carente de crecimiento. Este sueño indica la necesidad de liberarte de temores u otras emociones densas que cierran tu corazón para que puedas disfrutar de la alegría y la paz de un corazón abierto y despierto. Recuerda, no es un corazón abierto el que duele, sino un corazón cerrado.

Ático: Representa memorias o pensamientos reprimidos. Simboliza las ataduras del pasado que no reconoces, pero que están ahí dentro de ti recogiendo más energía negativa cada día. Por otro lado, soñar con un ático puede representar tu ser espiritual. Dependiendo de lo que esté ocurriendo en el sueño y el estado del ático, puede simbolizar el estado de tu evolución espiritual.

Atlas: Necesitas un plan de acción antes de seguir adelante.

Atleta: Te empujas al límite de tus recursos físicos, mentales y emocionales. Aunque esto te ha ayudado a cumplir con tus metas, es importante que no te extralimites.

Átomo: Simboliza potencial ilimitado. No debes subestimar tus propias habilidades ni las de otros. Todos tenemos gran potencial para manifestar lo que deseamos en la vida.

Atún: Simboliza agilidad y resistencia.

Audiencia, Espectadores: Indica que tienes una oportunidad de ser escuchado, de expresar lo que necesites decir o hacer llegar. Si la audiencia no te está escuchando en el sueño, esto significa que hay partes de ti que no están dispuestas a escuchar o responder a cambios que son necesarios hacer. También puede indicar tu sentir de ser ignorado.

Audífonos: Escuchas sólo lo que deseas escuchar y estás cerrándote a otras posibilidades que quizás sean más beneficiosas para ti.

Auditorio: Aún tienes lecciones que aprender de otros. Mantente alerta al aprendizaje ofrecido por la vida misma.

Augurio, Presagio: Te preocupa el futuro y debido a esta preocupación no estás disfrutando del momento presente. Enfoca tu atención en tu corazón desde donde puedes vivir en la paz del momento infinito.

Aula: Estás aprendiendo una nueva lección que adelantará tu desarrollo espiritual. Tus guías están contigo ayudándote con este aprendizaje.

Aura: Este sueño contiene un mensaje espiritual. Debes prestar atención al sueño, ya que te está ofreciendo información importante, un mensaje de tus guías espirituales para ayudarte a evolucionar espiritualmente. Si, por ejemplo, tu aura se ve nublada o gris esto te indica que tu aura está débil. Necesitas hacer el trabajo espiritual necesario a través de una práctica espiritual que incluya la meditación, sanación y oración para fortalecer tu aura. Si tu aura se ve iluminada, en colores brillantes, esto indica que está en buen estado y, por lo tanto, tú estás en buenas condiciones espirituales.

Aurora Boreal: Llegas a un momento de revitalización, energía potente y percepción clara. Es el momento preciso para una revelación espiritual que transformará tu vida, llenándote de paz y Amor. Adquieres nuevo entendimiento y sabiduría.

Ausencia: Cuando sueñas que alguien a quien esperas está ausente indica que estás en la búsqueda de algo que ya está perdido. También puede indicar que hay algo que deseas en tu vida, pero no logras encontrarlo.

Autismo: Se te hace difícil expresar lo que sientes y lo que piensas sobre los demás. Necesitas más claridad en tu expresión para que ésta provenga de la verdad en tu corazón.

Auto, Carro: Un carro es una representación de ti mismo en tu vida física. Mientras más grande el vehículo, más potencial tienes de manifestar lo que deseas. Si estás conduciendo, significa que tienes control sobre tu vida, estás tomando un rol activo. Si otra persona está conduciendo le has cedido el control de tu vida a otro y permaneces pasivo. Si estás sentado en el asiento de atrás, tienes que resolver asuntos de baja autoestima ya que permites que otros controlen tu vida. Si vas hacia la parte de arriba de una cuesta, estás tomando la dirección correcta en tu vida. Si vas hacia abajo, estás tomando el camino equivocado. Si vas para arriba y luego para abajo, no estás en control de tu vida y tu energía está dispersa. Fíjate en el color del automóvil y cuántas personas están dentro. Refiérete a la sección de colores y números en este libro para interpretar su significado dentro del contexto del sueño.

Autobús: Estar montada en un autobús o guagua indica que tienes tremendo potencial para la expresión de tu verdad. Has logrado un nuevo nivel de crecimiento en tu vida mental, emocional o espiritual.

Autógrafo: Estás considerando darle el visto bueno a alguien o algo que necesita tu aprobación.

Autopista: Simboliza la libertad para progresar sin obstáculos. El sendero es asequible para ti y se te presenta de manera fácil y con amplias oportunidades de progreso espiritual.

Autor: Te preocupan los cuentos, las historias de tu vida pasada y al no soltar estas narrativas, continúas repitiendo los errores y faltas de percepción del pasado. Es hora de desprenderte de tu pasado y enfrentarte a la realidad del momento presente que es todo lo que existe.

Avalancha: Este sueño indica que hay emociones fuertes bloqueadas y reprimidas que están listas para estallar. Es un mensaje firme de que necesitas darle tu atención a este asunto antes de que te cause problemas mayores. Emociones reprimidas o negadas como la ira, la culpabilidad y otras, tienen un efecto negativo sobre tus frecuencias energéticas y contribuyen a la enfermedad mental, emocional y física. Por lo tanto, limitan la evolución espiritual.

Avaro: Necesitas reconocer tu propio valor, fortalecer tu autoestima. No estás utilizando el talento, las habilidades, el poder creativo que tienes. El universo es perfecto y hay suficientes recursos para todos.

Ave: Las aves simbolizan tus metas, tus aspiraciones y esperanzas. Representan la libertad espiritual, regocijo, armonía, espiritualidad elevada y amor incondicional. Si sueñas con un ave muerta, esto simboliza desilusión y puede representar una desilusión o decepción reciente.

Avellana: Simboliza la devoción y el amor incondicional.

Avena: Simboliza la necesidad de nutrirte espiritualmente.

Avenida: Ver "Calle".

Aventura, Aventurero(a): Este sueño indica que careces de un sentido de aventura en tu vida. Sería beneficioso traer variedad a tus experiencias desprendiéndote de hábitos fijos, aprendiendo cosas nuevas y saliendo un poco de la rutina tediosa.

Avestruz: No estás enfrentándote a la realidad causando limitaciones a tu crecimiento espiritual. Necesitas enfrentarte a lo que te presenta la vida porque tarde o temprano te verás obligada a hacerlo. También puede representar una situación que rehúsas aceptar.

Avión: El soñar que estás volando en un avión significa un despertar espiritual, el paso de un estado de consciencia a otro más elevado. También puede señalar que has sobrepasado los obstáculos en tu desarrollo espiritual, logrando la liberación de tu ser. Si el avión está despegando, esto significa que el despertar espiritual está por ocurrir. El pilotear el avión indica que estás en completo control de tu vida y tienes confianza en tu porvenir. Si el avión no ha despegado esto significa que estás esperando aún, que las condiciones no se han dado para que despiertes espiritualmente. Estas condiciones están dentro de ti y necesitas reflexionar sobre las situaciones en tu vida que están obstaculizando tu progreso espiritual. Si el avión se estrella indica falta de confianza en ti misma, incertidumbre sobre el logro de tus objetivos espirituales. Es un aviso urgente de que necesitas resolver algo en tu vida que está impidiendo que evoluciones espiritualmente.

Avispa: Indica que hay un asunto molestoso en tu vida que te está restando sosiego. Representa emociones negativas y palabras hirientes.

Axila, Sobaco: Representa tu conexión con otros y cómo te desenvuelves entre otras personas. Sugiere un deseo de aceptación por los demás. Lo más importante en la vida no es lo que otros piensen de ti sino tu entendimiento de quién eres verdaderamente. Eres un ser divino, conectado eternamente al Creador Amado y tienes el poder espiritual de vivir en la paz y regocijo del Amor divino.

Ayuda: Si estás ayudando a otra persona, esto indica que estás dispuesto a sacrificar tu propia comodidad por el bien colectivo. Puede ser confirmación de tu disposición de trabajar para el colectivo. Si estás pidiendo ayuda en el sueño, esto indica que te estás sintiendo avasallada por situaciones que piensas están fuera de tu control. Pide ayuda. Tus ángeles y otros guías espirituales siempre están disponibles para ayudarte. Lo que ocurre es que necesitan respetar tu libre albedrío en todo momento. Por lo tanto, sólo te pueden ayudar si tú pides su ayuda. Asegúrate de pedir la ayuda espiritual que necesites. Siempre hay ayuda disponible, sólo tienes que pedirla.

Ayuno: Ayunar en un sueño simboliza purificación y limpieza interna. Te preparas para un proceso de regeneración y transformación espiritual.

Azada, Azadón: Tienes la habilidad y entereza de echar abajo barreras y limitaciones. Estás trabajando el terreno y estás lista(o) para un crecimiento hermoso.

Azafrán: Simboliza la búsqueda de Luz y la magia divina, esto es, la co-creación con Dios de un mundo de Luz.

Azúcar: Simboliza aspectos vacíos de tu vida que causan placer momentáneo pero que no perduran.

Azucena: Simboliza maternidad, pureza, pasión y renacimiento.

Azul: Simboliza la verdad, sabiduría, espiritualidad, los planos elevados de Luz, tranquilidad, serenidad, apertura. Puede representar tu guía espiritual.

Azulejo: El sueño indica que llevas una vida monótona, atrapada(o) en la rutina. Necesitas ampliar tu perspectiva y no mirar las cosas con tanta rigidez.

B

Babear: Una situación te está causando bochorno e incomodidad. Resuélvela para que puedas seguir hacia delante.

Bache: Representa dificultades, reveses, contratiempos en alcanzar tus metas. Necesitas hacer algunos cambios para remover los obstáculos que impiden lograr tus aspiraciones. El sueño también puede indicar que las cosas no están desplegándose con la fluidez necesaria en algún aspecto de tu vida o alguna situación.

Bailar: Símbolo de alegría y libertad. Tu vida está en balance y armonía.

Bailarina: Disfrutas de un balance regocijante y te mueves por la vida sin esfuerzo.

Bajar: Si estás bajando (escaleras, montaña, calle, soga, etc.), esto significa que vas en dirección equivocada, incorrecta. Es importante mirar hacia donde vas, qué estás haciendo, y cambiar de dirección.

Balanceo: El balancearte en un sueño indica que estás aumentando tus energías de manera suave y armoniosa para que tus cuerpos físico, emocional, energético y espiritual encuentren una cadencia perfecta.

Balancín, Subibaja: Estás atascada en un sube y baja que te quita el control de tu propia vida y drena tu poder personal. Es hora de bajarte del balancín y tomar responsabilidad por la dirección que tu vida tome.

Balas: Soñar con balas representa gran ira y hostilidad en ti. Necesitas purificar tus emociones de energía densa a través de la meditación, oración y sanación para que puedas sentir la paz y alegría de tu corazón.

Balcón: Representa una perspectiva elevada, un elevado estado de consciencia. Señala que has ascendido a un nuevo nivel de evolución espiritual.

Balde: Si el balde está lleno, representa la abundancia y el bienestar disponibles para ti. Si el balde está vació, significa que estás por superar un obstáculo o pérdida.

Ballena: Simboliza poder emocional, percepción e intuición aguda. Indica que estás en sintonía con tu espiritualidad.

Ballet: Representa balance, equilibrio, armonía y gracia.

Baloncesto: Simboliza cooperación y trabajo grupal. Hay una situación en tu vida en que necesitas la cooperación de otros para solucionarla.

Balsa: Estás lidiando con emociones inestables. Es posible que te encuentres a la deriva, sin saber a donde se dirige tu vida.

Balsa salvavidas: Apenas te sostienes sobre la turbulencia emocional de tu vida. Es hora de evaluar las situaciones en tu diario vivir y cambiar lo que necesite cambiarse.

Bálsamo: El alivio a tus dificultades llega.

Bambú: Simboliza fuerza, resistencia y honradez. Estas características te ayudan a traer abundancia y bienestar a tu vida.

Banana, Plátano, Guineo: Aprecia y agradece todo en la vida, incluyendo las cosas cotidianas o que aparentan no ser valiosas.

Banco: Representa recursos ilimitados. Si tienes preocupaciones de dinero, este sueño te trae el mensaje de que el universo es abundante y potencialmente tienes todo lo que necesitas para tu bienestar general.

Espiritualmente este sueño puede representar el caudal de sabiduría que tienes a tu alcance. En tu ser espiritual existe una reserva de conocimientos que puedes alcanzar a través de un corazón abierto y despierto. Ahí, en tu corazón, están las respuestas a todas tus preguntas.

Banco (asiento): Te conviene detenerte y reflexionar sobre una decisión que debes tomar. También puede indicar la necesidad de descansar.

Banco de iglesia: El sueño te indica que necesitas detenerte y reflexionar sobre tus errores del pasado con la firme determinación de no repetirlos. Esto abrirá la puerta para que puedas seguir adelante.

Banda elástica, Elástico: Simboliza la flexibilidad. Es posible que este sueño te indique que necesitas ser más flexible. Por otro lado, puede señalar que te has extendido demasiado y necesitas limitar tus compromisos, actividades y otros menesteres.

Bandeja: Tienes necesidad de alimentarte a ti mismo con nutrientes espirituales. Es hora de meditar, orar y practicar la auto-sanación.

Bandera: Este símbolo indica que nuevos cambios llegan a tu vida. Hay causa para celebración.

Banquero: Tienes preocupaciones sobre asuntos económicos y se te hace difícil pedir ayuda.

Banquete: Este símbolo de celebración indica que cuentas con abundancia en todos los sentidos. Tienes un manjar de recursos disponibles y sólo necesitas tomarlos para que puedas utilizarlos y traer bienestar a tu vida.

Baño: El soñar que te estás bañando simboliza una limpieza de tu cuerpo energético, tu ser interno. Representa la necesidad de una purificación a nivel espiritual en que te deshaces de creencias y nociones negativas y la negatividad en las palabras y las emociones. Soñar con un cuarto de baño representa la necesidad de eliminar situaciones y personas negativas de tu vida, de purificarte de la negatividad dentro de ti para que puedas mantener vibraciones más elevadas y evolucionar espiritualmente.

Barajas: Representan el ver la vida como un juego de azar, enfocándote en competir y ganar en lugar de crecer y crear. Si estás jugando un juego como póquer, esto sugiere que existe una situación en tu vida que requiere planificación cuidadosa y estrategia. Si una persona te está leyendo las cartas, estás buscando fuera de ti lo que ya existe en tu corazón.

Barba: Representa la sabiduría de la vejez. También simboliza la energía masculina de toda persona, sea hombre o mujer.

Barbero, Barbería: Estás lista(o) para un cambio en tus circunstancias y actitudes. Puedes ahora tomar el camino que deseas.

Barbilla, Mentón: Si notas tu barbilla en un sueño esto representa tu habilidad de recomponerte, de recuperarte aún después de pasar por situaciones adversas.

Barco de vela, Velero: Representa tu ser emocional. Estás aprendiendo a navegar en el fluir de los cambios que ocurren en la vida. Si estás en control del velero, esto indica que tienes buen control de tus emociones. Si estás navegando en aguas turbias, esto significa que las cosas están difíciles pero lograrás triunfar. Si estás navegando contra el viento estás tomando una dirección incorrecta en tu vida emocional.

Barra, Bar: Representa un intento de encontrar fortaleza y seguridad en cosas y personas fuera de ti en lugar de dentro de tu propio ser. También puede representar el deseo de adormecer ciertas emociones en lugar de enfrentarte a ellas. Es posible que simbolice un deseo profundo de escapar algo o alguien.

Barraca: Sientes que estás en una situación restringida por condiciones ajenas. Necesitas traer cambios a tu vida para poder respirar libremente.

Barranco: Ver "Risco".

Barrena: Te mueves hacia una nueva dirección en tu vida, abriendo puertas y derribando paredes para llegar a ella. Estás abriéndote a nuevas experiencias y percepciones.

Barrer: Te estás despejando de pensamientos y emociones negativas. Luego de esta limpieza te puedes enfrentar a la vida con una actitud clara y resuelta.

Barricada, Barrera: Hay un obstáculo a tu crecimiento emocional y espiritual. Este obstáculo puede provenir de ti mismo(a). Analiza la situación para determinar si el obstáculo es interno o externo y toma acción para eliminarlo de tu vida.

Barril: Tienes un potencial que no estás realizando.

Barro, Caolín: Simboliza creatividad, flexibilidad y la habilidad de transformar situaciones para el mayor bien.

Barro, Espinilla, Grano: Este sueño tiene que ver con asuntos de autoestima y autoimagen. Es posible que te sientas incómodo(a) en alguna situación o relación o que te menosprecies y no logres aceptar que eres un ser con un poder espiritual enorme dentro de ti. Recomiendo trabajar con tu chacra umbilical para sanar y fortalecer tu imagen propia y recobrar el poder espiritual que has ignorado.

Báscula, Balanza: Necesitas encontrar balance en tu vida. Por otro lado puede indicar que necesitas pesar las cosas cuidadosamente antes de tomar una decisión.

Base, Cimientos: Simboliza tu fuerza interior, el apoyo espiritual con que cuentas tanto dentro de ti como desde los planos elevados de Luz. También es un símbolo de arraigo. Es posible que necesites arraigarte mejor para que puedas funcionar tanto como un ser espiritual como un ser físico. En ocasiones cuando tenemos una práctica espiritual tendemos a enfocarnos en nuestro aspecto espiritual, ignorando la parte física. Esto puede traer consecuencias desagradables como el sentirnos desconectados del mundo. Al ser seres espirituales teniendo una experiencia física, es importante arraigarnos a las energías de la Tierra para que exista un balance entre los diferentes aspectos de nuestro ser. Derivamos de la Tierra energías hermosas y no debemos descontarlas. Es muy posible que este sueño te señale que necesitas arraigarte a la Tierra. Trabaja con tu chacra raíz para fortalecerlo. Cuando el chacra raíz está fortalecido y armonizado, te apoya en arraigarte efectivamente.

Base militar: Refleja tu sentido de limitación y restricciones que no te permiten darle expresión a tus emociones. Por otro lado, el sueño puede indicar que necesitas más disciplina en tu vida.

Bastón: Necesitas apoyo, consejo o guía. Pide que tus guías espirituales te envíen mensajes claros a través de tus sueños o en tu meditación sobre cómo proceder en tu evolución espiritual.

Basura: Simboliza ideas, hábitos, emociones, creencias, actitudes, pensamientos que ya no necesitas y que debes descartar. Es hora de hacer una limpieza interior profunda para deshacerte de la negatividad y crear una vida positiva, llena de Luz.

Basurero, Zafacón: Necesitas descartar lo innecesario de tu vida que trae negatividad y atraso.

Batalla: Simboliza una lucha o conflicto interno que necesitas resolver. Necesitas encontrar armonía en tu vida. Una práctica espiritual basada en el Amor divino, te ofrece la oportunidad de encontrar la paz dentro de ti.

Batata: Necesitas traer ternura, compasión y amor incondicional a tu vida.

Bate: Tienes gran motivación para lograr tus metas.

Batería: Este es un símbolo de la energía vital. A través de una práctica espiritual constante puedes mantener la energía vital necesaria para una conexión profunda con el Creador.

Baúl: Necesitas despejarte de cosas innecesarias. Estás cargando con hábitos, costumbres, creencias, ideas, pensamientos que ya no te convienen. Mantienes ataduras a personas, cosas o situaciones que te limitan y evitan que progreses.

Bautismo: Este sueño indica un despertar espiritual, el alcance de un nivel más elevado de consciencia a través de una conexión con el Creador. Este despertar espiritual te permite percibir la Verdad de tu ser. Eres un ser divino, conectado eternamente al Creador Amado.

Bayoneta: Necesitas defender tus creencias y no callarte cuando se te critica.

Bazo: Necesitas expresar tu tristeza o ira.

Bebé: Soñar con un bebé representa un renacer en tu vida, un nuevo comienzo, el nacimiento de algo esperanzador y hermoso.

Beber: El beber agua en un sueño representa la actualización espiritual. Encontrarás la solución de algo que buscas dentro de tu corazón. Si estás tomando una bebida alcohólica, esto indica que estás intentando escapar de alguna situación.

Béisbol: Simboliza satisfacción con la vida y paz mental.

Bellota: Símbolo de gran fortaleza y potencial para crecimiento. Aunque tengas pequeños éxitos, estos se transforman en logros mayores.

Bendición: Recibes un gran regalo de Amor y la promesa de protección divina. Este sueño representa una hermosa aprobación y recompensa desde los planos más elevados de Luz, reconociendo la evolución espiritual que resulta de tus esfuerzos concentrados.

Berenjena: Simboliza la abundancia que ya tienes o que estás por disfrutar.

Beso: Símbolo de amor, afecto, armonía y contento que o están ya presentes en tu vida o que desearías disfrutar.

Biberón: Dependes demasiado de otras personas. Necesitas comenzar a confiar en tu propia fortaleza y conocimientos que te permitirán tomar tus propias decisiones y actuar por tu cuenta.

Biblia, Corán, Tora, Vedas: Soñar con un texto sagrado simboliza tu búsqueda de la verdad y tu deseo de lograr una conexión divina. Esta conexión se encuentra en tu corazón espiritual y es ahí donde te unes al Creador Amado. Puede representar un mensaje espiritual que llega de tus guías espirituales.

Biblioteca: Simboliza tus recursos internos, la sabiduría de tu corazón. Es posible que estés aprendiendo nuevas cosas o que te interese aprender algo nuevo. También puede indicar que necesitas acceder a tus Registros Akáshicos para recibir información importante sobre tu misión en la vida, tu propósito en reencarnar.

Bicicleta: Soñar con bicicleta indica una necesidad de encontrar balance en tu vida. Es importante armonizar los diferentes aspectos de tu ser para que tu trabajo y ocio, tus relaciones y tu ser físico y tu ser espiritual estén en armonía.

Biftec: Este símbolo de energía densa te alerta de una merma en tu propia energía debido a estrés, dieta inapropiada o situaciones o personas que te drenan.

Bifurcación, Encrucijada: Hay una decisión importante que debes tomar. Decide por el camino de mayor Luz.

Bigamia: Se te está haciendo difícil considerar las opciones que tienes en este momento. Necesitas tomar una decisión basada en la sabiduría de tu corazón en lugar de permitir que emociones intensas te afecten.

Bigote: Este es un símbolo de la expresión verbal e indica que estás expresando tu poder personal a través de las palabras. Si afeitas el bigote, esto indica que necesitas comunicarte más efectivamente.

Bikini: Sientes que no estás protegida emocionalmente y cierras tu corazón para no ser herido. Sin embargo, no es un corazón abierto el que duele sino un corazón cerrado. Una práctica espiritual basada en la apertura del corazón te ayudará mucho a sentir equilibrio emocional.

Billar: Este símbolo indica la necesidad de cooperar más con los demás. Estamos en una era de cooperación, una época en que lograremos nuestro destino de Luz si trabajamos en conjunto, en armonía y amor. El tiempo de trabajo individual ha pasado y en el Nuevo Mundo en que ahora existimos logramos nuestras metas personales a través del colectivo.

Binoculares: Mirar a través de binoculares en un sueño indica tu necesidad de ver una situación de cerca y con detenimiento antes de tomar una decisión y actuar.

Bisagra, Gozne: Estás en posición de decidir si abrir la puerta ante las oportunidades de progreso que te presenta la vida. Es tu decisión ahora si progresas o te mantienes dentro de la seguridad de la rutina y el hábito.

Bisturí: Necesitas sacar de tu vida algo que te hace daño o salir de una relación que no te conviene.

Bizcocho: Representa celebración por tus avances. Simboliza un hermoso regalo.

Blanco: El color blanco simboliza pureza, verdad, la Luz del Creador, paz, limpieza, consciencia elevada y nuevos comienzos. También representa protección y guía espiritual.

Blanqueador: Indica la necesidad de sanar y purificarte. Estás listo(a) para resolver situaciones del pasado, dejarlas ir y liberarte de emociones reprimidas.

Bobo, Chupete: Indica una actitud inmadura hacia la vida y el deseo de escapar de responsabilidades y deberes.

Boca: Necesitas expresarte, verbalizar lo que hay dentro de ti y establecer comunicación efectiva con otros. Por otro lado, el sueño puede indicar que has dicho demasiado y debes quedarte callada. Monitorea lo que dices de otros y cuídate de no caer en el chisme.

Bocadillo: Ver "Sándwich".

Bochorno: Ver "Vergüenza".

Bocina: Este sueño contiene una advertencia. Ten cuidado, mantente alerta. Abre los ojos ante lo que está ocurriendo.

Bocinas (speakers): Indica que necesitas que se te escuche.

Bodas, Matrimonio: Simboliza un gran cambio en tu vida. Representa la armonía, el compromiso y cambio. Estás pasando por un desarrollo importante en tu vida. El sueño también puede representar la unión de diferentes aspectos de tu ser, en particular la armonización de tus aspectos femeninos y masculinos.

Bodega: Ver "Dispensa".

Bofetada: Si alguien te da una bofetada en el sueño, esto indica que te sientes traicionado(a). Si tú le das una bofetada a otra persona, esto significa que sostienes ira reprimida.

Bola: Representa la plenitud, la integración del ser. Si estás jugando con una bola, esto señala la necesidad de disfrutar más de la vida con la inocencia de un niño. Si estás tirándole la bola a alguien, esto quiere decir que le toca a otro tomar acción. Si estás cogiendo la bola, te toca ahora a ti tomar acción.

Bola de cristal: El mirar en una bola de cristal indica que buscas guía espiritual para tomar el mejor sendero posible en tu evolución. La mejor guía se encuentra en tu corazón espiritual donde la presencia del Creador existe en todo momento.

Boleto: Tienes la oportunidad de comenzar algo nuevo.

Bolígrafo, Pluma fuente: Simboliza la autoexpresión y la comunicación. El sueño te ofrece un mensaje sobre tu habilidad de expresarte y comunicarte.

Bolsa: Soñar con una bolsa representa las cosas que cargas, las responsabilidades que tienes. Si la bolsa está rasgada, esto simboliza que cargas con demasiadas responsabilidades. Si la bolsa está llena de basura, significa que estás muy cargado de preocupaciones y problemas y necesitas deshacerte de ellos.

Bolsa de papel: Si ves una bolsa de papel en tu sueño, esto te recuerda que en muchas ocasiones cosas que aparentan ser ordinarias, pueden guardar dentro lo extraordinario.

Bolsa de valores: Representa las alzas y bajas de la vida. Estás en posición de tomar los riesgos apropiados para triunfar.

Bolsa plástica: Soñar con una bolsa plástica representa responsabilidades y cargas pasajeras.

Bolsillo: Estás escondiendo aspectos de tu ser para que otros no puedan detectarlos. Es posible que tengas talentos escondidos que no estás utilizando. Necesitas traer tus fortalezas y talentos a la superficie para que puedas cumplir con tu potencial. Si hay algo en el bolsillo, analiza lo que este objeto representa. Un bolsillo vacío simboliza tu deseo de aislarte de otros. Si hay un hueco en el bolsillo, esto señala que tus habilidades y recursos están siendo drenados por alguien o alguna situación en tu vida.

Bomba atómica o nuclear: Puede indicar una falta de control. También puede ser un aviso sobre una rabia reprimida muy profundamente que está lista para estallar. Sea falta de control o ira reprimida, el sueño contiene un aviso importante de lidiar con este asunto antes de que cause problemas mayores. Soñar con una bomba en general simboliza una situación potencialmente explosiva en tu vida.

Bombero: Simboliza tu guía espiritual, tu ser superior. El sueño contiene un mensaje espiritual importante. Presta atención. Si el bombero está apagando un fuego, esto indica la necesidad de limpiar y purificar tu ser.

Bombilla: Una bombilla encendida representa nuevas ideas que se encienden en tu mente. También puede simbolizar tu despertar espiritual y que estás tomando la trayectoria correcta para tu propósito mayor. Si la bombilla está apagada, esto puede indicar que estás energéticamente apagada y necesitas elevar tus energías. Es posible que la bombilla apagada represente un bloqueo en tu creatividad.

Bordado: Tienes la habilidad de embellecer todo lo que tocas. El sueño también puede indicar aumento en tu creatividad e intuición.

Borracho, Borrachera, Embriaguez: Indica que estás actuando de manera irresponsable, negligente, descuidada. Pierdes el control de las situaciones en tu vida. No estás viendo con claridad ya que estás adormecida(o).

Borrador, Goma de borrar: Necesitas esclarecer un error cometido.

Borroso, Nublado: Tener un sueño borroso indica que te niegas ver o enfrentarte a algo que necesitas reconocer. Es posible que estés pasando tus días sin cumplir con tu propósito de vida y no estás haciendo lo necesario para emprenderte en un sendero espiritual.

Bosque: Símbolo de protección, crecimiento, fortaleza. Si estás perdido en el bosque, indica que hay algo en tu vida o dentro de ti que no estás viendo con claridad.

Bostezo, Bostezar: Indica falta de energía y vitalidad o falta de motivación.

Botas: Representa tu poder de movimiento y tu osadía en enfrentarte a situaciones difíciles. Tomas una posición firme cuando es necesario hacerlo.

Bote: Un bote simboliza tu estado emocional. Si sostienes el timón estás controlando tu vida emocional. Si estás a la deriva, no tienes control de tus emociones. Si hay turbulencia en el agua, tus emociones están descontroladas. Si el agua está calmada, hay paz en tus emociones.

Bote de motor: Te mueves rápidamente de una situación a otra. No tomas tiempo para la reflexión.

Botella: Estás embotellando tus emociones en lugar de expresarlas o lidiar con ellas abiertamente. Si la botella está vacía, esto indica que has vaciado tu energía vital a causa de emociones como el temor, la preocupación, el estrés.

Botón: Simboliza abundancia y seguridad material.

Botón de reinicio: Permaneces atascado(a) en una situación de la cual necesitas salir. Encuentra el empuje necesario para seguir adelante.

Bóveda: Simboliza tu potencial escondido. Tienes muchos recursos internos que debes utilizar para el bien mayor tuyo y de otros.

Boxeo: Indica una lucha o conflicto interno que necesitas resolver.

Bozal: No estás expresando lo que sientes o piensas. Seguramente tienes un bloqueo en el chacra de la garganta y necesitas recibir sanación energética para desbloquearlo.

Brasier, Sostén: Simboliza apoyo y protección. Es posible que necesites balancear y sanar tu chacra del corazón.

Brazalete, Pulsera: Indica una necesidad de llegar a otros, sea para ayudarlos o para recibir ayuda. El brazalete en la muñeca derecha indica un deseo de dar ayuda; en la muñeca izquierda, un deseo de recibir ayuda.

Brazo: Representa una extensión de tu ser. Soñar con tu brazo derecho significa el dar, enviar o transmitir. Soñar con el izquierdo representa el recibir o traer hacia ti. Si sueñas que has sufrido una herida en el brazo derecho, esto significa que tienes dificultad dando a otros. Una herida en el brazo izquierdo indica que se te hace difícil recibir de otros. En este caso necesitas trabajar esto ya que el recibir de otros es una bendición que permite que otros abran sus corazones y se beneficien de la generosidad del universo. Siempre debemos recibir con agradecimiento y gracia. El dar más de lo que se recibe puede causar un desbalance energético que debilita nuestra sistema energético. Si sueñas con ambos brazos, dependiendo del contexto, es posible que estés abrazando algo que será positivo en tu vida, o abrazando algo que no te conviene.

Brea: Simboliza lo desconocido. Puede representar tus aspectos sombras.

Brebaje: Este sueño indica que hay una influencia negativa en tu vida. Estás tomando decisiones incorrectas debido a la influencia de una persona que no toma tus mejores intereses en cuenta.

Brillante, Radiante, Luminosidad: Soñar que algo está radiante representa la divinidad en ti, es un símbolo de tu ser superior e infinito que siempre está conectado al Creador y su Amor divino.

Brincar: Estás listo para sobreponerte a los obstáculos de tu vida y tomar un salto hacia un cambio beneficioso.

Brindis: Celebra tu vida, toda vida, con gratitud por todo lo que tienes.

Brisa: Indica un cambio leve que llega a tu vida.

Broche, Prendedor: Hay un mensaje que necesitas comunicarle a alguien. Hazlo desde el corazón, con amor y sin juicio.

Bronce: Necesitas cuidar mejor de tu salud.

Bronquitis: Representa los obstáculos por vencer. Para hacerlo sólo necesitas mantenerte en un camino directo. El sueño puede indicarte además que necesitas limpiar, purificar y activar tu chacra del corazón.

Bruja, Brujo, Hechicero: Representa los dones internos que pueden ser utilizados para lo positivo o para lo negativo. Tú escoges cómo usar las bendiciones que el Creador te da.

Brujería: Alguien o algo está manipulándote, robándote tu poder personal o drenando tu energía.

Brújula: Te sientes perdida(o) y necesitas encontrar tu sendero espiritual. Dentro de tu corazón está toda la guía que necesitas. Sigue tu corazón. Es la brújula más precisa.

Buceo: Ver "Zambullir".

Buda: Estás conectado(a) a tu ser superior y recibes enseñanzas importantes de tus maestros espirituales en los planos elevados de Luz. Tienes una hermosa fuente de sabiduría espiritual.

Buey: Simboliza tu disposición de trabajar arduamente. También representa la fortaleza y confiabilidad. Es posible que tengas estas características.

Bufanda: Simboliza límites autoimpuestos. Es posible que estés controlando demasiado tus emociones en lugar de expresarlas o que no estés expresando la verdad que existe dentro de ti. Por otro lado, puede significar que has permitido que algo o alguien reprima tu voz y no te permita expresar tu verdad. Recuerda que nadie puede controlar la verdad que existe en tu corazón. Sólo tú puedes permitir que este control ocurra.

Búho: Símbolo de sabiduría, percepción elevada, magia y estado de consciencia elevado. Representa la habilidad de ver con claridad la realidad aún en momentos de oscuridad. Es posible que estés bien conectada a tu intuición y poderes psíquicos.

Buitre: Necesitas eliminar lo podrido, muerto, descompuesto en tu vida, incluyendo los viejos aspectos de tu ser, creencias caducas, actitudes y hábitos negativos y pensamientos y emociones negativas que contaminan tus energías. Enfoca tu esfuerzo en ideas creativas y vivas que te traigan a un estado de elevación espiritual.

Bulimia: Este sueño señala hacia tu situación de baja auto-estima y la necesidad de aceptarte a ti misma(o) tal y cual eres. Aunque nuestros cuerpos físicos no son perfectos, es importante reconocer la perfección de nuestras almas. La esencia de tu ser es perfecta.

Buque de carga: Llevas cargas emocionales sobre tus hombros y este peso te perjudica. Es hora de soltar y seguir adelante en plena libertad.

Burbujas: Simbolizan alegría, bienestar, un estado infantil de gozo. Es posible que estés disfrutando de éstos o que deseas sentirlos. Si las burbujas se revientan, el sueño puede advertirte de alguna desilusión por venir.

Burdel, Prostíbulo: Sientes insatisfacción en tus relaciones con otros.

Burla: Te agobia tu auto-estima baja que no te permite lograr muchas cosas en tu vida debido al temor de que no lo podrás lograr. Tienes el potencial de remover tus temores y actualizar tus aspiraciones.

Burro, Asno, Mula: Simboliza la terquedad, pero también puede señalar que estás llevando cargas pesadas. La vida que el Creador quiere para nosotros es una vida llena de alegría, de paz y Amor. El sufrimiento no es necesario y necesitas reconocer que dentro de ti existe la alegría y la liviandad.

Búsqueda: Estás buscando fuera de ti lo que puedes encontrar dentro de tu corazón.

Butaca: Símbolo de seguridad y paz. Te sientes en control de tu vida y disfrutas del respeto de otros.

Buzón: Este sueño contiene un mensaje importante. Presenta atención a los demás símbolos en el sueño.

C

Caballero: Representa el honor, la protección y la seguridad. Si tú eres el caballero en el sueño esto indica que tus buenas características han sido reconocidas.

Caballito de mar, Hipocampo: Representa el poder de tu ser interno. Tienes una nueva perspectiva sobre la vida y esta nueva actitud está lista para salir a la superficie y guiarte hacia un nuevo horizonte.

Caballo: Simboliza libertad, poder, fortaleza. También representa energía física potente. Un caballo negro u oscuro significa algo misterioso, desconocido. Estás tomándote un riesgo en una situación desconocida. Un caballo blanco simboliza pureza, prosperidad y buena fortuna. Un caballo muerto indica que algo en tu vida que te daba fuerzas ha desaparecido. Esto puede referirse a una situación o una relación. Quizás ya no necesites de esta persona o situación por haber encontrado las fuerzas dentro de ti. Si estás cabalgando, esto simboliza la posesión de gran poder espiritual.

Cabello, Pelo: Simboliza el poder espiritual que fluye del chacra de la corona. Mientras más largo el cabello, más poder representa. Si el sueño tiene que ver con pelo en el cuerpo, representa la protección que tienes. Pelo enredado puede representar confusión o incertidumbre en tu vida. Si sueñas que estás cortándote el pelo u otra persona está cortando tu pelo, esto indica una pérdida de fortaleza causada por algo interno o por una persona en tu vida.

Cabeza: Indica que estás intelectualizando demasiado. Necesitas salirte de la cabeza y entender las cosas desde el corazón. Si en el sueño sientes dolor o incomodidad en la corona de la cabeza, puede indicar el cierre del chacra de la corona. Esta situación es grave, ya que es a través de la corona que nos llega la Luz divina para sostener y fortalecer nuestra conexión con los planos elevados. Es importante que recibas sanación de inmediato, con intención de remover cualquier energía negativa que esté causando el cierre del chacra de la corona. Luego de que los bloqueos en el chacra se remuevan, se debe tener la intención de llenar el chacra de la corona de Luz. Como resultado de la sanación, sentirás una gran apertura que te llenará de paz y armonía.

Cabina de peaje: Te aproximas a un cambio que traerá nuevas experiencias a tu vida.

Cable eléctrico: La electricidad en todas sus formas es un símbolo de energía, de fuerza vital, de nivel de vibración, de frecuencia. Soñar con cable o cordón eléctrico representa tu lucha por energizarte a expensas de otros. Esta es una señal clara de que estás padeciendo de un drenaje de energía causando el que intentes recuperar las energías perdidas a través de otras personas. Esta es una situación grave ya que estás causándole daño a otras personas involuntariamente. De inmediato debes comenzar un proceso espiritual en que puedas recuperar tus energías perdidas sin tomarlas de otras personas. Recomiendo la auto-sanación si has recibido las iniciaciones del Sendero Paramita. Si no, recomiendo que recibas sanación energética de una persona adiestrada y capacitada para ello. Además, una práctica de meditación y oración te beneficiará considerablemente.

Cabro: Indica una falta de discernimiento, falta de ver las cosas con claridad, sin juicio. Necesitas tomar las decisiones correctas en base a la sabiduría del corazón y no de las emociones o la mente. También indica necesidad de una limpieza energética completa, esto es, tanto de tu persona como de tu residencia y lugar de trabajo.

Cachorro: Necesitas más relajación y disfrute en tu vida.

Cacto: Precaución con algo que parece inofensivo, pero que puede tener repercusiones serias. Puede simbolizar un problema difícil de resolver. También puede representar tu necesidad de protegerte o defenderte de otros.

Cadáver: Representa una parte del ser que ha muerto y esto puede ser positivo o negativo. Es posible que indique la muerte de un hábito, una creencia, una idea. También puede simbolizar un temor tan grande que es paralizante.

Cadena: Aunque puede simbolizar fortaleza, el soñar con cadenas usualmente representa la necesidad de liberarte de una relación, hábito, situación, rutina o creencia que ya no te sirve y que obstaculiza tu evolución espiritual.

Caderas: Simbolizan tu habilidad para adaptarte a una situación que se te presenta en estos momentos. Es necesario actuar y terminar lo comenzado.

Caduceo: Este símbolo de bastón alado con serpiente representa el poder espiritual y la sabiduría infinita de nuestro espíritu. Nos recuerda que somos seres espirituales de gran poder y capacidad creativa. Simboliza la magia divina que nos rodea y a la cual podemos acceder siempre y cuando nuestras intenciones sean puras. Además, es símbolo de sanación y puede indicar que tienes alguna preocupación con tu salud. El soñar con este símbolo te indica que tienes el poder espiritual para sanarte a ti mismo(a) y a otros.

Café: Depende de lo que el café represente para ti. Puede ser símbolo de relajación, estímulo, hospitalidad, compañerismo.

Cafetería: Hay muchos asuntos, diversas situaciones que te están afectando negativamente.

Caída: Soñar que te estás cayendo indica falta de control, inseguridad y falta de apoyo en tu vida. También puede indicar que has tomado el camino o la decisión equivocada. Necesitas elevar tus niveles energéticos a través de la práctica espiritual.

Caimán: Ver "Cocodrilo."

Caja: Soñar con una caja simboliza limitaciones y restricciones autoimpuestas. Si estás abriendo una caja, esto significa que estás permitiendo que un aspecto de tu ser que antes estaba escondido salga a la superficie.

Caja fuerte: Este sueño tiene que ver con tu preocupación sobre la seguridad personal. También señala los secretos que llevas y que te drenan la energía. El sueño representa cosas escondidas.

Caja registradora: Indica que te preocupa tu situación económica.

Cajero automático (ATM o ATH): El ver o utilizar el cajero automático indica que tu condición financiera es objeto de preocupación. Este sueño te deja saber que no tienes que preocuparte

por tu situación económica. Si sueñas que sacas dinero, esto sugiere que estás gastando mucha energía en situaciones infructuosas y corres el riesgo de agotar tus recursos internos. Si depositas dinero, esto representa energías que estás invirtiendo en un proyecto.

Cajón: Tus ideas y creatividad están encerradas en un lugar donde no encuentran expresión. Es hora de expresarlas.

Calabaza: Representa apertura y recepción a nuevas ideas y experiencias. Tu creatividad encuentra expresión y tus ideas son reconocidas como valiosas.

Calabozo: Representa tu ser sombra. Es hora de reflexionar sobre esos aspectos de tu ser que están escondidos y que necesitan salir a la luz para ser sanados. Estos son aspectos que niegas como la ira, el resentimiento, la falta de perdón, el juicio, la envidia, la culpabilidad. Este sueño te indica que hay aspectos sombras listos para ser aceptados y sanados. Aunque niegues que estos aspectos de tu ser sombra existan, el sueño te indica lo contrario. Estos aspectos sombra existen y mientras sigas negándolo, tendrás una limitación muy grande a tu evolución espiritual.

Calamares: Te vendría bien en estos momentos no revelar algo importante hasta que el momento sea propicio para hacerlo. Recibirás guía de tus sueños y en tus meditaciones sobre cuándo y cómo traer a la luz lo que necesitas revelar.

Calambre: Reevalúa tus opciones y decisiones. Es hora de detenerte en introspección para llegar a la solución que más te conviene.

Calavera: Simboliza ideas y creencias caducas que no te convienen y que mantienes escondidas.

Calculadora: Este sueño te señala la necesidad de reevaluar algo en tu vida. Hay una situación en tu estado presente que necesita solucionarse luego de evaluar tus opciones.

Caldera, Caldero: Indica una transformación que estás logrando para tu propio bien y el bien de los demás.

Caleidoscopio: Representa los diferentes aspectos de tu ser que se unen para formar un ser completo, en unión con la belleza de su ser divino.

Calendario: Un recordatorio que el tiempo está pasando y necesitas cumplir con tu misión, con el propósito de tu vida ahora o muy pronto. Todo ser humano nace con un propósito, con una misión espiritual que viene a cumplir. En muchas ocasiones nos distraemos y posponemos el quehacer más importante de la vida que es cumplir con la encomienda que el Creador nos dio al nacer. Este sueño te recuerda que es hora de actuar.

Calentador: Simboliza una ira que está al borde de estallar.

Cáliz: Este sueño revela que necesitas nutrición espiritual. Encuentra un sendero espiritual basado en el Amor divino y comienza una práctica de meditación, sanación y oración.

Calle, Carretera: Representa la dirección que estás tomando en tu vida. Nota la condición de la calle o carretera en el sueño. Fíjate si está bien pavimentada, pedregosa o inestable. Fíjate si es una carretera ancha como una autopista, una carretera de dos carriles o si es una carretera estrecha. También es importante notar si la carretera tiene curvas o si es recta y si la carretera está empinada y tú vas hacia arriba o estás bajando. Estos factores te indican cómo estás viviendo tu vida en estos momentos. Por ejemplo, si la carretera tiene curvas, significa que no estás tomando un camino derecho hacia tu meta y estás distrayéndote con virajes que no te convienen. Si vas hacia arriba, significa que estás tomando la dirección correcta. Si la carretera es estrecha, esto indica que no estás tomando una perspectiva amplia en tu vida y estás limitando tu potencial. Si las condiciones de la carretera no son óptimas, quiere decir que hay obstáculos en tu vida –lo más seguro causados por tus propios pensamientos y emociones negativas– que no te permiten progresar como debes. Si bajas por una carretera empinada, significa que estás tomando la dirección incorrecta en tu vida.

Callejón: Este sueño representa las limitaciones que te has impuesto. También puede indicar que te has desviado de tu sendero espiritual, de la dirección que debes tomar en tu vida. Si te ves caminando por un callejón sin salida, has perdido una oportunidad en la vida. Un callejón oscuro señala que estás tomando un camino desconocido y que quizás no sea el más apropiado para ti en estos momentos.

Callos: Simboliza trabajo fuerte. Es posible que estés trabajando una situación o tarea difícil.

Calma: Sentir calma en un sueño indica que estás llevando una vida llena de satisfacción.

Calor: Símbolo de emociones, deseos y pasiones fuertes. Es posible que estés en medio de un torbellino de emociones, anhelos y pasiones que necesitas resolver para poder vivir tu vida en la paz armoniosa del corazón.

Calvicie: Si sueñas que estás quedándote calva(o), significa que estás perdiendo tu poder personal por habérselo entregado a otra persona.

Cama: La cama simboliza un regreso a la matriz universal, un sentido de bienestar y seguridad. También puede simbolizar el puente entre tu ser consciente y la comunicación con tu ser infinito, tu ser superior.

Cámara: Indica tu deseo de vivir en el pasado o aferrarte a experiencias pasadas. También puede indicar que necesitas enfocarte en algo o que necesitas tener una perspectiva clara sobre alguna situación.

Cámara de seguridad: Te sientes juzgada(o) por otros.

Cámara lenta: Si sueñas que te estás moviendo a cámara lenta, esto indica que te sientes impotente en una situación. Sientes que no logras hacerle mella a un problema.

Camarón: Aún las cosas pequeñas son hermosas y tienen gran potencial de vida. Nadie es insignificante.

Camello: Estás cargando con demasiadas responsabilidades. También puede simbolizar perseverancia y tolerancia ante las dificultades de la vida.

Camilla: Necesitas recibir sanación. Acude a una sanadora del Sendero Paramita para recibir la Luz regeneradora del Creador. Si has tomado los talleres del Sendero, debes hacerte auto-sanación lo antes posible. También te beneficiará escuchar la "Meditación para sanar" en www.meditacionparasanar.org.

Caminadora, Cinta de correr, Trotadora: Indica que estás atascado(a) en la misma rutina y no logras salir. Sigues dando vueltas con las mismas creencias, actitudes, ideas, pensamientos que no te permiten crecer y evolucionar.

Caminar: Simboliza el progreso estable y continuo hacia una meta. Sigues tu caminar por la vida con confianza y determinación. Si en el sueño tienes dificultad caminando, esto indica tu renuencia en enfrentarte a una situación que afecta de tu vida.

Caminata: Indica progreso y logros. Es importante que al seguir tu sendero, recargues tus energías para mantener tu claridad espiritual.

Camino: Simboliza la dirección que estás tomando en la vida. Si es un camino derecho y plano, estás tomando la dirección correcta. Si el camino tiene curvas, estás distraído con otras cosas y no estás tomando el camino que te lleve a donde necesitas ir. Si el camino es rocoso, enlodado o con huecos, estás tomando el camino equivocado.

Camión: Simboliza gran potencial.

Camión de bomberos: Hay situaciones que no están bajo tu control, especialmente cuando se trata de dificultades ajenas. No eres responsable por los problemas de los demás y debes salirte del medio ya que no te toca resolverle los problemas a otros.

Camión de remolque: Representa tus cargas y responsabilidades. Es posible que necesites asistencia para lidiar con alguna dificultad. Pide ayuda.

Camisa: Este sueño se refiere a algún asunto emocional en tu vida. La camisa que usas indica tu actitud sobre alguna situación.

Camisa de fuerza: Te sientes limitada, restringido, aprisionada. Es posible que tus propios conflictos internos o tu propia negatividad te estén bloqueando el camino. También puede indicar un bloqueo de tu energía creativa.

Camiseta: Este sueño indica que te vendría bien tomar tiempo para descansar y relajarte.

Campamento: Estar en un campamento en la naturaleza representa tu necesidad de compartir con el mundo natural. Necesitas arraigarte con las energías maternales de la Tierra, reconectándote con ella. Es posible que necesites simplificar tu vida.

Campana: Despiertas a una nueva perspectiva y te armonizas con las energías universales. Si escuchas la campana sonando, esto representa un nuevo comienzo y debes estar alerta para recibir lo nuevo que llega a tu vida, desechando lo viejo.

Campo: Este es el momento de crecimiento, expansión y creatividad. Tienes muchas opciones para crecer y desarrollar tu creatividad. Usa tu imaginación, un instrumento hermoso que nos ha dado el Creador para concebir lo que nos es posible lograr y luego crearlo.

Camuflaje: Estás ocultando tu ser verdadero, la verdad de tu ser.

Canario: Representa alegría y armonía. Es posible que estés disfrutando de estos estados elevados del ser o que anhelas sentirlos.

Canasta, Cesta: Representa las cosas a las que te aferras. Necesitas soltar tus ataduras y todas las cosas que ya no te sirven.

Cáncer: Simboliza ira, desilusión, frustración, emociones que te están comiendo por dentro. También puede simbolizar la inhabilidad de perdonar a otros, de amarte a ti misma(o). Por otro lado, es posible que sientas que estás desperdiciando tu vida.

Canción: El escuchar una canción en tu sueño representa tu búsqueda espiritual. Si recuerdas las palabras de la canción, esto te ofrecerá información adicional. Es posible que estés recibiendo consejo y orientación sobre cómo lidiar con una situación en tu vida.

Candado, Cerradura, Pestillo: Te has encerrado en ti mismo(a) y necesitas expresar lo que llevas por dentro. También puede indicar tu falta de fe en otros y tu deseo de protegerte contra heridas emocionales. Simboliza que has cerrado el corazón porque piensas que estás protegiéndote contra el dolor. Pero recuerda que no es un corazón abierto el que duele, sino un corazón cerrado. Abre tu corazón para que se llene de Luz, de Amor y paz.

Candelabro: Reflejas la belleza de tu ser interno, del centro de tu ser.

Canela: Representa purificación y renovación.

Cangrejo: Estás evitando moverte hacia delante en un asunto importante.

Canguro: Simboliza el enorme poder y la fuerza que existen dentro de ti. Este sueño te recuerda que tienes un poder espiritual que te permite grandes transformaciones.

Caníbal: Simboliza una obsesión destructiva. También puede representar impulsos autodestructivos, deseos desbocados o que te estás alimentando de las energías de otros en lugar de generar energía propia.

Canoa: Refleja tu balance emocional dependiendo del estado de la canoa y del agua en que se encuentra la canoa. También simboliza simplicidad y serenidad.

Cansancio: El soñar que estás cansada indica que estás drenada(o) de energía debido al estrés. Te convendría una serie de sanaciones energéticas para suplantar la energía perdida.

Cantante: Representa la armonía, el ritmo de la vida y la gloria del espíritu humano. El sueño te recuerda que eres un ser divino y tu herencia es una vida llena de bienestar y equilibrio.

Cantar: Este sueño es una hermosa expresión de regocijo y armonía. Representa energías sanadoras y la elevación espiritual. Símbolo de nuestra alabanza al Creador.

Cantera: Te encuentras en un hueco emocional causado por tus propias acciones.

Cantinero(a): Indica deseo de escapar de tu realidad que encuentras insoportable. Existen demasiadas demandas de tu tiempo y persona y necesitas establecer límites para que otros no se apoderen de ti.

Caña de azúcar: Simboliza buena salud, vitalidad y dulzura en la vida.

Cañón (arma): Hay algo drástico que necesitas hacer inmediatamente.

Cañón (geográfico): Ver "Risco".

Caoba: Simboliza la fortaleza y resistencia.

Capitán: Representa tu ser superior guiándote por las aguas emocionales de la vida. Si no estás al timón, significa que has cedido el control y necesitas asumir responsabilidad por ti mismo(a).

Cápsula de tiempo: Indica que cierta información o conocimiento que tienes te ayudará mucho, o ayudará a otros, en el futuro.

Cápsula, Píldora, Pastilla: Te vendría bien recibir sanación.

Capucha: Este sueño señala tu incapacidad de presentarte tal y como eres. Existe la falsedad y el engaño en tu vida. Dependiendo del contenido del sueño, puede representar protección.

Capullo: Simboliza tu belleza interna que está lista para manifestarse en la realidad física.

Cara, Rostro: Cuando sueñas con tu cara esto representa la imagen que le presentas al mundo que puede ser diferente a quién eres verdaderamente. Si sueñas que tu cara tiene acné o ampollas o está hinchada esto indica que hay emociones fuertes listas para explotar. Si sueñas con una cara ajena que no está clara, en sombras, esto usualmente representa tu guía espiritual. Si sueñas con alguien que le falta la cara esto señala que deseas descubrir quién eres verdaderamente.

Caracol: Estás caminando por la vida con lentitud y tu paso lento no te permite progresar, crecer, aprender tus lecciones.

Caramelos, Golosinas, Dulces: Este sueño puede representar un premio que deseas o que has recibido. También puede significar que necesitas más energía o que estás otorgándote indulgencias excesivas.

Caravana: Estás cargando con un peso innecesario que te resta paz y estabilidad.

Carbón: Simboliza partes desconocidas de tu ser donde habita un gran potencial.

Carburador: Representa el balance físico, emocional, mental y espiritual.

Cárcel, Prisión: Existen barreras autoimpuestas que no te permiten progresar. Estas barreras son consecuencia de la inacción. Es importante tomar acción sabia en un asunto que te está afectando. Responsabilízate por lo que ocurre en tu vida.

Carcelero: Estás limitándote debido a pensamientos o creencias caducas.

Carcomer, Roer: Algo está comiéndote por dentro

Cardenal, Moretón: El estrés se intensifica en ti debido a una situación difícil en tu vida. El sueño también puede indicar que estás reviviendo heridas emocionales del pasado que no han sido resueltas. Para más información sobre el mensaje del sueño, nota el lugar del cuerpo en que está el moretón.

Carga: Responsabilidades muy grandes te avasallan. Es posible que estés aceptando responsabilidades que no te pertenecen. Delega todo lo más posible.

Caricaturas, Muñecos animados: Simboliza el no ver la realidad verdadera, sino existir en la realidad falsa del ego. Sólo estás viendo la representación mental de la existencia y rehúsas ver la verdadera realidad del espíritu.

Caricia: El acariciar a alguien en un sueño indica que necesitas mostrar mejor tu amor y afecto por otros.

Carnaval, Parque de diversiones: Necesitas tomar tiempo para relajarte, para divertirte. Las diferentes atracciones en el parque son símbolos adicionales. Si estás en una montaña rusa, te encuentras en una situación de inestabilidad que puede ser inestabilidad en una relación o en tu vida en general. Un carrusel indica que estás dando vueltas en una situación y necesitas salir de ella para poder reflexionar mejor. Te encuentras estancado(a) en un círculo vicioso que no te llevará a donde necesitas llegar.

Carne: Es importante llegar a la raíz de un problema o situación de lo contrario se presentarán obstáculos y no lograrás alcanzar tus objetivos. Si la carne está podrida, esto simboliza decaimiento físico. Es posible que tengas problemas de salud que necesitan atenderse.

Carnicero: Representa tus emociones y pensamientos más crudos. Te beneficiaría analizar tus emociones y pensamientos densos y elevarlos.

Carpa, Toldo: Símbolo de protección. También puede indicar que necesitas establecer un cambio temporero en la rutina diaria de tu vida.

Carpintero: Estás creando tu vida. Dependiendo de las herramientas que uses, puedes crear una vida positiva o una vida llena de negatividad. Tus pensamientos, tus emociones y tu intención determinan esto. Si te enfocas en lo negativo, creas negatividad. Si tu perspectiva es positiva y te esfuerzas por tener pensamientos y emociones positivas e intenciones llenas de optimismo, tu vida reflejará estas energías livianas y armoniosas. Fíjate en las cosas en tu vida que necesitan mantenimiento o que debes reparar y mejorar.

Carrera: Estás compitiendo contigo misma(o). Es importante que armonices todos los aspectos de tu ser para que salgas adelante. Los aspectos físico, emocional, mental y espiritual necesitan mantenerse en un balance hermoso para la evolución de tu ser.

Carreta: Simboliza falta de poder. Estás siendo halado(a) por las circunstancias en lugar de tomar control de las cosas.

Carretera: Ver "Calle".

Carretilla: Símbolo de trabajo duro y dificultades.

Carro: Ver "Auto".

Carrusel: Indica que estás dándole vueltas a una situación y necesitas salir de ella para poder reflexionar mejor. Te encuentras estancado(a) en un círculo vicioso que no te llevará a donde necesitas estar.

Carta: Te llegan noticias o información. Se te presenta una oportunidad para aprender y crecer. Es posible que tengas un nuevo reto. Soñar con una carta es usualmente un mensaje espiritual de tus guías que intentan comunicarte algo. Analiza el sueño con detenimiento.

Cartera, Monedero: Simboliza tu identidad. Si pierdes la cartera, esto indica que no sabes quién eres. Es posible que estés dándole tu poder personal a otros. Si sueñas que te roban la cartera o monedero, esto refleja temor a perder lo que tienes.

Cartero: Simboliza tu comunicación con otros. Necesitas hacer llegar alguna información a otra persona o a otros. El sueño también puede indicar que hay un mensaje que tus guías espirituales te están transmitiendo. Debes prestar atención al mensaje contenido en este sueño.

Casa, Hogar: Simboliza tu ser, quien eres. El lugar en que te encuentras en la casa y lo que estás haciendo en el sueño te ofrecen una noción de lo que está ocurriendo en tu vida a niveles subconscientes y espirituales. Si caminas dentro de una casa oscura estás explorando aspectos desconocidos de tu ser. Si los cuartos están regados, necesitas organizar tu vida desechando lo que no necesitas incluyendo hábitos e ideas inútiles. Los muebles y las personas dentro de la casa representan diferentes aspectos de tu ser. Fíjate en los colores que hay en la casa. Las diferentes habitaciones representan diferentes aspectos de tu ser, como sigue:

- **Piso de arriba o ático**: Simboliza tu estado de consciencia espiritual. Por otro lado, puede representar tu actitud hacia el pasado.
- **Primer piso o piso principal**: Condiciones del diario vivir.
- **Sótano**: El subconsciente o el ser sombra, esos aspectos de tu ser que están escondidos.
- **Cocina:** Área de trabajo donde planificas, desarrollas proyectos, te nutres.
- **Dormitorios:** Descanso, sueños, subconsciente; puente entre el ser físico y el ser espiritual.
- **Biblioteca:** Actividades mentales, aprendizaje.
- **Sala**: Interacción diaria con otros.
- **Comedor**: Alimentación, sustento.
- **Baño:** Limpieza, purificación, desecho de lo viejo que ya no conviene.
- **Patio o balcón**: Relajación, gozo
- **Cimientos:** Fortaleza interna, arraigamiento.

Casa de empeño: Tus recursos internos se agotan debido a drenaje de energía. Ejerce cautela para que no tengas merma de energía que causa flojera e inacción. Es posible que estés dedicando tus recursos a personas o asuntos que no convienen.

Cascada: Ver "Catarata".

Cáscara: Necesitas despejarte de hábitos, creencias, situaciones y viejas maneras de hacer las cosas.

Cascarón: Mantienes tus emociones dentro de ti, cerrándote a otros emocionalmente. Esto te impide el crecimiento espiritual.

Casco: Simboliza la protección que siempre está disponible para ti. Si sientes malestar en la cabeza mientras tienes el casco puesto, esto indica que estás siguiendo la dirección equivocada. Ignoras lo que tu corazón y tu intuición te dicen.

Casete, Disco: Continúas dándole vueltas a una situación o problema en lugar de tomar una decisión. Por otro lado, el sueño puede indicar falta de progreso por estar haciendo las mismas cosas, una y otra vez, que no te están ayudando a evolucionar. Repites los mismos errores por no cambiar tu comportamiento.

Casino: Estás tomando riesgos innecesarios.

Caspa: Este sueño sugiere una falta, merma o drenaje de energía. Es posible que esto se deba al estrés, pero también puede señalar a otra persona que te está drenando. Recibe sanación energética para recobrar la energía perdida.

Castañuelas: Pequeñas molestias toman una importancia desmedida en tu vida.

Castigo: Este sueño indica que necesitas perdonarte por errores pasados y tener la firme intención de no repetirlos.

Castillo: Tienes un potencial enorme para el crecimiento y la expansión espiritual. Puedes manifestar tus más preciados sueños, creando para ti misma(o) una vida hermosa.

Catarata, Cascada: Simboliza energía sanadora potente. Indica que estás soltando y expresando tus emociones de manera saludable y apropiada. Representa purificación de tus emociones negativas.

Catástrofe: Simboliza inestabilidad y turbulencia en tu vida. Es posible que estés ansiosa(o) debido a cambios que llegan a tu vida y no logras anticipar los efectos o consecuencias de estos cambios.

Catedral, Iglesia: Si estás dentro de la iglesia o catedral, significa que añoras la iluminación espiritual y deseas recibir guía para lograr esta meta. Si estás mirando la iglesia o catedral de frente, esto representa la verdad sagrada que guardas en tu corazón.

Cautiverio: Te sientes atrapado en una situación que piensas no puedes controlar. También puede indicar el sentirte atrapada en tu trabajo, relación de pareja, o la vida en general.

Cavar: Estás intentando descubrir la verdad en una situación o en tu vida en general. También puede significar que estás tratando de llegar a la causa de algún problema o situación.

Caza: Simboliza tus deseos de desprenderse de instintos más bajos. También puede indicar que estás en búsqueda de las partes escondidas de tu ser.

Cebolla: Representa todas las camadas que necesitas pelar para poder llegar a la base, al fundamento de algún problema o situación. Es posible que se te revele algo que había permanecido escondido. Si la cebolla te hace llorar en el sueño, esto indica que hay falsedad en algún aspecto de tu vida.

Cebra: Simboliza un balance perfecto entre los diferentes aspectos de tu vida. Representa la unión y armonía.

Ceder: Cuando cedes algo en un sueño esto representa tu disposición de sacrificar algo para mantener la paz en tu vida doméstica, en una situación o relación.

Cedro: Simboliza longevidad, fortaleza, resistencia e inmortalidad. Aún si estás pasando por momentos difíciles, este sueño te señala que tienes la fuerza interna necesaria para enfrentarlos con éxito.

Ceguera: No estás viendo lo que necesitas ver, por lo tanto estás tomando decisiones equivocadas, cegándote a la verdad. Mira hacia dentro y encuentra en ti la verdad. Este sueño también puede indicar un bloqueo en el ajna (el chacra del entrecejo) y la necesidad de recibir sanación en esa área para despejar tu visión interna.

Celebración: Representa tus logros hacia un nivel elevado de crecimiento. Honra las victorias que tienes en la vida por pequeñas que aparenten ser.

Celebridad: A menudo tus guías espirituales se presentan en tus sueños como una persona famosa. Hay un mensaje espiritual en el sueño. Presta atención.

Celos: Símbolo de inseguridad, falta de amor propio. Necesitas amarte y reconocer tu valor interno.

Celular: Ver "Teléfono".

Cementerio: Representa el fin de una situación. Entras a una experiencia de renacimiento después de la terminación de lo viejo.

Cemento: Ver "Concreto."

Cena, Cenar: Soñar que estás cenando significa que necesitas pensar seriamente sobre tus metas y la dirección que está tomando tu vida. También puede relacionarse a la falta de nutrición alimenticia, mental o espiritual.

Cenicero: Intentas despojarte de memorias del pasado, de quien eras anteriormente. Simboliza relaciones que se han apagado y que necesitas soltar.

Cenizas: Soñar con cenizas puede tener varios significados dependiendo de lo que esté ocurriendo en tu vida en estos momentos. Por un lado, soñar con cenizas puede indicar cambios indeseados o alguna alteración en tu vida. Pueden simbolizar fracaso en alguna relación o alguna empresa. También pueden indicar que estás demasiado enfocado en el pasado y necesitas soltar algo al que estás aferrada.

Centauro: Es importante que logres un equilibrio entre tu ser físico y tu ser mental. Recuerda sentir compasión en lugar de enjuiciar.

Centro comercial: Representa tu esfuerzo por tener una impresión favorable en los demás. Estás intentando establecer tu identidad y personalidad individual. Un centro comercial también puede simbolizar materialismo excesivo y tu enfoque en cosas pasajeras.

Cepillo: Este sueño advierte que necesitas desenredar cosas en tu vida que están drenando tu energía. Si sueñas que estás cepillándote el pelo, puede significar que necesitas organizar tus pensamientos para poder descifrar cosas que no están claras.

Cepillo de dientes: Te indica la necesidad de limpiar tus palabras, acciones y pensamientos de energías negativas. El chisme y el enjuiciar a otros sólo crea negatividad en ti misma(o).

Cera: Sugiere que eres impresionable y fácil de influenciar. También puede indicar tu deseo o necesidad de crear una nueva etapa de tu vida en que las cosas fluyan con facilidad.

Cerámica: Mantienes tus emociones y pensamientos dentro en lugar de expresarlos.

Cercado: Te sientes encerrado(a) en una situación difícil de escapar. También puede indicar que necesitas romper con hábitos y costumbres que te limitan.

Cerdo: No estás compartiendo con otros tiempo, energía, dinero o alguna otra cosa. También puede representar terquedad o la necesidad de limpieza externa e interna.

Cereal: Comienzas un nuevo proyecto o una nueva etapa en tu vida. También puede indicar que necesitas alimentarte de actividades, relaciones, hábitos que sean de provecho.

Ceremonia: Representa una iniciación al alcanzar un nuevo nivel en tu vida espiritual. Como tal, indica que te has "graduado" luego de aprender lecciones importantes para tu desarrollo espiritual. Este sueño representa una celebración.

Cerilla, Fósforos: Necesitas limpieza y purificación del cuerpo, mente y espíritu. También puede indicar la necesidad de encender la llama divina en tu corazón para que sientas la presencia del Creador dentro de ti y logres seguir la guía sabia de tu corazón.

Cerilla de oídos: Hay algo que rehúsas escuchar por temerle a la verdad. No estás escuchando un mensaje importante para tu evolución espiritual o algún otro aspecto de tu vida. Estás negándote a recibirlo.

Cero: Si ves un cero en un sueño, esto indica que sientes un vacío en tu vida. El sueño te puede señalar la necesidad de ahondar en un sendero espiritual que te ayude a sentir la divina presencia dentro de ti. El vacío que sientes no es real, ya que el Creador está siempre ahí, en ti, amándote.

Cerradura: Ver "Candado".

Cerrar, Cerrado: Un aspecto de tu vida, una opción, una oportunidad se ha cerrado ante ti. Sin embargo, existen otras alternativas que debes explorar y que quizás sean más beneficiosas.

Certificado: Buscas validar tus acciones. Deseas más reconocimiento por el trabajo que haces.

Cerveza: Simboliza relajación, alegría e inspiración. Te sientes libre de preocupaciones y disfrutando del momento presente.

Césped, Grama: Simboliza protección. También indica que puedes confiar en esa parte de ti misma(o) que es fuerte, duradera y logras depender de ésta siempre.

Chacra: Este sueño te indica que tienes un bloqueo o drenaje de energía en una o más chacras. Es importante que esclarezcas este bloqueo y pares cualquier escape de energía. Nota el chacra afectado en el sueño y consulta con la sección de chacras en la primera parte de este libro para determinar el chacra o los chacras que necesitas sanar.

Chal, Rebozo: Disfrutas de protección espiritual.

Chaleco: Tienes el potencial de sentir compasión por otros. Es importante sentir compasión sin pena. La compasión proviene del corazón. La pena es una emoción densa.

Chaleco salvavidas: Necesitas apoyo en algún problema o situación de tu vida. Pide ayuda.

Chalina, Corbata: Símbolo de tus obligaciones y responsabilidades.

Chamán: Representa tu guía espiritual. Este sueño tiene un mensaje espiritual importante. Presta atención.

Champán: Celebras un logro personal que te trae orgullo.

Champiñón, Seta, Hongo: Simboliza emociones negativas que están expandiendo y creciendo dentro de ti. Necesitas encontrar una manera productiva de expresarlas antes de que crezcan fuera de control. Por otro lado ver una seta, hongo o champiñón en un sueño indica una necesidad de conectarte con los elementos de la naturaleza. La naturaleza nos ofrece hermosas dádivas que benefician nuestro estado emocional y espiritual.

Champú: Es hora de deshacerte de los patrones de pensamientos viejos que te mantienen estancada(o).

Chancletas: Ver "Sandalias".

Chancro: Necesitas sanar una herida emocional profunda antes de que se pudra dentro de ti causando no sólo problemas emocionales, sino físicos. Perdona, sana y sigue tu vida entendiendo que todas nuestras experiencias nos sirven para crecer, aprender y fortalecernos.

Chantaje: Si en el sueño estás chantajeando a otro, esto indica que tienes deseos de dominar y ejercer tu poder y control sobre otros. Es posible que seas demasiado competitivo(a). Si, por el contrario, en el sueño tú eres la víctima de chantaje, esto indica que te agobia un sentido de debilidad y desesperanza.

Chapa: Tienes una alta opinión de ti misma y eres respetado por otros.

Chaqueta: Simboliza la imagen que deseas presentarle al mundo. Estás protegiendo la imagen que tienes de ti misma(o) y mantienes a ésta oculta.

Charco: Hay algo que te está molestando, que no puedes seguir esquivando. Necesitas resolverlo.

Chat en video: Deseas conectarte con otros y debes hacerlo en persona en lugar de las redes sociales.

Chatarra: Es hora de descartar las viejas maneras de pensar y los hábitos y creencias que ya no te benefician.

Chef: Tienes los conocimientos y la perspectiva necesaria para escoger tu sendero de mayor Luz. Sabes el camino que debes tomar y te mueves hacia delante con confianza y ahínco.

Cheque: Dependiendo del contexto del sueño, puede representar bienandanzas que recibes como resultado de tus buenas acciones, de tu esfuerzo. Por otro lado, puede simbolizar responsabilidades que has asumido porque piensas que le debes algo a otro u otros. Puede representar una deuda emocional.

Chichón: Existe un problema o situación que te está robando el tiempo y drenando tus energías. Fíjate en qué lugar del cuerpo está el chichón para identificar el área en que tienes el problema. Por ejemplo, un chicón en el abdomen puede señalar un bloqueo en el chacra umbilical.

Chicle: No te estás comunicando efectivamente y esta incapacidad de expresión te causa frustración.

Chillido, Chillar: Este sueño es un aviso de que algo en tu vida necesita atención inmediata

Chimenea: Necesitas soltar las ataduras, deshacerte de lo que ya no te conviene.

Chinche: Sientes gran molestia por una situación o persona en tu vida. En lugar de verbalizar esta molestia, la estás internalizando.

Chiquero de cerdos: Te enfrentas a una situación caótica y necesitas organizar las cosas para poder encontrar una solución.

Chiringa: Ver "Papalote".

Chisme: Estás actuando de manera contra-productiva, desperdiciando tu tiempo en asuntos que no te benefician.

Chispa, Destello: Simboliza potencial infinito. También puede indicar que tendrás nuevas ideas que te permitan comenzar un nuevo capítulo en tu vida.

Chiste: Estás haciendo algo en tu vida que no tiene sentido o es ridículo. Es posible que no estás tomando alguna situación o persona con la debida seriedad.

Chivo expiatorio: Tienes un profundo sentir de victimización en algún área de tu vida. Debido a esto, te limitas sustancialmente en escoger las opciones que mejor de convienen.

Chocolate: Simboliza el amor, la celebración y recompensa. Has completado algo que necesitabas hacer y recibes un premio.

Choque, Colisión: Tus energías están dispersas y necesitas fusionar los diferentes aspectos de tu ser para sentirte en unión con el Todo. Soñar que estás en un choque automovilístico también puede representar una situación dolorosa, traumática o estremecedora en tu vida que necesitas sanar. Soñar con un accidente de avión indica una falta de confianza en ti mismo(a), incertidumbre, duda propia sobre el logro de tus objetivos espirituales. No confías en tus habilidades, en tu poder de lograr cambios en tu vida. Es un aviso urgente de que necesitas resolver algo en tu vida que está impidiendo que evoluciones espiritualmente.

Choza: Simboliza las necesidades básicas de la vida. Necesitas simplificar tu vida y volver a los valores básicos. Acepta y agradece lo que ya tienes y reconoce que tienes todo lo que necesitas.

Chupar: Indica un deseo profundo de ser cuidada, nutrido, de volver a un estado de paz sin preocupaciones ni responsabilidades.

Chupete: Indica una actitud inmadura hacia la vida y el deseo de escapar de responsabilidades y deberes.

Cicatriz: Memorias dolorosas del pasado te agobian y no permiten que tu corazón se sane.

Ciclón: Indica descontrol emocional. Estás luchando contra tus emociones avasalladoras. Permite que tus emociones encuentren una válvula de salida apropiada. Es importante que las reconozcas, con gratitud, por el mensaje que te traen. Emociones negativas como el temor, la ira, la falta de perdón, el resentimiento causan un bajón en tu vibración que atrasa tu desarrollo espiritual. A través de la meditación y auto-sanación, el perdón y la oración puedes disolver emociones negativas y elevar tu vibración hacia las emociones de alta vibración como la paz, regocijo y amor.

Cielo: Simboliza libertad y expansión espiritual. Representa creatividad, esperanza y paz. Este sueño te recuerda que somos seres infinitos, por lo tanto no hay límite a nuestro crecimiento espiritual. El sueño también puede indicar que necesitas encaminarte en un sendero espiritual para que puedas vivir tu vida como tu ser superior, siguiendo tu corazón y llegando a los niveles de espiritualidad de los cuales eres capaz.

Cielo divino: Ver "Paraíso".

Ciénaga, Lodazal: Te sientes atrapado(a) en una situación de la cual piensas que no puedes salir. Pide ayuda.

Científico: Representa los aspectos racionales e intelectuales del ser. También puede indicar un deseo por adquirir conocimientos.

Cigarrillo, Cigarro: Simboliza una influencia negativa en tu vida que necesitas desechar.

Cigüeña: Representa un nuevo comienzo en tu vida, oportunidades de crecimiento que te bajarán del cielo. También simboliza un comienzo espiritual que te llevará a un nuevo nivel de apertura y estado de consciencia.

Cilantro: Simboliza la inmortalidad y nos recuerda que nuestras almas nunca mueren y continúan existiendo fuera de nuestros cuerpos físicos.

Cilindro: Indica tu receptividad hacia nuevas ideas.

Cima: Ver "Cumbre".

Cimientos, Base: Simboliza tu fuerza interior, el apoyo con que cuentas. Puede indicar la necesidad de arraigo, de llenarte de las hermosas energías de la Tierra para que tu ser espiritual y tu ser físico estén en armonía y balance.

Cine: Ver "Teatro".

Cinta: Representa la inocencia y la jocosidad que ya pueden existir en tu vida o que deseas que existieran.

Cinta adhesiva: Representa tus limitaciones.

Cinta de correr, Caminadora, Trotadora: Indica que estás atascado(a) en la misma rutina y no logras salir. Sigues dando vueltas con las mismas creencias, actitudes, ideas, pensamientos que no te permiten crecer y evolucionar.

Cinta métrica: Te comparas con otros en lugar de valorizar tus logros independientemente de los logros de otras personas.

Cintura: Representa la demarcación entre los chacras inferiores y los superiores. Los chacras bajo la cintura te asisten en tu arraigamiento con tu ser físico y con el mundo material. Los chacras sobre la cintura están dedicados a facilitar tu evolución espiritual. Este sueño puede indicar una falta de balance entre estos dos aspectos de tu ser. Te convendría recibir sanación y armonización de los chacras para armonizar los aspectos físicos y espirituales en ti.

Cinturón: Ver "Correa".

Cinturón de seguridad: Indica la necesidad de controlar tus emociones. Intenta encontrar la paz en tu corazón.

Ciprés: Simboliza el mundo del subconsciente, las emociones reprimidas, el ser sombra. También puede representar tristeza, luto y duelo.

Circo: Hay demasiadas distracciones en tu vida y necesitas enfocar mejor tu atención para poder seguir adelante. También puede indicar que eres fácilmente seducido(a) por personas o situaciones peligrosas y necesitas ejercer más precaución.

Círculo: El círculo es un símbolo de perfección, de unión, de lo infinito en que no hay principio ni fin. Representa lo que está completo. Un círculo puede representar el que estás bien protegido(a) de energías externas. También puede indicar que estás dándole vueltas a una situación en lugar de resolverla.

Ciruela: Simboliza vitalidad y crecimiento. También puede indicar la necesidad de desprenderte de viejos hábitos y maneras de hacer las cosas.

Cirugía: Indica la necesidad de sanar y reparar lo que está dañado. Identifica en el sueño qué parte de tu cuerpo necesita sanación. Armoniza tus chacras. Si hay pérdida de sangre en tu sueño, esto indica que estás perdiendo energías vitales. Necesitas proteger tu energía para que no se drene más y es importante que comiences un régimen de ejercicios, nutrición y auto-sanación para recobrar las energías ya perdidas.

Cirugía plástica: Estás basando tu autoestima en fuentes externas y no en ti. También puede indicar la búsqueda del amor en otras personas en lugar de encontrarlo en ti mismo(a). El amor propio es fundamental para poder aceptar el amor de otros.

Cisne: Simboliza la belleza, gracia y pureza que deseas en tu vida. Tienes la habilidad de fluir por las aguas emocionales que están presentes para poder volar libremente y alcanzar nuevas alturas.

Cisterna: Ver "Pozo".

Cita: Llegó el momento de organizar tu vida de manera que incluya el tiempo necesario para tu desarrollo espiritual.

Citrino: Simboliza el poder personal y la fortaleza.

Ciudad: Representa tu ambiente social y sentido comunitario. Dependiendo de las condiciones de la ciudad, puede indicar que te sientes anejado y sola. También puede reflejar tu necesidad de ser más cooperativo y trabajar con otros en el logro de metas comunes. Si sueñas con una ciudad desierta, esto indica que te sientes rechazada por personas en tu entorno.

Clamidia: Ver "Enfermedad venérea".

Clarividente, Clarividencia: Tienes gran claridad en tu visión interna y puedes ver una situación o problema tal y cual es. No temes enfrentarte a la verdad. Disfrutas de paz mental.

Clase, Aula: Estás aprendiendo una nueva lección que adelantará tu desarrollo espiritual. Tus guías están contigo ayudándote con este aprendizaje.

Claustrofobia: Temes ser castigada(o) por acciones pasadas. Te agobian los sentimientos de culpabilidad.

Clavel: Simboliza vitalidad, alegría y un sentido de liviandad. Para más información sobre este sueño, nota el color del clavel.

Clavo: Simboliza el desarrollo de tenacidad, fortaleza y apoyo. Estos atributos están presentes en ti. Necesitas reconocerlos y utilizarlos para tu mayor bien.

Cliente: Refleja tus dones de persuasión y, en ocasiones, manipulación.

Clínica: Ver "Hospital."

Cloaca, Aguas negras: Algo necesita limpiarse, esclarecerse o cambiar en tu vida de inmediato. Existen condiciones, situaciones o relaciones sumamente negativas. Necesitas desprenderte de las cosas

que traen toxicidad a tu vida, sean estas personas, situaciones, hábitos, costumbres o creencias.

Clon: Te sientes abrumada(o) por las muchas responsabilidades que cargas. Es posible que sufras conflicto interno ante la toma de decisiones.

Clóset, Armario: Representa algo escondido en tu vida. También puede indicar que estás escondiéndote de cosas que necesitas enfrentar.

Club: Representa los aspectos sociales de tu vida y te indica la necesidad de interactuar con otros en la vida real. Es posible que pases demasiado tiempo aislada(o) o en las redes sociales.

Cobija, Manta, Frazada, Frisa: Simboliza calidez, amor, seguridad y protección. Es posible que desees refugiarte del mundo exterior.

Cobre: Este sueño representa el poder de la sanación que tienes en ti. Este poder se magnifica cuando lo compartes con otros.

Coche de bebé: Indica la necesidad de encontrar tu inocencia perdida.

Coche fúnebre: Este sueño indica que estás moviéndote hacia una nueva fase en tu vida, pero necesitas desprenderte de lo que obstaculice tu progreso. Comienza a tomar las acciones necesarias y hacer los cambios requeridos para que puedas entrar de lleno en esta nueva etapa de tu existencia.

Cocina: Soñar con una cocina representa tu área de trabajo donde planificas, desarrollas proyectos, te nutres emocionalmente y mentalmente. Si la cocina está bien surtida, indica que tienes todo lo que necesitas para progresar en tu trabajo o cumplir con tu misión.

Cocinar: Soñar que estás cocinando indica una creatividad práctica en que logras reunir diversos elementos para crear algo nuevo. Estás repleta(o) de ideas y tomas la acción necesaria para que estas ideas se manifiesten.

Coco: Un aviso de recompensas inesperadas.

Cocodrilo: Símbolo de traición y engaño. Puede simbolizar la capacidad de utilizar el habla para hacer daño o para herir. También representa la falta de sensibilidad, falta de habilidad para permanecer en silencio cuando las palabras pueden herir. Por otro lado, simboliza el poder desmedido del ego sobre el poder espiritual que proviene del corazón. Representa falta de balance en los chacras.

Código de barras (Barcode): Simplifica tu vida para poder disfrutar de más ocio y tiempo para tu práctica espiritual.

Codo: El codo simboliza apoyo, flexibilidad y apunta hacia lo que necesitas para dar y recibir energía. También puede representar una situación en que necesitas forzar las cosas para poder resolverla.

Cofre: Tienes talentos escondidos. Descúbrelos.

Cohete: Simboliza desarrollo espiritual, potencial ilimitado. Si estás despegando en un cohete, esto indica que estás disparándote hacia nuevas alturas de entendimiento espiritual, de consciencia elevada, de reconocimiento de tu poder espiritual.

Cojear: Soñar que estás cojeando indica falta de balance en alguna relación de tu vida. Sientes que la relación es desigual de alguna manera. Quizás sientas que estás dando más de lo que recibes.

Cojín: Este sueño te indica que necesitas descansar y relajarte.

Cola (adhesivo): Este sueño señala tu temor a estar en una situación de la cual no puedes salir. También puede indicar que estás demasiado apegada(o) a algo o alguien.

Cola (línea): Ver "Fila".

Cola (rabo): Indica que estás atrasado(a) en alguna gestión, proyecto o actividad. Si la cola está entre las patas de un animal, esto representa humillación y temor. Si tú tienes una cola en el sueño, esto indica que hay un aspecto de tu pasado que aún te causa molestia.

Colador: Necesitas poner de lado tus emociones para poder tomar la decisión correcta.

Colapso: Estás sobrecargada(o) y necesitas detenerte y reflexionar. Has perdido de vista tus metas y lo que necesitas lograr se ha desvanecido en el trajín del trabajo, otras responsabilidades y las distracciones.

Colchón: Simboliza el sistema de apoyo con el que cuentas. Si el colchón está limpio y en buenas condiciones, tienes el apoyo que necesitas. Si el colchón está sucio o en malas condiciones, no disfrutas del apoyo necesario.

Colibrí: Cosas que aparentan ser pequeñas pueden contener dentro de sí gran potencial.

Colina: Este sueño te asegura que cuentas con la oportunidad de crecimiento espiritual.

Colisión: Ver "Choque".

Collar: Simboliza la expresión de tu creatividad. Un collar roto señala un desbalance en el chacra de la garganta que te crea dificultades en la comunicación y la expresión de tu creatividad.

Colmena de abejas: Este sueño indica que hay muchas oportunidades en tu vida y debes tener cuidado de no desperdiciarlas. de no aprovecharlas.

Colmillo: Las palabras pueden utilizarse como armas dañinas. Mantente alerta a palabras hirientes que pueden afectar negativamente a otras personas. Mide tus palabras con cuidado. Cuando herimos a otros, nos herimos a nosotros mismos ya que energía negativa sale y regresa al que la produjo.

Colores: Los colores en nuestros sueños representan las frecuencias en las que vibramos energéticamente y nos muestran el estado de nuestras emociones. Los colores tienen diferentes vibraciones y características. Se indican aquí el espectro de colores comenzando con los de frecuencias más densas y terminando con los colores de frecuencias más elevadas.

- *Rojo:* Representa energía, pasión, fuerza, peligro, ira, violencia, rechazo. También nos indica la necesidad de parar y evaluar.
- *Rosado:* Simboliza amor, ternura, bondad. Puede significar que te es posible sanar a través del amor.
- *Anaranjado:* Símbolo de esperanza, amabilidad, simpatía. Puede indicar estímulo sensorial que tienes o que necesitas.
- *Amarillo:* En un sueño agradable, el amarillo simboliza alegría, armonía y sabiduría. Si el sueño es desagradable, este color representa traición, engaño, mentira, cobardía o enfermedad. Es posible que tengas algún temor muy arraigado.
- *Verde:* Representa sanación, crecimiento, armonía con la naturaleza, vitalidad, paz y serenidad. Es posible que sea un mensaje de seguir adelante con lo que te propones.
- *Azul:* Simboliza la verdad, sabiduría, espiritualidad, los planos elevados de Luz, tranquilidad, lealtad, apertura. Puede representar tu guía espiritual.
- *Turquesa:* Símbolo de buena suerte, éxito, buena fortuna. Representa la energía sanadora que unifica los elementos naturales. Indica poder sanador y energía natural.

- *Índigo:* Simboliza la protección divina, espiritualidad
- *Violeta:* Símbolo de espiritualidad muy elevada, purificación y sabiduría.
- *Gris:* Representa depresión, miedo, falta de salud, confusión. Período de cambio entre una cosa y otra.
- *Negro:* Representa el subconsciente, lo desconocido, misterioso.
- *Blanco:* Símbolo de pureza, perfección, inocencia, nuevos comienzos, verdad.
- *Marrón:* Simboliza arraigamiento. Representa la Tierra y puede indicar que necesitas arraigarte más, traer tus aspectos espirituales y físicos hacia un mejor balance.
- *Dorado:* Simboliza la consciencia divina e infinita.
- *Plateado:* Representa la verdad, protección espiritual, intuición, tranquilidad y los aspectos femeninos del ser.

Columna: Simboliza fortaleza y sostén. Es posible que necesites el apoyo de otras personas.

Columna vertebral: Ver "Espina dorsal".

Columpio: Simboliza los ciclos, movimientos y ritmos de la vida. Indica que estás satisfecha con tu vida actual y cómo progresas de día a día.

Coma: Se te hace imposible actuar en una situación que necesita solución. Hay muchos cambios en el ambiente y no te sientes preparada(o) para enfrentarlos.

Comadrona: Una nueva vida se despliega ante ti con gran potencial para tu crecimiento espiritual.

Combustible: Hay ira reprimida dentro de ti y necesitas permitir que se exprese de manera apropiada para que no te haga daño a ti ni a otros.

Comedia, Comediante: Indica la necesidad de no tomar las cosas tan en serio. Es hora de reír, divertirte y desprenderte de la tensión y preocupación.

Comedor: Simboliza la alimentación, el sustento espiritual.

Comer: Necesitas nutrición física, mental, emocional o espiritual.

Comerciales: Tienes la tendencia de alejarte emocionalmente de situaciones, por lo tanto puedes permanecer objetivo(a) ante los asuntos que se te presentan. El sueño también puede indicar que se te hace difícil enfocarte en una cosa a la vez. Tiendes a posponer decisiones, responsabilidades y tareas que tienes pendientes.

Cometa: Anuncia la llegada de una descarga potente de energía que trae un tremendo potencial creativo, un despertar espiritual. Un cometa de juguete indica que tienes la libertad espiritual necesaria para elevarte a planos elevados de Luz.

Comida, Comestibles: Simboliza la nutrición energética a nivel físico, mental, emocional y espiritual. Dependiendo del sueño, es posible que necesites nutrir tu ser a todos los niveles.

Compás: Ver "Brújula".

Competencia, Torneo: Indica tu necesidad de probar tu valía ante otros.

Comprar, Compra: Señala tu aceptación de una idea, situación o condición impuesta por otra persona. También puede indicar que falta algo en tu vida y estás en la búsqueda de algo que te satisfaga profundamente. Para información adicional sobre el sueño, nota el objeto que estás comprando.

Computadora, Ordenador: Nuevas áreas de actividad se abren ante ti, nuevas oportunidades que reflejan maneras modernas de trabajar. La tecnología también puede representar falta de individualidad y este sueño puede indicar que necesitas ser fiel a quien eres verdaderamente, esto es, un ser espiritual en lugar de seguir el ego colectivo que quisiera dominar nuestros pensamientos y creencias haciéndonos creer que somos meramente seres físicos limitados a una existencia material.

Comunión: El sueño indica que te beneficiará encontrar un balance entre tu ser físico y tu ser espiritual, recordando siempre que en la verdadera realidad eres un ser espiritual teniendo una existencia física. Tu cuerpo físico es la vasija que contiene el tesoro de tu alma.

Conchas marinas: Simbolizan protección y seguridad. Representan la sabiduría profunda que nos muestra la unión del Todo y el ser infinito que somos. También pueden indicar la necesidad de sanación de heridas y cicatrices profundas.

Concierto: Simboliza la armonía y cooperación que existe en una situación o relación en tu vida. También puede simbolizar armonía y balance interno. Es posible que represente algún talento o potencial que tienes escondido.

Concreto: Tienes un entendimiento claro sobre la situación que se presenta frente a ti. Por el contrario, el sueño puede indicar que eres demasiado rígido(a) e inflexible.

Condimento, Especias, Hierbas: El sueño te indica que te beneficiaría recibir sanación energética. El sueño también puede indicar que puedes manifestar cosas positivas a través de la magia divina, esto es, la co-creación con los devas y otros seres de la naturaleza.

Condón: Ver "Contraceptivos".

Conducir, Guiar: Cuando sueñas que estás conduciendo algún vehículo, este sueño representa tu vida personal y el control que tienes sobre tu vida. El sueño te indica cómo va tu vida, cómo estás moviéndote a través de tu existencia. Si sueñas que estás conduciendo y no ves la carretera por delante o si estás conduciendo de noche, esto indica que no sabes hacia donde te diriges en la vida. Necesitas encontrar dirección y establecer ciertas metas. Es posible que no quieras ver lo que está por delante. Si estás guiando en una carretera curvada, esto indica que tienes dificultades logrando tus objetivos y aceptando los cambios que se necesitan hacer para lograrlos. En general, cuando sueñas que conduces un vehículo recibes un mensaje claro y crucial sobre el transcurso de tu vida y es importante notar las condiciones de la carretera y qué haces en el sueño. Si estás en un carro y otra persona está conduciendo, esto indica que le has cedido el control a otra persona y no eres el dirigente de tu propia vida.

Conductor: Simboliza tu ser superior que está ahí para guiarte en todo momento.

Conejillo de la India: Estás arriesgándote al experimentar con cosas que no te benefician.

Conejo: Simboliza buena fortuna, éxito. También puede representar la abundancia, fertilidad y calidez. Por otro lado, soñar con conejos puede indicar que estás saltando de una cosa a otra sin planificación, con falta de entendimiento profundo sobre lo que estás haciendo.

Conferencia, Seminario: Hay un mensaje espiritual en este sueño sobre lecciones que estás aprendiendo o que necesitas aprender. Analiza el sueño con detenimiento y recuerda el mensaje que se te otorga en él.

Confesión: Simboliza la purificación, limpieza interna de cargas emocionales, la apertura a un nuevo camino. Representa un reconocimiento de los comportamientos que obstaculizan tu crecimiento espiritual. Indica que estás listo para perdonarte a ti misma y seguir hacia delante sin sentido de culpabilidad. Este es el momento de sanar las cicatrices del corazón.

Confeti: Simboliza logro y éxito. Has pasado a un nivel más elevado de crecimiento y llegas al umbral de transformación positiva en tu vida.

Confrontación: Existe un conflicto o temor en ti. Este sueño te señala la necesidad de enfrentarte a tus conflictos y vencer tus temores.

Confusión: Tu mente sufre un estado de turbación y desconcierto que necesitas despejar. Es posible que te sientas halado(a) en diferentes direcciones.

Congelado, Congelador: Tus emociones están cerradas y tus energías en estado de parálisis.

Congestión: Representa la represión emocional y el sostener ideas, creencias y opiniones que ya necesitan descartarse.

Consejo, Consejera(o): Si recibes consejos en el sueño, esto sugiere que te beneficiaría escuchar los consejos de tu corazón. Si le estás dando consejos a alguien en el sueño, esto indica que tienes el potencial de ayudar a otros.

Conserje: Necesitas limpiar y purificar tu ambiente físico. Una sanación de espacios te beneficiará.

Conspiración, Complot: Te sientes culpable por haber engañado a otra persona. También puede indicar que temes ser engañado o que te estás engañando a ti misma.

Consuelo: Si estás siendo consolado(a) en el sueño, esto indica que estás reprimiendo tu tristeza, alguna congoja que te afecta profundamente. Si se te hace difícil expresar tu dolor, entrégaselo al Creador con la fe absoluta de que será resuelto. Si estás consolando a otra persona en el sueño, esto indica que necesitas sentir más compasión y empatía hacia los demás.

Contaminación: Si el aire está contaminado en tu sueño, esto indica que tu creatividad está bloqueada y tus ideas carecen de claridad.

Contestador: Si sueñas con un contestador de teléfono, esto indica que tus guías espirituales están intentando darte un mensaje pero se les está haciendo difícil lograr que los escuches. Al meditar y tomar tiempo en silencio, logras escuchar los mensajes que te llegan. El continuar analizando tus sueños ayuda a aclarar los mensajes espirituales.

Contorsionista: Estás estresado(a) por una situación en tu vida y no encuentras la manera de resolverla. Si luego del sueño despiertas con un sentir de bienestar, el símbolo puede representar tu flexibilidad mental o fluidez de emociones.

Contrabando: Reclamas lo que sientes te pertenece legítimamente. Por otro lado, el sueño puede indicar que sientes que te han dejado fuera en la toma de decisiones importantes o que se te ha negado algo al cual tienes derecho.

Contraceptivo: Existe una barrera que impide tu expresión creativa. Estás impidiendo que tu creatividad salga a la superficie. Te ayudará sanar y armonizar tus chacras sacro y de la garganta para que estos dos centros de creatividad te apoyen en tu expresión creativa.

Contraseña: Representa acceso a información interna y control de tu poder personal. Tienes la llave que te permite descubrir tus dones y recibir información de tu ser divino.

Contrato: Este sueño puede reflejar un asunto de tu vida cotidiana y/o un asunto espiritual. Si firmas el contrato en el sueño, esto indica que estás listo(a) para comprometerte a una relación, proyecto o trabajo. Este sueño también puede indicar que sería de gran beneficio para tu desarrollo espiritual trabajar con tus contratos kármicos, esto es, los contratos que hiciste en vidas pasadas y antes de reencarnar en la vida presente.

Control remoto: Existe una relación o situación en tu vida que te controla demasiado. El sueño también puede indicar que alguien está provocando molestia en ti.

Contusión: Este sueño indica que no estás aprovechando tus talentos o realizando tu potencial. En lugar de esperar que las cosas pasen por su cuenta, necesitas tomar acción.

Convento: Indica una necesidad de apoyo espiritual en tu vida a través de una práctica espiritual diaria.

Convulsión: Estás perdiendo el control de tu vida.

Copa: Simboliza alegría, buena fortuna y celebración. Es posible que te lleguen buenas noticias pronto.

Coral: Simboliza la alegría y belleza de la vida que siempre están ahí en las profundidades del corazón.

Corán, Biblia, Tora, Vedas: Soñar con un texto sagrado, simboliza tu búsqueda de la verdad y tu deseo de lograr una conexión divina. Esta conexión se encuentra en tu corazón espiritual y es ahí donde te une al Creador Amado. Puede representar un mensaje espiritual que llega de tus guías espirituales.

Corazón: Simboliza el destello del Creador dentro de ti. Representa el amor, el sentir. El corazón simboliza la verdad, el valor, las emociones. Soñar que tu corazón está sangrando o que ha sido apuñalado puede indicar que estás tomando demasiado a pecho los problemas de otros y te estás drenando de energía. Si sueñas con un ataque del corazón, esto indica que necesitas abrir tu corazón para sentir el Amor del Creador. Si sueñas con latidos del corazón, esto indica que necesitas sentir la resonancia, los ritmos de la vida en lugar de permanecer en un estado de parálisis emocional.

Corbata, Chalina: Símbolo de tus obligaciones y responsabilidades.

Corcho: Embotellas lo que sientes. También puede representar las alzas y bajas emocionales.

Cordero: Símbolo de inocencia, amor, pureza, tibieza que desearías tener en tu vida.

Cordón, Cuerda, Cordel: Este sueño es un indicio de la solidez de algún proyecto, situación o relación en tu vida. Un cordón suelto indica que algo se necesita fortalecer o que has olvidado terminar algo. Si el cordón está roto, esto indica que algo se ha estropeado. El sueño también puede indicar que necesitas atar los cabos en alguna situación que no se ha resuelto.

Cordón umbilical: Simboliza la dependencia que tienes con otra persona y las ataduras que te unen a ella o él. Es importante entender que el amor es la única energía que debe existir entre dos personas. Energías de ataduras, cordones y ganchos emocionales son dañinas y bloquean el amor verdadero.

Cornucopia: Simboliza abundancia, plenitud y prosperidad. Te esperan muchas cosas hermosas.

Coro: Simboliza armonía y balance espiritual. Tienes la capacidad de laborar con otros para alcanzar una meta espiritual en común. Un coro representa las partes de ti que están integradas y armonizadas.

Corona: Simboliza una iniciación hacia un estado de consciencia más elevado. Es un hermoso símbolo de alabanza y te indica que debes continuar el camino que llevas. Soñar con una corona de espinas indica que estás actuando como un mártir y necesitas reflexionar sobre tus comportamientos hacia otros y hacia ti mismo.

Correa, Cinturón: Indica falta de balance en tu chacra umbilical. Este desbalance impide el fluir de la energía por tu cuerpo energético. Necesitas sanación energética, especialmente en el área del chacra umbilical. También necesitas trabajar los asuntos en tu vida que están causando este bloqueo energético, como las ataduras y el cederle tu poder a otros.

Corredor, Pasillo: Representa la vía hacia percepción clara. Es el comienzo del sendero que estás tomando en tu vida y estás en un momento de transición hacia lo desconocido. Si el pasillo o corredor está oscuro quiere decir que no estás viendo las cosas con claridad. Un pasillo o corredor bien iluminado señala que estás tomando una dirección llena de claridad.

Correo, Oficina de correos: Este sueño contiene un mensaje importante de tus guías espirituales. Presta atención a los demás símbolos en el sueño.

Correo electrónico: Te llega un mensaje importante de tus guías espirituales. Presta atención a los demás símbolos del sueño.

Correr: Si estás corriendo de algo, esto indica que no estás dispuesta(o) a enfrentarte a alguna situación que necesita resolverse. También puede indicar que estás tratando de escapar aspectos de tu ser sombra a los que le temes. El correr a cámara lenta indica que pronto tendrás que enfrentarte a tus temores y no podrás seguir posponiéndolo o negándolo. Necesitas enfrentarte a tus miedos, reconocer que existen y entregárselos al Creador para que los disuelva y puedas encontrar paz en tu ser.

Correspondencia: Este sueño tiene un mensaje espiritual. Presta atención a los demás símbolos en el sueño. El sueño también puede indicar que necesitas comunicarte con alguien o reanudar tu comunicación con una persona que se ha alejado de tu vida.

Corrida de toros: Simboliza la lucha entre tu ser físico y tu ser espiritual. Para traer paz a tu vida, necesitas establecer el equilibrio entre lo material y lo espiritual. El balance es también importante entre los diferentes aspectos de tu vida.

Corriente de agua: Representa la dirección que está tomando tu vida y las decisiones que has tomado en este caminar por el mundo. Si la corriente fluye suavemente, estás en el camino correcto. Si es una corriente fuerte, el camino que has tomado es difícil y te beneficiaría cambiar de rumbo.

Cortar, Talar, Picar: Deseas terminar con una obligación o relación. Es importante cortar los cordones energéticos que tenemos con otras personas y cosas para poder vivir nuestras vidas en libertad y paz. Lo único que debe atarnos a otros es el Amor.

Corte, Tajo: Estás juzgándote demasiado reciamente quizás debido a temores o sentido de culpabilidad escondidos. Es posible que te sientas juzgado(a).

Cortina: Simboliza represión, secretos escondidos y la necesidad que piensas que tienes de esconder tu verdadero ser de otros. Cortinas abiertas indican que estás lista para revelar lo que está escondido.

Cosecha: Representa la culminación de una fase de tu trabajo espiritual. Según siembres, así cosechas.

Coser: Simboliza la creación de algo nuevo o la integración de ideas y actitudes.

Cosméticos, Maquillaje: Intentas esconder o cubrir algún aspecto de tu ser. También puede indicar que tratas de mejorar tu imagen y aumentar tu autoestima.

Cosquilla: Estás tomando las cosas demasiado a pecho. Necesitas más humor y regocijo en tu vida.

Costa, Orilla: Es importante soltar lo que te mantiene anclado(a) en la orilla del mar de la vida para que puedas fluir en las aguas eternas del Amor del Creador, llegar a la iluminación y ser uno en el Amor infinito.

Costillas: Si ves tus costillas en un sueño, esto indica que estás protegiéndote para no ser herido(a) emocionalmente. Es posible que mantengas el corazón cerrado para no padecer de dolor. El sueño te indica la necesidad de comenzar una práctica espiritual para abrir el corazón y llenarlo de Luz. Así, puedes tener la experiencia de la divina presencia dentro de tu corazón y recibir toda la guía que necesites para progresar espiritualmente. Al tener un corazón abierto y lleno de Luz, las heridas emocionales se sanan y la paz de la divina presencia te llena completamente.

Costra, Cascarita: Este sueño te indica que es el momento para sanar. Comienza una práctica espiritual que te traiga sanación, paz, amor y regocijo.

Costura: Simboliza la unidad de todos con el Todo, tu unión con el resto de la existencia. Si la costura se está descosiendo, esto significa que tu energía está desparramada.

Cotorra: Simboliza el chisme y el mal uso de las palabras. Es importante pensar con detenimiento antes de repetir o compartir información sobre otros. El silencio es siempre nuestro mejor amigo.

Coyote: Simboliza la necesidad de cambio en lugar de continuar haciendo lo mismo una y otra vez. Necesitas encontrar nuevas soluciones, nuevos métodos y opciones. Es hora de desprenderte de lo viejo y abrazar cosas nuevas que traerán alegría a tu vida.

Cráter: Simboliza memorias viejas, experiencias pasadas. El sueño te avisa que necesitas desprenderte de las ataduras del pasado. También puede representar aspectos de tu ser sombra que están saliendo a la superficie para que los reconozcas y sanes.

Crayón: Accede tu creatividad e intuición para que puedas encontrar soluciones fuera de las normas rutinarias.

Crecimiento, Crecer: Soñar que algo está creciendo indica que has llegado a un nuevo nivel de madurez espiritual que te permite despertar a la iluminación sagrada.

Cremación, Incineración: Soñar que se está incinerando o cremando a alguien significa purificación. También puede simbolizar el fin de una etapa de tu vida y el comienzo de una etapa nueva.

Cremallera: Simboliza la apertura y el cierre de las cosas. Si estás abriendo la cremallera, indica que situaciones en tu vida se están abriendo o que tú estás más receptiva a los cambios beneficiosos que se aproximan. Si estás cerrando la cremallera, esto indica que estás cerrándote emocionalmente a oportunidades o que no estás viendo las cosas con claridad.

Criminal, Crimen: Estás siguiendo reglas, leyes autoimpuestas que impiden tu progreso espiritual. Es posible que sigas el camino del miedo en lugar de seguir la guía de tu corazón y tu sabiduría interna.

Crin: Simboliza atadura a tu vida material a la cual le das una importancia desmedida, ignorando los aspectos espirituales que son la base de verdadero crecimiento. Nota el animal que aparece en tu sueño y busca información sobre el significado de éste para más información.

Cristal, Cristalería: Simboliza pureza, sanación y unidad. Representa tu ser superior y el sueño te recuerda quién eres verdaderamente.

Criticar: Es posible que has caído en el hábito de juzgarte a ti misma(o) y a otros demasiado. El crecimiento espiritual se basa en el amor incondicional que sólo conlleva compasión sin juicio. El sueño también puede indicar que sientes temor a la censura ajena y a cometer errores por los cuales te sentirás culpable. La auto-disciplina puede ser un cuchillo de dos filos. Por un lado, te ofrece un marco dentro del cual funcionar pero por otro lado, te provoca rigidez en el pensar y actuar.

Cronómetro: El tiempo apremia. Necesitas terminar ya algo que comenzaste.

Crucero: Este sueño tiene que ver con tu trayectoria emocional, con algún sendero emocional que estás tomando. Si el crucero es estable quiere decir que tus emociones están fluyendo bien.

Crucificar: Representa el auto-castigo y sentimientos profundos de culpabilidad. Te beneficiará reflexionar sobre la inutilidad de los sentimientos de culpa y la necesidad falsa de castigarte a ti misma. Practica la meditación para aprender a amarte a ti mismo y desprenderte de toda noción de que necesitas recibir castigo por los errores cometidos.

Crucifijo: Símbolo de transformación, transmutación y liberación espiritual. Representa tu conexión con el Amor divino que existe dentro de ti.

Crucigrama: Te enfrentas a retos mentales.

Cruel, Crueldad: Representa ira y agresión reprimidas. Reconoce estos aspectos sombra de tu ser y trabaja para que estas emociones sean reemplazadas por Amor. Puedes hacerlo a través de una práctica de meditación enfocada.

Cruz: Simboliza el balance del ser humano. El punto de intersección en la cruz representa el corazón. Desde ahí todo se logra. Encuentra el balance en el centro mismo de tu ser y tendrás una vida llena de amor, paz y regocijo.

Cruz Roja: Necesitas sanación.

Cruzar: Soñar que cruzas una calle indica que estás tomando un camino diferente o tomando una decisión diferente. Si la calle se ve amplia y limpia, significa que tomas la decisión correcta. Si la calle se ve pedregosa o sucia, esto indica que la decisión o el camino a tomar no es el que más te conviene. Si sueñas con cruzar un río u otro cuerpo de agua, esto refleja una transformación espiritual que te llevará a un nuevo nivel de entendimiento.

Cuaderno, Libreta: Préstale atención a tu vivir cotidiano, las cosas que haces de día a día y cómo pasas tu tiempo. Es posible que necesites organizar tu vida para que puedas dedicarle más tiempo a tu desarrollo espiritual. Ayuda mucho anotar el tiempo que pierdes en actividades inanes. Así puedes utilizar este tiempo para la meditación, auto-sanación y ayudar a otros.

Cuadrado: Soñar con esta figura geométrica indica un sentido de limitación, representa el estar encajonado en una situación o en tu vida en general. Hay demasiado control en tu vida y necesitas llegar a un mejor balance, una apertura que te permita extenderte hacia nuevos horizontes.

Cuarentena: Te distancias de una situación o persona para no causarle daño.

Cuarzo: Significa sanación, pureza, sabiduría y unión. El cuarzo u otro cristal representa una fuente de energía potente con la capacidad de almacenar esta energía. Representa tu ser superior, tu espíritu. El cuarzo es la Luz en su forma material.

Cubierta de algún tipo (cobija, manta, sábana, frisa): Indica protección que hay disponible para ti. También puede indicar que estás escondiendo algo. Por otro lado, puede señalar la búsqueda o anhelo de protección, de santuario.

Cubiertos: Símbolo de la armonía doméstica.

Cubo, Balde: Si el cubo o balde está lleno, representa la abundancia y bienestar que están disponibles para ti. Sólo tienes abrirte para recibirlos. Si el cubo o balde está vacío, esto significa que estás por superar un obstáculo o pérdida.

Cucaracha: Indica una necesidad de limpieza de algún aspecto de tu vida. Puede ser limpieza física, mental, emocional o energética. También puede simbolizar la necesidad de eliminar las pequeñas preocupaciones de tu vida que restan de tu paz interior.

Cuchara: Tienes los instrumentos que necesitas para nutrirte energéticamente y espiritualmente. También puede referirse a tu necesidad de abrirte para recibir el alimento espiritual que te ofrece el Amor divino.

Cuchillo: Simboliza un instrumento potente que puede usarse para el bien o para hacer daño. Es posible que exista algo en tu vida o dentro de ti que necesite cortarse, del cual necesites desprenderte. Quizás necesites cortar con una relación, alguna atadura o ponerle fin a una situación.

Cucubano, Luciérnaga: Simboliza el empuje espiritual hacia la iluminación que te ofrece la naturaleza. Representa el despertar espiritual a través de tu conexión con los elementos naturales.

Cuello: Si el cuello está herido de alguna manera en el sueño, esto indica que necesitas armonizar tu mente con tu corazón. También indica debilidad y necesidad de sanación en el chacra de la garganta. Si el cuello no está herido, simboliza una falta de balance general, en tu cuerpo físico o en tu estado mental.

Cuenta de banco: Tienes preocupaciones financieras.

Cuentas, Deudas: Simboliza asuntos kármicos y de vidas pasadas que necesitan sanarse. Por otro lado, puede representar preocupación por asuntos sin resolver.

Cuentas de adorno: Simbolizan placer, serenidad y alegría.

Cuento: Si estás escribiendo un cuento en tu sueño, esto representa tu potencial creativo. Si estás leyendo un cuento, esto indica que hay una lección de vida que necesitas aprender.

Cuerda floja: Estás en una situación precaria y debes ejercer precaución y cuidado. Mantente centrada(o) y en balance para que no caigas. Esta situación es causada por temor, presión o tener demasiadas obligaciones que no puedes sostener.

Cuernos: Simboliza conflicto y confrontación. Estás en pugna con alguien o contigo mismo(a).

Cuero: Representa la dureza, la fuerza. Puede indicar que no te afecta la crítica, que te resbala todo lo que te digan. También puede indicar que estás buscando o anhelando protección.

Cuero cabelludo: Indica la necesidad de dejarte guiar por el corazón en lugar de la cabeza. También puede indicar una falta de balance en tus chacras superiores.

Cuervo: Este sueño se trata de los aspectos escondidos de tu ser. Hay aspectos de tu ser sombra que necesitas sacar a la superficie, aceptar y sanar.

Cueva: Simboliza los aspectos de tu ser que están escondidos, en sombra. Si logras explorar estos aspectos internos, el autodescubrimiento consecuente te traerá grandes beneficios mentales, emocionales y espirituales.

Culebra, Serpiente: Una culebra y una serpiente son más o menos lo mismo excepto que la serpiente es más grande que una culebra y es venenosa. La culebra o serpiente ha sido un símbolo muy significativo en culturas antiguas, mitos y relatos bíblicos. En un sueño este símbolo es muy complejo, con significados diversos y a veces opuestos. Por lo tanto, su interpretación depende más que nada en las circunstancias presentes en la vida de la persona que ha tenido el sueño. A continuación ofrezco algunas interpretaciones posibles. Primero, soñar con culebra o serpiente puede representar un temor o una preocupación escondida de algo amenazante o que consideres amenazante. Por otro lado, soñar con una serpiente o culebra puede ser positivo ya que la serpiente o culebra representa no sólo una amenaza, sino simboliza gran poder, transformación, sabiduría. Es un símbolo importante del kundalini, la fuerza interna que nos despierta espiritualmente. También puede simbolizar la fuerza vital, energía creativa y el poder de la sanación que tenemos dentro. Puede indicar que estás transformándote internamente o indicar un cambio positivo en tu vida. Como tal, es importante que examines el contexto del sueño, los otros símbolos que aparecen en él y las circunstancias de tu vida para que puedas hacer una interpretación precisa.

Culpabilidad: Sientes que no mereces tus logros y abundancia. También puede indicar que sientes que le has fallado a alguien.

Culpar: Te sientes impotente y vulnerable en alguna situación de tu vida. Es posible que te sientas responsable por la situación.

Cumbre, Cima: Simboliza evolución espiritual acelerada a través de un entendimiento nuevo. También representa la elevación de tu vibración.

Cuna: Indica una necesidad de ser protegida, nutrido. También puede representar algo nuevo en tu vida como un proyecto, una situación.

Cuneta: Ver "Zanja".

Cupido: Representa una relación romántica en tu vida y te indica que debes tomar una decisión en el amor, ya que hay lecciones kármicas relacionadas a este asunto y que aún no has aprendido.

Cúpula: Simboliza protección espiritual e iluminación.

Cúrcuma: Símbolo de sanación y purificación espiritual.

Dados: Estás tomando un gran riesgo, jugando con tu vida. Piensa cuidadosamente en lo que haces antes de tomar acción.

Dalai Lama: Este sueño contiene un mensaje importante para tu desarrollo espiritual. Préstale atención.

Dar: Si estás dando algo en tu sueño, esto indica que debes ser más generosa(o) y dar más de ti en una relación o situación.

Dardo: Representa pensamientos o palabras negativas y dañinas dirigidas hacia otra persona. Recuerda que la negatividad que diriges hacia fuera regresa a ti.

Debajo: Si sueñas que estás debajo de algo, esto señala hacia la auto-estima baja y la falta de fe en ti mismo(a). Si en el sueño ves objetos debajo de otros, esto representa aspectos de tu ser sombra que están escondidos y necesitan salir a la luz.

Debilidad: Soñar que estás débil señala hacia la baja auto-estima y la falta de poder personal. También puede indicar que tu campo energético se debilita debido a un drenaje de energía causado por el estrés o por una persona que no tiene mucha energía y te la quita a ti.

Decapitar: Representa una mala decisión tomada de la cual te arrepientes. Tus pensamientos carecen de la claridad necesaria para que puedas tomar decisiones correctas. Rehúsas ver la verdad. Aunque se te haga difícil, necesitas enfrentarte a la situación a pesar de la molestia y el pesar que te cause el hacerlo. Así puedes esclarecer lo que se necesite traer a la luz, reconocer que tu error ha sido una lección de vida importante y seguir adelante con optimismo y esperanza.

Decepción: Indica que estás mintiéndote a ti misma(o) y las cosas no están tan bien como piensas o como las describes. También puede representar tu deseo de encubrir un error.

Decorar, Decoración: Intentas encubrir algo que necesita salir a la superficie para que puedas lidiar con el asunto abiertamente.

Dedal: Este sueño indica que necesitas atender a las necesidades de otra persona en lugar de tus propios deseos.

Dedo: Este sueño está apuntando hacia algún problema o situación. Es posible también que esté apuntando hacia una dirección que debes tomar.

Dedos de los pies: Representa la manera en que te mueves en la vida y tu estado de balance. Es posible que necesites apoyarte en algo para lograr este balance. Este apoyo se te ofrece a través de una práctica espiritual dedicada a la meditación, la auto-sanación y la oración.

Defecar: Defecar en un sueño representa un proceso de purificación y limpieza profundo. Estás eliminando viejos hábitos y maneras de pensar. También puede representar la eliminación de emociones fuertes y arraigadas.

Defender, Defensa: Indica la existencia de una herida profunda. También puede representar las creencias fijas y opiniones que intentas imponer en otras personas.

Deformidad: Has descuidado alguna parte de tu ser y no le has permitido su crecimiento y expresión completa. Es posible que tengas miedo del crecimiento y desarrollo espiritual.

Delantal: Te comprometes a comenzar una tarea o un proyecto nuevo que traerá mucha satisfacción a tu vida.

Delfín: Simboliza esos aspectos de tu ser espiritual poderosos, regocijantes y hermosos. Un importante símbolo de espiritualidad, soñar con delfines usualmente trae un mensaje espiritual de importancia e indica que estás lista(o) para un salto cuántico en tu evolución espiritual.

Delgadez: Indica una falta de fortaleza y resistencia. Es posible que estés pasando por un reto de enfermedad o que temores estén debilitándote.

Demacrado, Macilento: Ver una cara demacrada en tu sueño indica que estás cansada(o) de una situación en tu vida que no aparenta tener solución.

Demolición: Representa cambios mayores que están ocurriendo o por ocurrir en tu vida.

Demonio, Diablo, Satanás: Simboliza la ignorancia, la negatividad, los aspectos más bajos del ser. Representa esa parte que no reconoces y se convierte en un aspecto sombra que te provoca echarle la culpa a otros por tus propios actos y no asumir responsabilidad por tus acciones. El aspecto sombra también te incita a la negatividad de pensamientos y acciones.

Dentífrico, Pasta dental: El sueño te señala la importancia de no usar tus palabras para herir. Si no tienes algo positivo que decir, no digas nada.

Dentista: Necesitas mejorar tu expresión verbal y eliminar la negatividad de tus palabras.

Deportación: Te sientes rechazada(o) en una situación o lugar.

Deportes: Estás aprendiendo las reglas del diario vivir, aprendiendo a cooperar con otros para cumplir con una meta común.

Depresión: Este sueño es una expresión clara de energía baja y desarmonizada. Indica una incapacidad de ver los efectos de tus acciones. No estás viendo con claridad. Es importante que comiences una práctica de meditación diaria y practiques la auto-sanación para elevar las vibraciones de tus energías y armonizar tu cuerpo energético completo.

Derecha: El lado derecho simboliza el dar, la creatividad, la intuición, la consciencia de Dios. Indica que vas en dirección correcta, que algo que has hecho o pensado es correcto.

Derramar: Indica que tus energías están dispersas. No estás prestando atención a las cosas importantes de la vida.

Derrame cerebral: Tienes dificultades funcionando en cierta situación de tu vida. Es posible que estés lidiando con asuntos que tienen que ver con el rechazo y la falta de aprobación.

Derrame de petróleo: Tus emociones están contaminadas, poco claras. Necesitas purificar tus emociones para que exista la armonía emocional en tu ser.

Derretir: Soñar con hielo o nieve derretida o derritiéndose indica que estás desprendiéndote de emociones negativas.

Derrota: Te encaminas en la dirección equivocada y la puerta está por cerrar. Sin embargo, cuando se cierra una puerta tienes la opción de abrir otra. Agradece cuando fallas en algo, ya que esta experiencia te brinda una oportunidad de crecimiento y aprendizaje.

Derrumbe: Simboliza emociones que has reprimido por mucho tiempo y el sueño te indica que estás al borde de una erupción de manera inesperada. Este sueño también puede representar todas las situaciones que te causan estrés en tu vida y las responsabilidades que tienes sobre tus hombros. Es posible que sientas que todo te cae encima.

Desagüe, Drenaje: Simboliza la disolución de emociones. Es importante que sueltes las emociones que mantienes reprimidas.

Desahucio: Tu situación o relación te causan un sentir de impotencia y desamparo.

Desamparo: Te agobia una situación de la cual sientes que no puedes escaparte.

Desaparición: Este sueño indica que estás deseosa(o) de retirarte del mundo que te rodea. Sin embargo, estar en el mundo y compartiendo con otros te ofrece la oportunidad de llevar la Luz a tu entorno y así iluminar todo y todos los que miras.

Desastre: Un repentino y gran cambio viene a tu vida. Ver las entradas en este diccionario para identificar el desastre específico de tu sueño como *tormenta*, *huracán* y otros. Así puedes entender mejor el cambio que llega. Si estás cargando con demasiadas responsabilidades, detente y suelta las cosas que no necesitas cargar.

Descalzo(a): Soñar que estás descalza(o) representa la necesidad de arraigarte a la Tierra para entrar en resonancia con su vibración potente. No existe separación entre tú y nuestra dulce Madre Tierra y al entender esto, logras protegerla, amarla y agradecerle sus innumerables bendiciones.

Descanso: Añoras descansar en el dulce abrazo del Creador. Este es tu hogar y al entregarte a este descanso divino, todo llega a su perfección.

Descomposición: Representa pensamientos negativos que están afectando adversamente tu bienestar. También puede representar talentos o habilidades que estás desperdiciando. Es posible que una situación o circunstancia en tu vida esté deteriorándose.

Desconocido, Forastero: Representa un aspecto de ti mismo(a) que está escondido y que te niegas ver. Un símbolo de tu aspecto sombra.

Descubrimiento: Te abres a un nuevo entendimiento espiritual.

Desempleo, Desempleado: No estás utilizando los talentos y habilidades que tienes debido a autoestima pobre o pereza. También puede indicar falta de disciplina o que no estás conectado a tu poder creativo. Por otro lado, puede señalar que tus energías están bajas y necesitas meditar y recibir sanación energética para que tus energías se eleven y puedas estar consciente del propósito de tu vida. Estás aquí viviendo esta existencia por alguna razón. Descubre tu propósito en la vida y comienza a cumplir con él.

Desfile: Estás muy distraída(o) del cumplimiento de tu misión en la vida. Es posible que estés buscando distracciones a propósito para no hacer lo que te toca hacer. Hemos nacido con una hermosa misión en la vida y es importante identificarla y realizarla.

Desgarrar, Desgarre: Hay algo en tu vida que no es tan fuerte o sólido como piensas.

Desheredado(a): En ocasiones nos sentimos alejados o separados del Creador, de la naturaleza, de las cosas hermosas de la vida. Nos sentimos rechazados y este rechazo puede provenir de nosotros mismos, al rechazar nuestra verdadera identidad como seres divinos. Nunca has estado separada del Creador y de su creación. Siempre has sido Uno con el Todo. Esta es tu verdadera herencia. Medita, ora, entrégale al Creador tus pesares y mantente consciente en todo momento del ser divino que eres.

Desierto: Simboliza estancamiento, falta de crecimiento. Es el momento de tomar las riendas de tu vida y seguir un sendero de crecimiento y expansión espiritual.

Desilusión: Indica tu descontento por la manera en que tu vida se ha desplegado. Por otro lado, el sueño puede indicar tu falta de satisfacción en ciertas situaciones o personas.

Desmayo: El soñar que te desmayas indica que rehúsas enfrentarte a algún asunto subconsciente o a una emoción reprimida. Necesitas estar al tanto de tus emociones y aceptarlas.

Desmembramiento: Refleja falta de poder personal, aislamiento y rechazo. Quizás has perdido algo valioso y estás en profundo duelo por esta pérdida. El sueño denota un bloqueo o drenaje de energía en el chacra umbilical que es el chacra que apoya tu poder personal. Nota qué parte del cuerpo ha sido desmembrado para recibir más información. Te conviene recibir sanación energética.

Desnudez: El soñar que estás desnudo indica que estás completamente expuesta, al descubierto y no tienes nada que esconder. No temes mostrar quién eres. Por otro lado, puede sugerir que temes ser expuesta en alguna actividad o situación.

Desodorante: Tienes la habilidad y fortaleza necesarias para deshacerte de hábitos y comportamientos que te hacen daño.

Desorden: Necesitas organizar ciertos aspectos de tu vida. También puede indicarte que te conviene desprenderte del agarre del pasado.

Despertar, Despierta: El soñar que despiertas representa un renacer espiritual. Estás utilizando tu potencial al máximo y en este momento puedes lograr una gran evolución espiritual.

Desteñir: Tu vida carece de alegría y satisfacción. Necesitas encontrar la verdadera alegría que albergas en el corazón, una alegría que no depende de nadie ni nada en tu entorno. Esta alegría viene de la Divina Presencia en ti.

Destornillador: Necesitas mantener una situación o una relación en su lugar debido para que no se descomponga.

Destornudo, Destornudar: Simboliza sanación interna, limpieza, el soltar emociones reprimidas.

Destrucción: Aunque una situación caótica llega a tu vida, ésta te ofrece la oportunidad de reevaluar algún asunto en tu vida y cambiarlo para el bien mayor.

Desvestir, Desvestido: Expresas tus verdaderos sentimientos e ideas. No estás escondiéndote de tu propio ser ni de otros.

Detective: Buscas respuestas. Intentas adquirir claridad en tu vida.

Detector de humo: Hay una situación en tu vida que requiere acción inmediata.

Detector de mentiras: Si ves un detector de mentiras en el sueño, esto revela falta de confianza en ti mismo(a) y falta de fe en los demás. Si estás tomando una prueba para detectar mentiras en el sueño, esto indica que estás en negación sobre algo y debes enfrentarte a los hechos.

Detector de metales: Estás en búsqueda de fortaleza interna. El sueño puede significar, además, tu intento de conectarte a tu ser interno, tu ser superior.

Deudas, Cuentas: Simboliza asuntos kármicos y de vidas pasadas que necesitan sanarse. Por otro lado, puede representar preocupación por asuntos sin resolver.

Devoción: Sentir devoción por algo o alguien en un sueño te recuerda la devoción al Creador que consiste en amarlo y amar toda su creación.

Diabetes: Necesitas endulzar tu vida con amor, ternura y compasión. Disfruta de cada momento a plenitud.

Diablo: Ver "Demonio".

Diamante: Simboliza la unicidad y pureza del ser infinito que llevas dentro, esa chispa del Creador que está en tu corazón y te ofrece luz.

Diapasón: Este sueño te indica que estás en armonía con tu ser interno. Sigues el fluir de la vida con serenidad y sosiego.

Diarrea: Representa un desprendimiento incontrolable de pensamientos negativos o temores. Algún aspecto de tu vida está fuera de control. Se te hace imposible reprimir las emociones fuertes y salen de tu sistema rápidamente. Hasta ahora no habías estado dispuesta(o) a soltar la negatividad dentro de ti, pero ahora no tienes otro remedio. Tienes que soltar, dejarlo ir. Encontrarás que aunque el proceso sea difícil, resultará en una liberación hermosa.

Dibujar: Simboliza la expresión de tu creatividad. Es importante que encuentres la creatividad, la inspiración y la sabiduría dentro de ti y la expreses.

Diccionario: No dependas tanto de las opiniones de otros sino a través de la introspección, llega a tus propias conclusiones.

Dictador, Dictadura: Sugiere inflexibilidad en el pensar y rigidez en tus creencias fijas. Por otro lado, el sueño puede indicar que tienes una personalidad controladora.

Diente de león: Esta planta simboliza satisfacción con el entorno y la manera en que se está desarrollando tu vida. Representa la alegría profunda del corazón.

Dientes: Soñar con dientes indica la necesidad en estos momentos de reflexionar detenidamente sobre algún asunto en tu vida para poder aceptarlo o solucionarlo. Este sueño puede representar el comienzo de un entendimiento más profundo de algún asunto. También puede señalar la fuerza de tu intención en lograr algo. Por otro lado, soñar con dientes puede indicar que necesitas verbalizar mejor lo que entiendes o sientes. Si sueñas que se te están cayendo los dientes, esto indica que no estás entendiendo un problema o situación que necesitas solucionar. Hay algo en tu vida que es demasiado fuerte y no puedes manejarlo. Si sueñas con dentadura postiza, esto indica que estás ocultando una verdad. Si tienes caries en el sueño, esto señala temor e inseguridad sobre el manejo de una situación.

Dieta: Estás limitándote excesivamente. Te prohíbes hacer aquellas cosas que te traen placer y satisfacción.

Diez Mandamientos: Soñar con los diez mandamientos indica que estás obedeciendo excesivamente las normas sociales y otras reglas impuestas desde afuera. Es posible que necesites ejercer menos rigidez y adoptar una manera más flexible de ver y hacer las cosas. También puede indicar rigidez en tu práctica espiritual.

Dificultad: Estás bajo demasiado estrés. Necesitas relajarte a través de una práctica de meditación y recibiendo sanación energética.

Dinamita: Simboliza gran peligro. Cuidado. Hay un cambio grande que llega a tu vida aunque no lo desees. Por otro lado, este sueño puede indicar que es importante reflexionar sobre tus emociones reprimidas y admitir que existen. Si hay grandes temores, iras u otras emociones intensas dentro de ti, te ayudará mucho lidiar con ellas de manera positiva para que no estallen causando destrucción.

Dinero: Soñar con monedas significa que vienen pequeños cambios a tu vida. Si sueñas con billetes esto indica que los cambios serán grandes. Mientras mayor el valor del dinero, más grandes serán los cambios.

Dinosaurio: Simboliza viejas actitudes, creencias fijas ya caducas, lo viejo que ya no te beneficia. Necesitas descartar las viejas maneras de hacer las cosas y encontrar la frescura y aliento en tu vida.

Dios: Representa la Luz, la Verdad, el Amor Puro, el poder Creativo que lo es Todo. Este sueño es un mensaje sobre el Amor infinito que existe en todas las cosas y la aceptación completa de la vida tal y como es. El sueño te recuerda sobre el poder de manifestar que tienes y tu misión co-creativa con el universo.

Diploma: Simboliza el fin de algo que has completado con éxito. Es un reconocimiento de un trabajo bien hecho.

Dirección: Si sueñas con la dirección de un hogar en el pasado, esto indica que estás viviendo en el pasado y necesitas traer tu atención al momento presente. El pasado ya pasó y puedes soltarlo. Si en el sueño estás escribiendo la dirección en un sobre, esto indica que necesitas explorar tus opciones con mucho cuidado antes de tomar una decisión o actuar sobre alguna situación o persona. También puede indicar que estás bien encaminada en la vida y listo para seguir adelante con tus metas.

Dirigible: Alcanzas tus metas a través del esfuerzo concentrado.

Disco, Casete: Continúas dándole vueltas a una situación o problema en lugar de tomar una decisión. Por otro lado, el sueño puede indicar falta de progreso por estar haciendo las mismas cosas, una y otra vez, que no te están ayudando a evolucionar.

Disco compacto (CD): Simboliza una energía clara y armoniosa que fortalece lo positivo y trae balance y equilibrio. Esta energía está disponible para ti si abres tu corazón para recibirla.

Disco duro: Representa memorias, tu visión del pasado. También puede indicar la prevalencia excesiva de información en tu mente.

Discoteca: Ver "Club".

Discurso: Si estás dando un discurso en público, esto indica que necesitas expresar tu pensar y sentir. Hay algo importante que necesitas comunicarle a alguien. Si estás escuchando un discurso, esto indica que el sueño contiene un mensaje espiritual.

Discusión: Existe una lucha entre diferentes partes de tu ser. Es posible que tu parte familiar esté en pugna con tu lado profesional o que exista algún conflicto entre los diferentes roles que asumes en tu vida. Es importante integrar todos los elementos de tu ser para que reflejes en ti misma(o) la unión de todo lo que es.

Disecar, Disección: Tu ser sombra oculta partes de ti que están listas para salir a la superficie. Así, puedes lidiar con ellas de manera consciente y presente. Para más información, nota qué es lo que estás disecando.

Disfraz: Presentas una fachada ante los demás ya que no quieres que te vean como eres verdaderamente. Es posible que no estés siendo honesto(a) con las personas que te rodean.

Disolver: Integras los diferentes aspectos de tu ser y disfrutas de la unión de tu ser físico con tu ser espiritual. Así se te facilita llegar a una unión perfecta con el Creador y toda su creación. Esta unión se llama iluminación.

Disparar, Disparos: Estás causándole daño a algunos aspectos de tu ser. Pierdes energía. Si estás disparándole a un punto en blanco, esto significa que estás enfocado(a) en una meta.

Dispensa, Bodega: Tienes muchos recursos a tu alcance y cuentas con la ayuda de otros cuando la necesites. Si la dispensa o bodega está vacía, esto indica un vacío emocional que necesitas llenar con la Divina Presencia en ti.

Divorcio: Representa un rompimiento con alguna parte de tu ser que no te permitía crecer espiritualmente. Ahora estás en libertad de hacerlo.

Doctor, Doctora, Médico: Símbolo del poder de sanación que existe dentro de ti. También puede indicar un mensaje de tu guía espiritual. Analiza el sueño completo para determinar si hay un mensaje espiritual importante.

Documento: Pronto te llega información importante.

Dolencia: Existe falta de armonía en algún aspecto de tu vida. Indica la existencia de mucho estrés, tensión y preocupación.

Dolor: Estás reprimiendo algo, evitando enfrentarte a alguna situación. También puede indicar que hay falta de armonía en algún aspecto de tu ser físico, mental, emocional y/o espiritual. Fíjate en qué parte de tu cuerpo está el dolor. Esto te dará una idea del chacra que necesitas sanar y armonizar. En ocasiones un sueño nos puede alertar sobre problemas de salud que necesitas atender.

Dolor de cabeza: Estás siguiendo la dirección equivocada. Ignoras lo que tu corazón y tu intuición te dicen. Si en el sueño sientes dolor en la corona de la cabeza, puede indicar el cierre del chacra de la corona. Esta situación es grave, ya que es a través de la corona que nos llega la Luz Divina para sostener y fortalecer nuestra conexión con los planos elevados. Es importante que recibas sanación de inmediato, con intención de remover cualquier energía negativa que esté causando el cierre del chacra de la corona. Luego de que los bloqueos en el chacra se remuevan, se debe tener la intención de llenar el chacra de la corona de Luz. Como resultado de la sanación, sentirás una gran apertura que te llenará de paz y armonía.

Domingo: Simboliza la comunicación con el Creador, la claridad espiritual y el respeto por la divinidad de toda vida. Todas éstas son esenciales para tu evolución espiritual.

Dóminos: Refleja que tus acciones presentes están afectando a las personas en tu entorno.

Donativo: Si tú haces el donativo, esto indica que tienes la habilidad de amar a otros. Si recibes el donativo, tienes la habilidad de recibir amor.

Dorado: Soñar con el color dorado simboliza la consciencia divina e infinita.

Dormir: Indica falta de entendimiento espiritual, el no estar consciente de quién eres verdaderamente, de tu destino como un destello del Creador.

Dormitorio: Simboliza el descanso, los sueños, el subconsciente. Representa el puente entre el ser físico y el ser espiritual.

Dragón: El dragón es un símbolo de la fuerza purificadora que tenemos dentro. El fuego del dragón purifica el pensar negativo y disuelve la ilusión del ego para que podamos ver la verdadera realidad del Creador que es la única realidad. El dragón ha sido representado como un enemigo de la Luz cuando en verdad el dragón simboliza los seres de Luz elevados cuya misión es proteger la Luz. Soñar con un dragón indica que tienes las protecciones espirituales necesarias para hacer tu trabajo de Luz y cumplir con tu misión en la Tierra.

Drogas: Indica un deseo de escapar de la realidad, escapar de los problemas. Es posible que quieras permanecer insensible ante las condiciones externas en las cuales te encuentras. Espiritualmente, el sueño puede significar que buscas la iluminación utilizando recursos antinaturales.

Dron: El soñar con un vehículo aéreo no tripulado indica que tu perspectiva sobre algún asunto que te afecta está distorsionada. Necesitas expandir tu mente para aceptar una nueva manera de ver las cosas.

Ducha: La limpieza emocional se hace necesaria en estos momentos. Permite que toda negatividad se limpie y purifique.

Duende: Es posible que este sueño indique que necesitas más diversión y entretenimiento en tu vida.

Dulces: Puede representar un premio que deseas o que has recibido. También puede significar que necesitas más dulzura en tu vida. Por otro lado puede indicar que estás bajo en energías o que estás otorgándote indulgencias excesivas.

Dulzor: Si pruebas algo dulce en tu sueño, esto sugiere que las cosas se encaminan positivamente en tu vida.

DVD: Ver "Película".

E

Eclipse: Simboliza un nuevo entendimiento en la Luz. Pronto comprendes la verdadera naturaleza de la realidad.

Eco: Es posible que acciones del pasado reviertan a ti. Todo lo que hacemos, pensamos, decimos tiene repercusiones espirituales. Te vendría bien la sanación kármica.

Edificio: Un edificio representa tu cuerpo y mente y la habilidad que tienes de crear grandes y nuevas cosas. Si sueñas con un edificio grande, esto representa una fuente enorme de poder para lograr cambios y traer cosas nuevas a tu vida. Tienes un gran destino que cumplir. Si sueñas que el edificio está en ruinas o se colapsa, esto significa que estás perdiendo la perspectiva de lo que necesitas hacer en tu vida, de tu propósito mayor, y necesitas volver a encontrar el sendero que te lleve a tu más alto ideal de vida.

Ejecución: Hay algo o alguien que necesitas remover de tu vida.

Ejercicio: Simboliza la integración del cuerpo, la mente y el espíritu. Es posible que necesites enfocar tu atención en tu cuerpo físico y energético.

Ejército: Representa una fuerza enorme con la que estás luchando. Es posible que te sientas avasallado(a).

Elástico, Banda elástica: Simboliza la flexibilidad. Es posible que este sueño te indique que necesitas ser más flexible. Por otro lado, puede indicar que te has extendido demasiado y necesitas limitar tus compromisos, actividades y otros menesteres.

Elecciones: En este momento necesitas tomar una decisión. Lo que escojas afectará a otras personas.

Electricidad: Es un símbolo de energía, de fuerza vital, de tu nivel de frecuencia vibratoria. Necesitas mantener tu vibración alta para que puedas progresar espiritualmente. Logras esto siguiendo una práctica espiritual que incluya la meditación, auto-sanación y el vivir una vida ética.

Electrocución: Si sueñas que te electrocutan, esto indica que tus acciones están encaminadas hacia el desastre. Soñar que te electrocutan también puede indicar el temor y las consecuencias adversas de acciones negativas. Aún si en el sueño electrocutan a otra persona, el sueño te advierte que la acción que estás por tomar tendrá consecuencias desafortunadas.

Elefante: El elefante es un símbolo de gran poder, lealtad e inteligencia, pero también puede ser destructivo cuando se apodera de él el miedo y la ira. Si el elefante aparece iracundo en el sueño, necesitas analizar tus propios temores y otras emociones fuertes. Soñar con un elefante también puede indicar que necesitas soltar el pasado.

Elevación: Asciendes espiritualmente a través de un entendimiento profundo sobre la verdadera realidad.

Elevador: Ver "Ascensor."

Embarazo: Algo nuevo está por llegar a tu vida. Estás lista(o) para la llegada de un cambio, una nueva idea o un nuevo estado de consciencia.

Embarcadero, Muelle: Existe un lugar en que te sientes seguro(o) en expresar tus emociones y mirarlas con franqueza y aceptación. Es importante que te detengas en este lugar el tiempo que sea necesario para que puedas reflexionar, descansar y ver las cosas con claridad sin caer en el sube y baja de las emociones descontroladas.

Emboscada: Una situación en tu vida te obstaculiza en alcanzar tus metas. El sueño te aconseja lidiar con la situación lo antes posible antes de que empeore aún más.

Embotellamiento de autos: La confusión te bloquea y no ves con claridad la dirección a tomar.

Embriaguez, Borracho, Borrachera,: Indica que estás actuando de manera irresponsable, negligente, descuidada. Pierdes el control de las situaciones en tu vida. No estás viendo con claridad ya que estás adormecido(a).

Embrión: Nuevas ideas, nuevas perspectivas llegan a tu mente trayendo una visión amplia que afecta tu manera de enfrentarte al futuro.

Embrollo, Enredo: Simboliza la falta de claridad sobre un problema, confusión o ideas turbias. Necesitas desenredar lo que está confuso u ofuscado en tu vida para que puedas ver las cosas con claridad. La meditación es una técnica perfecta para enfocarte en las cosas verdaderamente importantes y ver con claridad las acciones a tomar.

Emergencia: Necesitas escuchar, prestar atención. Hay algo que necesita resolverse con urgencia. Toda la ayuda que necesitas está disponible. Pídele guía a tus ángeles y otros guías espirituales.

Emociones: Expresar emociones en un sueño indica que hay emociones en ti que no puedes expresar libremente en tu vida diaria, por lo tantos las expresas en tus sueños. Así sueltas las emociones en lugar de embotellarlas.

Emoticón: Demasiadas emociones te avasallan.

Empacar: Simboliza las cargas y ataduras que insistes en llevar contigo en lugar de soltarlas y seguir tu vida en libertad.

Emperador: Intentas mantener la paz y armonía en tu entorno.

Emperatriz: El sueño te señala el beneficio de desarrollar más la energía femenina en ti, ya que tanto en hombres como mujeres las energías masculinas y femeninas necesitan entrar en balance.

Empinado: Si subes por un suelo empinado, esto indica que tomas la dirección correcta y tendrás éxito en lo que te propones. Si bajas por el terreno o suelo, esto quiere decir que habrá una derrota rápida.

Empleada(o) doméstica(o): Estás dependiendo de otros demasiado. Es importante que te independices, cuides de ti mismo y recobres tu poder personal. Si en el sueño tú eres la empleada doméstica o el empleado doméstico esto significa que necesitas despejar tu vida del desorden y desorganización.

Empleo: Utilizas bien tus talentos. Si en el sueño no estás satisfecha(o) con tu empleo, significa que necesitas enfocarte más en tu trabajo o buscar un empleo nuevo.

Empujar: Tienes el potencial de lograr tus metas con tu empuje y dedicación.

Enano: Simboliza ideas que limitan tu potencial y que no te permiten expandir tu ser hacia áreas nuevas de crecimiento.

Encaje: Símbolo de tradiciones e ideales viejos que ya no te sirven. También puede indicar que eres demasiado práctico y necesitas seguir más tu intuición.

Encendedor: La llama divina en tu corazón se enciende hermosamente.

Enchufe: Tienes energías potentes que no estás utilizando para el mayor bien.

Encías: Este símbolo indica que tienes dificultad comunicando tus pensamientos y emociones.

Enciclopedia: Buscas un entendimiento que no encontrarás a través del esfuerzo mental. Intenta encontrar un sendero espiritual basado en el corazón que traiga paz y armonía a tu vida y deja de buscar. La mente no te lleva al entendimiento espiritual, sólo el corazón logra hacerlo.

Encoger, Reducir: Algo en tu vida está perdiendo el significando que tenía antes.

Encontrar: Estás descubriendo un aspecto desconocido de tu ser. Reconoces un aspecto de tu ser que estaba reprimido o sin desarrollar.

Encrucijada, Bifurcación: Hay una decisión importante que debes tomar. Decide por el camino de mayor Luz.

Enemigo: Hay aspectos desconocidos de tu ser que temes porque no los entiendes. Es posible que esto cause una guerra interior en que tu ser se fractura y no logra la unión, el sentirte como un ser entero, completo. Es importante que te liberes de tus temores y hagas un esfuerzo por conocer los diferentes aspectos de tu ser, aceptarlos con gratitud y amarlos.

Energía: Simboliza crecimiento espiritual, expansión de tu ser y una perspectiva amplia sobre la verdad de la existencia.

Enfermedad, Dolencia: Simboliza falta de armonía en algún aspecto de tu vida. Indica la existencia de mucho estrés, tensión y preocupación.

Enfermedad venérea: Este sueño señala hacia una contaminación física, emocional o energética causada por las energías tóxicas de otras personas. El sueño puede alertarte a un problema de salud. También puede indicar un bloqueo serio en los chacras raíz y sacro.

Enfermera, Enfermero: Necesitas tomar el tiempo para sanar a niveles físico, mental, emocional y espiritual.

Engaño: Si en el sueño engañas a otra persona, esto sugiere que albergas sentimientos profundos de culpabilidad. Estás perdiendo el tiempo y energías en empeños infructuosos. Si sueñas que otra persona te engaña, esto refleja tu temor a ser abandonada(o).

Enjambre: La energía negativa o influencias negativas en tu vida están afectándote adversamente.

Enredadera, Enrejado: Simboliza tu sistema de apoyo, el sostén que hay disponible para ti.

Enredo: Ver "Embrollo".

Enrejado: Ver "Enredadera".

Ensalada: Tienes una variedad de opciones ante ti para poder tomar la decisión correcta. Por otro lado, el sueño puede indicar que tienes influencias positivas en tu entorno que te ayudan y apoyan en el logro de tus aspiraciones.

Ensayo, Práctica: Te preparas para una etapa importante en tu vida. Entras por la puerta del crecimiento personal y espiritual.

Enterrar, Entierro: Te has liberado de una situación o persona negativa o de un hábito indeseable. Este sueño simboliza el dejar ir de cosas o personas que no convienen.

Entrañas: Necesitas permitir que tu ser interno, tu ser superior tome las riendas y dirija tu vida en lugar de seguir las directrices de tu mente. Hay gran sabiduría en ti y te conviene acceder la creatividad e intuición que llevas dentro.

Entrega: Necesitas desprenderte de tus emociones densas y hábitos que ya no te sirven. Entrega tus problemas al Creador que todo lo puede. Entrega tu ser entero al Creador y tu vida fluirá hermosamente.

Entrenador(a): El sueño te indica que necesitas esforzarte más para lograr tus metas.

Entrevista: Estás explorando y descubriendo más aspectos de tu ser. También puede indicar que estás integrando los diferentes aspectos de tu ser y logrando un estado de consciencia unificado. Por otro lado, este sueño puede representar tu ansiedad ante ser juzgada por otros. Es posible que sientas insatisfacción con algún aspecto de ti misma(o).

Entumecimiento: El temor está dominando tus pensamientos, emociones y acciones. Temes fracasar y esto te lleva a una situación en que no puedes actuar cuando debes hacerlo.

Envidia: Para de comparar tus logros y pertenencias materiales con las de otros. Cada uno progresa a su paso y a su manera. En lugar de comparar, agradece todas las bendiciones que el Creador te da cada día.

Envolver: Si estás envolviendo algo en el sueño, esto indica que intentas esconder la verdad.

Epidemia: Temes que algo que has dicho o hecho se divulgue entre las personas en tu entorno.

Equinoccio: Simboliza nuevos comienzos, un renacer en la Luz.

Equipo: Este sueño te indica que es importante que todos los aspectos de tu ser funcionen en armonía y balance. Los aspectos físico, emocional, mental y espiritual se benefician de la sanación energética.

Erección: Representa tu poder creativo y la fuerza de tu intención. Estás en posición de tomar acción sobre un asunto que has estado planificando por algún tiempo.

Ermitaño: Tus energías están bajas. Necesitas traer Luz sanadora a tu cuerpo energético. También puede indicar que estás demasiado aislado y debes considerar que la compañía de otros puede ser una bendición.

Erosión: Una relación o situación en que te encuentras está desvaneciendo. El sueño indica que es hora de dejarlo ir.

Erotismo: Un sueño erótico señala el movimiento de energía intensiva en el segundo chacra, el chacra sacro. Es posible que necesites armonizar este chacra. Una falta de armonía en este chacra puede causar dificultades en la creatividad y fertilidad.

Eructo: Un aviso de que estás pasando por cambios internos que afectarán la manera en que ves las cosas.

Erupción: Pensamientos y deseos reprimidos llegan a su punto máximo. Lo mejor es reconocer éstos y lidiar con ellos antes de que irrumpan de manera inapropiada. El sueño también puede indicar que hay mucho caos en tu vida.

Escalera mecánica: Si sueñas que estás subiendo, progresas rápidamente y sin esfuerzo. Indica que vas en dirección correcta. Si estás bajando, te encaminas rápidamente hacia una acción equivocada. Usualmente soñar que estás en una escalera mecánica te ofrece un indicio de tu progreso espiritual. Si subes, estás progresando bien. Si bajas, estás sufriendo un retraso en tu evolución espiritual.

Escaleras: La iluminación es un proceso de paso a paso. Mientras más escalones subes, más se eleva tu estado de consciencia. Si estás subiendo las escaleras en el sueño, esto indica que estás logrando nuevos niveles de entendimiento y espiritualidad. Si estás bajando, estás intentando escapar tu responsabilidad espiritual.

Escándalo: Le das demasiada importancia a lo que otras personas piensen de ti.

Escaneo, Escanear: Reflexiona sobre tu estado de salud, incluyendo dieta, ejercicio, estado de tus chacras y sistema energético para determinar si hay algo que necesitas sanar.

Escape: Estás en una situación o relación que te restringe. Esta restricción también puede deberse a alguna actitud que mantienes rígidamente. Piensas en escapar y así poder vivir, actuar y pensar libremente.

Escarabajo: Representa una influencia negativa en tu vida. Escarabajos trepándose por tu cuerpo simbolizan situaciones que te causan molestia en tu vida cotidiana.

Encarcelamiento: Estás inmóvil ante una situación de tu vida y sientes que es imposible moverte hacia delante. Es posible que esta inmovilidad sea causada, no por factores externos, sino por tus propios pensamientos limitantes o creencias caducas.

Escenario, Teatro: Este sueño te señala la manera en que estás actuando en tu vida diaria en relación a tus comportamientos y tus relaciones con otros. También representa cómo te presentas a otros en cuanto a tus actitudes y creencias.

Esclavitud: Representa el control excesivo o represión de tus emociones. Necesitas expresarte con más libertad. El sueño puede indicar además que eres prisionera(o) de tus circunstancias.

Esclavo: Este sueño indica que no estás tomando responsabilidad por tu propia vida. Estás cediéndole tu poder personal a otros. También puede indicar que eres esclava(o) de tus creencias, hábitos, ideales o lo que piensan otras personas.

Escoba: Este sueño te advierte que necesitas limpiarte del pasado, de las ataduras y de las otras cosas que están impidiendo tu desarrollo espiritual. Necesitas descartar lo que ya no te sirve y que obstaculiza tu progreso.

Esconderse, Escondite: Estás guardando un secreto o reteniendo alguna información que necesita salir a la superficie. También puede indicar que no estás encarando una situación o no estás siendo honesta contigo misma. Si en el sueño te estás escondiendo de alguna figura de autoridad como policía, padre, maestro; esto es muestra de sentimientos de culpabilidad o que no cumples con tu deber espiritual.

Escorpión: Hay una situación en tu vida que es muy dolorosa o hiriente. Este sueño también puede significar la existencia en ti de emociones destructivas, pensamientos tóxicos, comportamientos negativos. Es posible que estés en un camino autodestructivo.

Escribir, Escritura: Un sueño en el que escribes o lees algo señala hacia tus habilidades de comunicación y expresión propia.

Escritorio: Estás tratando de evaluar y solucionar un problema. El sueño indica que estás en un proceso de auto-descubrimiento. Si el escritorio está en desorden, necesitas organizar los diferentes aspectos de tu vida y buscar maneras más productivas de lidiar con los asuntos con que te enfrentas.

Escritura (documento legal): Este sueño te invita a reflexionar sobre tu herencia espiritual. Acepta que eres hijo(a) del Creador, acepta tu herencia divina. Así logras vivir tus días con un conocimiento profundo de quién eres verdaderamente.

Escritura a mano: Un símbolo de autoexpresión y creatividad. Fíjate en lo que está escrito y cómo se relaciona a tu vida.

Escudo, Armadura: Simboliza la protección espiritual. No hay nada que temer. La protección espiritual está siempre disponible para ti. Cierra los ojos y pide a tu ángel guardián, el Arcángel Miguel y los ángeles de protección que te protejan siempre. Siente como estos seres de Luz forman una hermosa esfera de Luz alrededor de tu cuerpo para que nada negativo pueda penetrar.

Escuela: Simboliza las lecciones que viniste a aprender en esta vida. Escogiste nacer en tus circunstancias presentes para aprender y crecer espiritualmente. Todo en la vida es una oportunidad de aprendizaje aún las cosas que aparentan ser negativas. Las lecciones que necesitas aprender no cambian hasta que las aprendas, así es que es de provecho aprenderlas y seguir adelante.

Escultura: No estás aceptando las cosas tal como son. Hay situaciones y personas que no pueden cambiarse y es importante aceptarlas tal como son en lugar de caer en el deseo inútil de controlar o cambiar lo que es.

Esfera, Orbe: Te llega un nuevo entendimiento espiritual sobre la verdad de tu ser.

Esfinge: Simboliza el despertar espiritual que aún no ha recibido expresión en ti. El despertar espiritual consiste en darte cuenta que tu propósito en la vida es la evolución de tu alma. Cuando despiertas a esta realidad, emprendes un sendero de desarrollo espiritual que adelante esta evolución. Este sueño te indica que necesitas entender dentro de tu corazón lo que significa este despertar para que logres vivir como un ser espiritual en tu diario vivir.

Esgrima: Señala hacia una disputa o enfrentamiento con otra persona debido a diferencias de opiniones. Te convendría resolver este conflicto cuanto antes.

Esmalte de uñas: Si sueñas que estás pintándote las uñas, esto revela una falta de enfoque en lo que haces a diario. Si estás cambiando el color del esmalte, esto indica que tu creatividad necesita expresión. Si el esmalte de uñas está descascarado, esto refleja falta de cuidado y atención a tus asuntos.

Esmeralda: Simboliza gran majestad y belleza. También representa la activación de tu dones de sanación.

Esmoquin: Simboliza sofisticación y elegancia. Indica un deseo de disfrutar de las cosas más refinadas de la vida.

Espacio: Si sueñas que estás en el espacio, esto indica que anhelas ampliar tus horizontes y acoger ideas que representan una perspectiva vasta.

Espada: Símbolo del poder de la verdad, del honor y la protección.

Espalda: El soñar con tu espalda representa tu percepción del mundo, de la vida. Simboliza tus actitudes, tus fortalezas y las cargas que llevas. Dependiendo de cómo ves la espalda, si encorvada o recta, esto indica cómo te desenvuelves por la vida.

Espantapájaros: Simboliza una fachada compuesta por falsedad, fingimiento o temor a los aspectos sombras de tu ser.

Espátula: Te enfrentas a una situación difícil que intentas resolver.

Espectadores, Audiencia: Indica que tienes una oportunidad de ser escuchado, de expresar lo que necesites decir o hacer llegar. Si la audiencia no te está escuchando en el sueño, esto significa que hay partes de ti que no están dispuestas a escuchar o responder a cambios que son necesarios hacer. También puede indicar tu sentir de ser ignorada.

Espéculo: Necesitas abrirte ante las posibilidades que te ofrece la vida.

Espejismo: Representa tu desilusión. Lo que piensas ser verdad, resulta no serlo. Puede indicar una creencia falsa sobre ti mismo u otros. También puede representar el ego y las falsedades que proyecta.

Espejo: Representa el autoanálisis e introspección. Tu ser mirándose a sí mismo. Es posible que estés en un período de percepción de ti misma considerando cambios que quieres hacer en diferentes aspectos de tu ser. También puede indicar que estás juzgando a otros cuando en lugar de juzgar debes mirarte a ti mismo. Si el espejo está roto en el sueño, esto sugiere que estás deshaciéndote de la manera en que te veías anteriormente y estás lista para verte de manera nueva. Es posible, además, que estés rompiendo con viejos hábitos, creencias, ideas.

Espejo retrovisor: El pasado domina tu vida, tu pensar, tus opiniones y decisiones. Necesitas soltar el pasado y comenzar a vivir en el momento presente que es todo lo que existe.

Espejuelos, Gafas, Lentes: Necesitas ver las cosas con más claridad. Hay cosas que necesitan clarificarse en tu vida. Si los espejuelos están rotos no estás viendo los hechos correctamente.

Esperar: Si estás esperando en un sueño, esto indica que necesitas ejercer control sobre una situación y actuar enseguida.

Espía: Representa el que observa, pero no actúa, el que se dedica a estar pendiente de los asuntos de otros en lugar de dedicarse a su propio crecimiento y evolución. Es importante que desvíes tu enfoque en otras personas y te concentres en tu propia vida y cómo vivirla.

Espina: Te enfrentas a una situación peliaguda que necesitas resolver. La espina es símbolo, además, de traumas pasados y de sufrimiento físico.

Espina dorsal: Simboliza el sistema de apoyo que te sostiene a niveles físico y espiritual. Te indica que necesitas mantener este sistema de soporte en condiciones óptimas para que puedas progresar espiritualmente. Necesitas mantener la espalda recta, aún en momentos difíciles. Representa la fortaleza personal.

Espinaca: Necesitas revitalizarte, regenerarte.

Espiral: Este símbolo sagrado representa el poder de la creación. La espiral es una energía creativa que pone en movimiento la manifestación del bien mayor. Soñar con una espiral indica que tienes a mano el poder creativo necesario para traer a la manifestación física lo que deseas.

Espíritu Santo: El sueño tiene un mensaje espiritual importante. Préstale mucha atención. El Espíritu Santo está dentro de nosotros y nos guía hacia nuestra unión con Dios.

Esponja: Estás absorbiéndolo todo, tanto lo positivo como lo negativo. Este sueño te señala la importancia de comenzar a utilizar tu buen juicio para distinguir entre las energías que te elevan y las que te causan drenaje de energía o que tu vibración baje. Cuidado con permitir que todas las energías penetren tu ser de manera indiscriminada. Asegúrate de protegerte de las energías densas de otras personas, situaciones y espacios. Puedes hacer esto fácilmente. Simplemente imagina que hay una esfera de Luz rodeando tu cuerpo y aura completamente. Ten la intención de que esta esfera de Luz te proteja para que ninguna energía negativa te pueda penetrar.

Esposa: Representa los aspectos femeninos de tu ser. Seas hombre o mujer, este sueño te indica que necesitas desarrollar o fortalecer las cualidades de las energías femeninas como la serenidad, compasión, creatividad, receptividad, intuición y apertura emocional. El sueño también puede representar cualidades o aspectos tuyos que proyectas a tu esposa.

Esposas (manillas)**:** Algo o alguien está impidiendo tu progreso. Es posible que estos impedimentos provengan de tus propios temores y dudas. Las oportunidades se han cerrado ante ti. Estás teniendo una experiencia de pérdida de poder personal.

Esposo, Marido: Simboliza los aspectos masculinos de tu ser. Seas hombre o mujer, este sueño te indica que necesitas desarrollar o fortalecer las cualidades de las energías masculinas como la fortaleza interna, acción, enfoque en objetivos y voluntad. El sueño también puede representar cualidades o aspectos tuyos que le proyectas a tu esposo.

Esqueleto: Representa el vacío, la muerte espiritual. El esqueleto simboliza un cuerpo físico sin espíritu. Indica que no estás conectado a tus emociones, tu sentir y vives en un estado de insatisfacción. Necesitas conectarte a tu ser espiritual que es el aspecto más importante de tu ser.

Esquí, Esquiar: Estás apresurándote demasiado. Necesitas traer balance a tu vida tomando el tiempo para meditar y reflexionar. El silencio es el mejor amigo del que desea encontrar paz. En el silencio logras descubrir la Presencia Divina dentro de ti.

Esquimal: Tus emociones están congeladas y necesitas expresarlas.

Esquina: Este sueño te avisa que una transformación energética llega a tu vida pronto. Esta nueva energía que llega te apunta hacia un cambio de dirección que necesitas tomar.

Establo: Indica que tu poder personal está protegido y puedes utilizarlo para el bien mayor sin riesgo.

Estación: Estás en un momento de transición en tu viaje por la vida. Un cambio se avecina y necesitas moverte hacia delante para llegar a la próxima etapa de tu evolución espiritual.

Estacionamiento: Si estás estacionada en un auto, estás en estado de inmovilidad en alguna situación en tu vida y necesitas actuar. Por el contrario, el sueño puede indicar que vas muy rápidamente y necesitas detenerte o tomar las cosas con más lentitud.

Estadio: Existe un gran potencial en ti de juntar tus energías con las de otros para el bien de la humanidad.

Estafa, Estafador: Es posible que el sueño sea un aviso y es recomendable que sigas tu intuición en cuanto a otras personas y situaciones que se presenten.

Estampida: Hay una situación en tu vida que está fuera de control. Necesitas tomar las riendas en este asunto.

Estampilla, Sello: Un asunto en tu vida necesita tu aprobación o rechazo. Es importante que decidas.

Estanque: Simboliza tranquilidad. Señala que necesitas pasar más tiempo en silencio y contemplación de la Divina Presencia en ti.

Estante, Anaquel: Necesitas poner algo de lado para lidiar con él cuando tengas un plan o más conocimiento sobre el asunto.

Estática: Atraes a personas y situaciones a tu vida debido a tu personalidad magnética.

Estatua: Estás viviendo una vida hermosa pero carente de vitalidad. La belleza es externa. Necesitas alimentar tu espíritu para que adquiera la belleza de la Luz. Es posible que no estés conectado a la verdad de tu ser.

Este: El soñar que te diriges hacia el este simboliza sabiduría interior, despertar espiritual, un renacimiento en la Luz. Es importante que mires hacia el interior de tu ser y encuentres ahí la dirección espiritual que necesitas.

Estéreo: Este símbolo representa gran armonía y una visión elevada sobre los asuntos que se presentan ante ti.

Esterilizar: Este símbolo indica la necesidad de comenzar un proceso de limpieza y purificación espiritual y/o emocional.

Esteroides: Buscas una manera fácil de hacer algo que requiere reflexión, el análisis de varias opciones y la planificación. No hay solución rápida.

Estetoscopio: Necesitas prestarle atención a algún asunto relacionado a tu salud física. Puede también indicar falta de balance en el chacra del corazón.

Estiércol, **Abono:** Estás aprendiendo de experiencias pasadas. Por lo tanto, tu crecimiento se basa en un fundamento fértil.

Estigma: Representa los sacrificios que han causado heridas y cicatrices en tu corazón. Es hora de sanar, dejar el pasado atrás y enfrentarte al futuro con optimismo y fortaleza.

Estómago: Existe una situación o persona en tu vida que ya no puedes tolerar.

Estrangular: Estás negando o reprimiendo un aspecto vital de tu ser. No estás expresando tu verdad. Señala un bloqueo en tu chacra de la garganta.

Estrechez: Soñar con algo estrecho indica que tu camino está limitado, que hay restricciones en tu paso por la vida, opciones reducidas. Necesitas encontrar un sendero amplio que te ayude a crecer más rápidamente y sin tantos escollos.

Estrella: Simboliza la guía espiritual, la Luz creativa, la percepción espiritual. Soñar con estrellas señala la existencia de gran potencial y visión espiritual y de energía potente dentro de ti. Este potencial te ofrece un nivel de claridad y fortaleza que te lleva a cumplir con tu destino de Luz. Es un símbolo de tu propia Luz interior que lo irradia e ilumina todo incluyendo energías oscuras. Eres Luz. Esta es la verdad de tu ser.

Estreñimiento: Simboliza un bloqueo emocional o que estás aferrándote a hábitos, creencias, ideas o actitudes que no te benefician. Sana y armoniza tu chacra raíz.

Estudiante: Representa el aprendizaje que necesitas para progresar en la vida.

Estufa: Estás desarrollando nuevas ideas. Tu creatividad florece.

Esvástica: Simboliza maldad, odio, crueldad y destrucción. Indica que hay una situación o persona en tu vida que tiene el potencial de destruir tu paz, tu bienestar. Necesitas enfrentarte a esta situación y resolverla de inmediato ya que constituye un peligro en tu vida.

Etiqueta: Estás limitando lo que ves al clasificarlo de manera estrecha. Esto indica que estás viendo el mundo desde el punto de vista de la separación en lugar de la unión. Intenta reconocer la unión que existe entre todos. Dentro del corazón de cada uno somos un destello del Creador, unidos en su Amor.

Eucalipto: Simboliza protección espiritual.

Eutanasia: Este sueño sugiere que estás listo(a) para desechar emociones, hábitos, comportamientos, creencias fijas e ideas caducas que ya no te sirven. Es el momento de renacer en la Luz. Si el sueño se

trata de un animal, esto indica que habrá cambios en la manera en que ves tu ser sombra o esos aspectos internos de tu ser que necesitan domarse.

Evacuación: Necesitas salir de la situación en que te encuentras y encontrar un lugar seguro donde puedas vivir en paz y libertad.

Evaporación: Estás pasando por una transformación positiva y te elevas a un nuevo estado de entendimiento.

Examen, Prueba: Simboliza inseguridad, temor al fracaso. Por otro lado, puede representar una oportunidad que te llega de crecimiento y evolución.

Excavadora, Excavación: Estás siendo empujado(a) en dirección opuesta a tus aspiraciones. Dependiendo del contexto del sueño, puede indicar que necesitas arrasar con todas las cosas que están en tu camino para poder progresar espiritualmente.

Excremento, Heces: Aspectos sumamente negativos dentro de ti mismo que necesitan limpiarse, purificarse. Simboliza actitudes y creencias innecesarias y caducas.

Exhibición: Analiza los diferentes aspectos de tu vida e intenta equilibrar tus aspectos físicos con los espirituales.

Exilio: Te sientes abandonado, anejada o en un entorno que no te es familiar y sientes gran soledad. Recuerda que nunca estás sola(o). Tus ángeles están contigo y la dulce presencia del Creador siempre está ahí mismo en tu corazón.

Exoneración: Has aprendido una gran lección en tu vida y ahora podrás seguir adelante con una carga menos.

Exorcismo: Este sueño significa que estás lista(o) para tomar la iniciativa y retomar el poder perdido, el control que le has cedido a otros. Es hora de establecer tus propias metas y lograrlas.

Ex-pareja: Soñar con un ex-esposo, ex-esposa o cualquier otra persona que ya no está ligada a ti románticamente, íntimamente te alerta a una situación ocurriendo en tu relación actual que es similar a la situación que creó el rompimiento de la relación anterior. Es posible que algo o alguien en tu vida actual esté trayendo a la superficie las mismas emociones que tuviste cuando estabas en una relación con tu ex.

Expedición: Te encaminas en un sendero emocional y no sabes cómo termina. Medita sobre esta situación y pide que el Creador te ilumine para que logres encontrar el sendero de mayor Luz.

Expediente, Cartapacio: Te vendría bien poner tus asuntos en orden.

Experimento: Necesitas salir de la rutina diaria, los hábitos y costumbres y tratar cosas diferentes, esto es, diferentes maneras de abrazar la cotidianidad.

Expiración: Ver "Fin."

Explosión: Simboliza la ira reprimida. La ira que has sostenido dentro de tu ser está lista para salir de manera violenta y descontrolada. Presta atención a lo que reprimes en lo más profundo de tu ser, sácalo a la superficie de manera suave y constructiva. Sobre todo, perdónate a ti misma y perdona a los que te han hecho daño.

Expulsión: Representa rechazo y abandono. El sueño puede indicar que has salido de una situación difícil en que has sido rechazado o abandonada, pero puedes encontrar una manera de vivir llena de paz, aceptación y amor.

Exterminador: Necesitas cortar ataduras con los que obstaculizan tu progreso. Es hora de darle cara a los retos que se te presentan y lidiar con ellos en lugar de contar con otros para hacerlo.

Extinguidor de fuego: Necesitas soltar la ira que te consume.

Extranjero: Te falta reconocer una parte esencial de tu ser. Si estás en el extranjero, vestido(a) con ropa de ese lugar, es posible que este sueño se trate de una vida pasada.

Extraterrestres: Soñar con extraterrestres puede simbolizar tu sentido de enajenamiento de tu ambiente, sentir que no perteneces a donde estás, que eres un outsider. Puede representar el sentirte desconectada(o) de personas o situaciones. También puede indicar que hay aspectos de tu ser interno que estás ignorando, abandonando o rechazando.

F

Fábrica: Simboliza el pensar repetitivo y maneras viejas de hacer las cosas. Representa hábitos y comportamientos que no cambian; ideas fijas y creencias del viejo mundo que necesitas desechar.

Fábula: Hay una lección de vida que necesitas aprender para poder seguir adelante.

Facsímil, Fax: Recibes una mensaje importante de tu ser superior o tu guía espiritual. Préstale atención al sueño.

Falda: Representa el sosiego y el descanso.

Falda (ropa): Guardas pensamientos que no deseas revelar.

Falsificación: Sientes que no mereces lo que tienes.

Fama: Aún no has logrado tus metas y te desilusionan las expectativas no cumplidas. Aspiras a algo que no se manifiesta porque tu intención no viene del corazón sino del ego.

Familia: Simboliza la integración de todos los aspectos de tu ser.

Fango: Ver "Lodo."

Fantasma: Ver "Alma de un muerto".

Farmacia: Indica la necesidad de reajustar tus creencias fijas y tus actitudes de manera que puedas solucionar tus dificultades desde una mente clara y un corazón libre de nociones caducas.

Faro: Tienes el potencial de abrir tu corazón lo necesario para ser un faro de Luz en el mundo.

FBI: Hay algo que deseas y que se ha escapado. También puede significar sentimientos de culpa que te avasallan.

Felicidad: Disfrutas de un nuevo nivel de vibración elevada.

Fénix: Este sueño te revela la gran transformación y renovación espiritual que te esperan. Un nuevo capítulo se abre ante ti ofreciéndote un renacer en la Luz.

Feria: Necesitas sacar el tiempo para relajarte, reír y asumir una actitud más liviana sobre la vida.

Ferretería: Ajusta tus actitudes para que puedas tener una perspectiva más amplia de la vida. Esto te ayuda a tomar decisiones más certeras.

Ferrocarril: Tienes ante ti varios caminos. Escoge el de mayor Luz. El que te permita desarrollar tu alma y corazón. Si hay obstrucción en las rieles, esto representa los obstáculos que se te presentan para seguir tu sendero de mayor Luz. Si sueñas que estás cruzando las rieles del ferrocarril, esto indica que estás tomando el camino incorrecto. El caminar al lado de las rieles indica que has cumplido con tus responsabilidades y metas.

Fertilizante, Abono: Necesitas más alimento espiritual para facilitar tu crecimiento espiritual. La meditación, oración, el seguir un sendero espiritual basado en el Amor, son prácticas que te nutren espiritualmente. Si el fertilizante en el sueño es estiércol, o excremento de algún animal, el sueño tiene otra interpretación. Favor de ver la entrada bajo "Estiércol" en este diccionario.

Festival: Disfrutas de alegría y bienestar. Si sientes energía negativa en el sueño, esto indica que deseas escapar de tu realidad.

Feto: Tu creatividad florece. Tienes la oportunidad ahora de comenzar algo nuevo. Esto puede ser una relación nueva o el inicio de un proyecto.

Fideos: Simbolizan longevidad y abundancia disponibles para ti cuando te embarcas en una práctica espiritual basada en el Amor, la apertura del corazón y la conexión con Dios.

Fiebre: Este sueño señala la falta de armonía en tu ser físico, mental, emocional o espiritual. También puede representar emociones fuertes que están saliendo a la superficie de manera dañina.

Fiesta: Simboliza la celebración de un logro, la graduación a otro nivel de desarrollo espiritual. Has llegado a una nueva etapa luego de haber aprendido bien tus lecciones. Tus guías espirituales celebran tus logros contigo.

Fila, Línea: Si sueñas que estás parada(o) en una fila, esto te indica que necesitas ejercer más paciencia. Te vendría bien aprender a esperar por las cosas y no querer que te lleguen inmediatamente. Si en el sueño ves una fila de personas u objetos, esto indica que necesitas estar más consciente de alguna situación o relación.

Fin: Si sueñas que algo termina, esto puede indicar que has logrado tus metas. Por otro lado, puede significar que una etapa de pesar en tu vida concluye.

Finca: Estás listo para mayor crecimiento en todos los aspectos de tu vida. Tienes mucho potencial.

Firma, Firmar: Simboliza la expresión propia, tu individualidad y aceptación de responsabilidad. También puede representar tu acuerdo con alguna situación.

Flamenco (el ave): Representa un sentido de comunidad y cooperación. En las energías de Luz del Nuevo Mundo, nos toca trabajar cooperativamente para el bien de la Tierra y sus habitantes. Encuentra personas afines a tus energías y dedíquenle algún tiempo a servirle al Creador irradiando Luz y Amor Puro a Su hermosa creación.

Flauta: Simboliza el gozo espiritual, la armonía regocijante, los pensamientos y sentir armoniosos que existen en tu corazón.

Flecha: Indica una aspiración que tienes de lograr una meta. Te avisa de un sendero que es recto y fácil de lograr. Una flecha rota puede indicar que has cambiado de dirección a una menos provechosa.

Flor: Este sueño simboliza crecimiento, hermosura y el cumplimiento de tus aspiraciones. Representa un período de gran logro. Soñar con flores también representa el desarrollo de un potencial oculto que está listo para expresarse. Flores marchitas representan desilusiones, situaciones tristes o el final de una relación o situación.

Flor de pascua: Simboliza alegría, salud y elevación espiritual.

Florero, Florista, Floristería: Simboliza la oportunidad de crecer y mostrar tu belleza interior.

Flotar: Soñar que estás flotando indica satisfacción, contento y la aceptación de alguna situación. Logras desprenderte de tus ataduras y sobreponerte a los obstáculos en tu camino. Disfrutas de una nueva libertad que no conocías antes y adquieres una nueva perspectiva sobre la realidad. Flotar en agua indica que estás en control de tus emociones.

Fobia: Necesitas enfrentarte a tus temores ya que pueden controlar tu vida y no permitirte tomar decisiones y actuar.

Foco: Buscas sentido a tu vida.

Forastero, Desconocido: Representa un aspecto de ti mismo(a) que está escondido y que te niegas a ver. Un símbolo de tu aspecto sombra.

Fórmula: Pronto tendrás la solución a tu problema.

Fortaleza, Fuerte: Simboliza un lugar de protección y sanación. Tienes a tu disposición la protección espiritual que necesites contra cualquier energía negativa que se te presente.

Fósforo, Cerilla: Necesitas limpieza y purificación del cuerpo, mente y espíritu. También puede indicar la necesidad de encender la llama de tu corazón para que sientas la Divina Presencia dentro de ti y logres seguir la guía sabia de tu corazón.

Fósil: Representa el estar aferrada(o) al pasado a tal punto que no puedes ver claramente a donde te diriges en la vida. El pasado ya no existe y te conviene soltarlo para que puedas vivir en el presente que es todo lo que hay.

Fotografía: Representa asuntos en tu pasado que no has resuelto, lecciones que viniste a aprender y que todavía no has logrado completar. Si sueñas con un álbum de fotografías, esto indica que necesitas soltar tu pasado y dejar de vivir en el mundo de las memorias, de los recuerdos.

Fracción: Junta, fusiona los diferentes aspectos de tu ser para sentirte completo(a) y en unión con el Todo. Entrégate al Creador, a Su gran Amor y disuélvete en esta Unión sagrada.

Fractura: El andamiaje de tu vida sufre a consecuencia de un evento destructivo. Es importante sanar y enfrentarte a la vida con optimismo y gratitud.

Frágil: Señala la necesidad de fortalecer tu ser interno que, al fortalecerse y florecer, reflejará su gran belleza.

Francotirador: Simboliza agresión e ira reprimidas que necesitas reconocer. Es importante que le des expresión a tu ira de manera controlada y saludable.

Frankenstein: El sueño te señala la necesidad de lidiar con tus miedos reprimidos y las diferentes fobias que te afectan. Al soltar el miedo, encuentras paz.

Frasco: Ver "Pote."

Fraude: Necesitas reevaluar tus valores y asumir los que provienen del corazón y no de los deseos innecesarios del ego.

Fregadero: Necesitas limpiarte del pasado y comenzar a vivir tu vida en el presente que es todo lo que existe.

Freno: Representa el control que ejerces en tu vida. Es posible que necesites detenerte y analizar la dirección que estás tomando o la velocidad en que estás moviéndote.

Frente: La frente es el asiento del ajna, el chacra del entrecejo o tercer ojo. Soñar con la frente indica que tenemos la capacidad de sentir la presencia de Dios, siempre y cuando mantengamos este chacra abierto y activo. Es posible que este sueño sea un aviso de que tu ajna (chacra del entrecejo o tercer ojo) está bloqueado. A través de la meditación y auto-sanación puedes lograr que tu ajna recobre su armonía.

Fresa: Este símbolo de energía femenina indica una necesidad de equilibrar tus energías para que exista un balance entre las energías masculinas y femeninas, el yin y el yang, en tu ser. Es posible que este sueño te indique que tu energía masculina sea la predominante en estos momentos y necesitas un influjo de energía femenina, seas hombre o mujer, para establecer un balance.

Frío: Este sueño indica la existencia de aislamiento y emociones reprimidas en ti. También puede indicar tu falta de sensibilidad hacia otros, hacia alguna persona o situación.

Frontera: Entras en una nueva etapa de tu vida, un nuevo territorio en que se te ofrece la oportunidad de ampliar tu perspectiva y lograr tus metas.

Fruta: Significa abundancia y crecimiento. Este sueño celebra un logro en tu vida o te indica que recibirás recompensa por haber solucionado alguna situación.

Fuego: Simboliza la fuerza vital que llevas dentro. El fuego es un símbolo del kundalini, esa energía potente que sube a través de la columna vertebral y purifica nuestro cuerpo físico y energético. El fuego es también símbolo del Espíritu Santo, esa voz del Creador que nos inspira y guía. El soñar con fuego es un mensaje espiritual importante sobre la necesidad de purificarse y liberarse de creencias que ya no nos sirven. Así podemos abrir nuestros corazones a la verdad del Creador.

Fuente: Representa belleza espiritual y hermosos poderes de sanación que tienes. También puede simbolizar una abundancia de emociones positivas en tu ser, como la alegría y la esperanza.

Fuerza: El nivel de la fuerza con que sueñas indica el significado del sueño. Si hay gran fuerza o fuerza débil, esto te indica cómo se encamina una situación en que te encuentras.

Fugitivo: No estás enfrentándote a tus dilemas o dificultades.

Fumar: Los hábitos y costumbres negativos impiden que tengas un más profundo entendimiento sobre la realidad verdadera.

Fumigación: Remueve de tu vida todo aquello que trae negatividad y malestar.

Funeral: Una situación termina y otra comienza. Es posible que represente un aspecto de tu ser que muere para darle cabida a un aspecto nuevo. De todas formas, este sueño indica que algo nuevo llega a tu vida.

Fútbol, Soccer: Te enfrentas a los retos de la vida rápidamente y con fortaleza e integridad.

Futuro: Tu preocupación por el porvenir te drena de energía y es una causa de estrés. El futuro aún no existe y puede desplegarse ante nosotros de maneras en que no anticipamos. Para aliviar tu estrés, intenta permanecer en tu corazón, disfrutando del momento presente que es todo lo que existe.

G

Gafas, Espejuelos, Lentes: Necesitas ver las cosas con más claridad. Hay cosas que deben clarificarse en tu vida. Si las gafas están rotas no estás viendo los hechos correctamente.

Gafas de sol: No estás viendo algún asunto con claridad. También puede indicar pesimismo y tu tendencia a ver el lado negativo de las cosas.

Galaxia: Simboliza tu ser expansivo, abierto; un despertar a quién eres verdaderamente. Señala un estado de consciencia elevado.

Galería de arte: Algo de tu pasado está teniendo un impacto en tu vida presente. Aclara la situación para que tu pasado no continúe influenciando el momento presente.

Gallina: Simboliza el chisme y la calamidad. Es posible que utilices la manipulación, sobreprotección de otros y tu autoridad para controlar a otros.

Gallo: El gallo simboliza la arrogancia, el ego, la agresividad, los aspectos masculinos y desenfrenados del ser. El sueño te advierte que estás en desequilibrio y necesitas armonizar tu ser, balancear las energías femeninas con las masculinas, armonizar tus chacras, controlar el ego y deshacerte de emociones destructivas. Si el gallo está cantando, estás recibiendo un aviso de algo que viene y creará cambios en tu vida. Estos cambios pueden ser positivos, pero usualmente no lo son.

Ganado: Procede con precaución en una situación o relación. Necesitas tomar tus propias decisiones sin dejarte influenciar por las opiniones de otros.

Ganancias: Disfrutas de tus logros.

Gancho: Estás pillada(o) en algún tipo de engaño. También puede indicar las ataduras que tienes con otras personas.

Gangrena: Este sueño simboliza pérdida y duelo.

Ganso: Representa el amor maternal, incondicional.

Garaje: Representa un estado temporero de descanso. Sin embargo, es importante seguir adelante, tomando los pasos necesarios para evolucionar como ser humano y como espíritu

Garganta: Símbolo de comunicación, de expresión verbal y de creatividad expresada. Si en el sueño tienes problemas en la garganta, como dolor o ronquera, esto indica que tienes dificultad expresándote. También puede indicar que tu verbalización o la expresión de tu creatividad está bloqueada. En este caso, es importante que remuevas el bloqueo que existe en tu chacra de la garganta.

Gárgola: Indica asuntos secretos, escondidos que no le has revelado a nadie debido a que son cosas que te atemorizan.

Garra, Zarpa: Estás aferrándote demasiado a una situación, persona, hábito u otra atadura. Necesitas soltar y así serás libre.

Garrapata: Hay algo o alguien que está drenando tus energías y tus fuerzas se debilitan. Una relación, tu trabajo, o alguna otra situación está afectando de manera negativa tu energía vital. Explora esta situación ya que debe resolverse pronto antes de que cause daño permanente.

Garza: Representa la estabilidad y permanencia.

Gas: Si hueles gas en tu sueños, esto indica que necesitas energizarte nuevamente ya que estás perdiendo energía. La sanación energética alivia esta condición.

Gas lacrimógeno: Indica que te sientes ahogada, sofocado por una situación o relación. Tu estado de ser dentro de estas circunstancias es insostenible y necesitas tomar una decisión y actuar para poder sentir alivio.

Gasolina: Tu energía vital se debilita y necesitas recuperar las energías perdidas a través de la sanación, armonización de chacras y la meditación. Hay una persona o una situación en tu vida que te está drenando las energías. Es importante que observes tu vida, reflexiones e identifiques lo que está causando este drenaje energético. De esta manera puedes tomar las medidas necesarias para detener la extracción de tus energías debido a emociones, ansiedades o personas.

Gastos, Gastar: Estás perdiendo el tiempo y las energías en una situación o relación. Te desgastas emocionalmente.

Gateo: Soñar que estás gateando significa que estás rebajándote a ti mismo y a tus valores. Estás permitiendo ser tratado de manera que no mereces. También puede significar que no estás viviendo de acuerdo a tus verdaderos valores.

Gato: El gato es un símbolo de purificación y transmutación. Los gatos tienen la misión espiritual de recoger energías negativas y transmutarlas en energía positiva. Soñar con un gato señala la necesidad de purificar tu cuerpo energético a través de la meditación y auto-sanación. Si sueñas con un gato negro esto indica que temes usar tus dones psíquicos o seguir tu intuición.

Gato de automóvil: Estás buscando balance en tu vida. Este balance es necesario para que puedas progresar en tu sendero espiritual.

Gaveta, Cajón: Tus ideas y creatividad están encerradas en un lugar donde no encuentran expresión. Es hora de expresarlas.

Gaviota: Símbolo de fortaleza y poder. Eres capaz de enfrentarte a los retos de la vida con gracia y entendimiento profundo sobre las lecciones que estos retos te ofrecen.

Géiser: Simboliza la erupción de emociones reprimidas. Es importante aceptar que tienes estas emociones fuertes y lidiar con ellas antes de que revienten.

Geisha: Simboliza la belleza, elegancia, aplomo, carisma. Es posible que desees tener estas características.

Gema, Joya: Este sueño te señala que tienes habilidades y talentos preciosos dentro de ti que no has reconocido. Reconoce tu belleza interior y las bendiciones creativas que hay en ti para expresar la Luz del universo.

Gemelos: Simbolizan nuevos comienzos que llegan a tu vida en un balance armonioso.

Germen, Microbio: Pequeños temores se albergan en ti. Cuando tu energía está débil, se intensifican y agarran.

Gigante: Estás enfrentando grandes obstáculos. Por otro lado, este sueño puede indicar que tus temores o dudas han tomado proporciones enormes.

Gimnasio: Te sería de provecho ejercer autodisciplina a través de un balance mental, físico y espiritual. Necesitas incorporar lo que aprendes en tu vida cotidiana.

Girasol: Este sueño te está ofreciendo guía espiritual y te señala una dirección a tomar para tu crecimiento y evolución. Presta atención al mensaje que está contenido en este sueño.

Gitano, Gitana: Este sueño representa un deseo de vagar libremente sin responsabilidades u obligaciones. Simboliza el no querer lidiar con la vida en el aquí y ahora. Señala que estás en una búsqueda constante.

Gladiolas: Simbolizan asuntos del corazón. Analiza los demás símbolos en el sueño. Estás recibiendo un mensaje sobre tu vida amorosa.

Globo: Simboliza la libertad, la liviandad de espíritu, un corazón gozoso. Si el globo está desinflado o se desinfla en el sueño, esto representa esperanzas caídas, desilusión, decepción.

Golf: Soñar que estás jugando golf representa un deseo de ser libre, de escapar la pesadez del diario vivir. También puede señalar deseos de salir de un trabajo que no te satisface.

Golpear, Pegar: Representa la autocrítica. Este sueño indica que necesitas aceptarte a ti mismo(a) como un ser perfecto, amándote y expresando tus necesidades y sentir.

Goma, Llanta: Este símbolo de movilidad indica que necesitas actuar en alguna situación en tu vida de manera práctica y que te lleve hacia delante.

Goma de borrar, Borrador: Necesitas esclarecer un error cometido.

Goma de mascar: Estás en una situación de la cual se te hace difícil salir. Es posible que te sientas desapoderada, frustrado, indecisa.

Góndola: Simboliza romance y fantasía. Es posible que necesitas relajarte y sacar tiempo para tener experiencias nuevas.

Gonorrea: Ver "Enfermedad venérea".

Gordura: Soñar que estás gordo o con una persona gorda indica que estás escondiendo tu verdadero ser, suprimiendo tus emociones, llenándote de negatividad y ansiedad.

Gorila: Representa un poder que tienes y que temes sea incontrolable.

Gorrión: Simboliza la soledad que nos permite la introspección y el conectarnos con nuestra alma.

Gotera, Filtración: Simboliza pérdidas, desilusiones y frustraciones. Estás perdiendo energía en tareas, actividades o proyectos inútiles.

Gozne, Bisagra: Estás en posición de decidir si abrir la puerta ante las oportunidades que te presenta la vida. Es tu decisión ahora si progresas o te mantienes sin adelantar dentro de la seguridad de la rutina y el hábito.

GPS: Presta atención a este sueño. Te está indicando el camino a tomar. Analiza cuidadosamente los demás símbolos del sueño.

Grabadora: Hay un mensaje importante que se te ha dado, pero que no has logrado absorber e incorporar en tu vida diaria. Este sueño te indica que es importante detenerte, meditar e identificar el mensaje para el bien de tu evolución espiritual.

Graduación: Este es un símbolo de tus logros. Significa que has tenido éxito en alguna encomienda y estás listo para tu próximo nivel de crecimiento. Representa un movimiento hacia delante en tu vida. Puedes ahora encaminarte hacia cosas más importantes.

Grafito: Un símbolo de baja autoestima.

Grama: Ver "Césped".

Granada (arma): Representa emociones reprimidas que están listas para estallar. También puede indicar violencia o ira en tus adentros.

Granada (fruta): Simboliza longevidad, salud y buena fortuna.

Granero: Guardas tus recursos en un lugar seguro para poderte nutrir de ellos en el futuro. Mantienes un sentido de seguridad y bienestar.

Granizo: Una situación en tu vida está causando que te aísles. Este alejamiento emocional causa profundo pesar.

Grapa, Presilla: Necesitas organizar tu vida y mantener las cosas en orden. También puede indicar la necesidad de ajustar tus pensamientos antes de expresarlos.

Gravedad: Si sientes gravedad en el sueño, esto indica que tienes muchas cosas presionándote trayendo agobio a tu vida. Si en el sueño no hay gravedad, esto señala que te es posible desprenderte de tus problemas y elevarte hacia un estado de liviandad. En este caso, encuentras la libertad de lidiar con los asuntos de la vida sin mayor esfuerzo.

Grieta, Rajadura: Algo en tu vida necesita repararse, sea físico, mental o emocional. Existe una imperfección que puede echar abajo el fundamento mismo de algún aspecto importante de tu vida.

Grifo, Pluma de agua, Llave de paso: Representa tu habilidad para controlar tus emociones. Estás consciente de tus emociones y logras expresarlas de manera controlada y no dañina.

Grilletes: Este sueño te avisa que estás atrapado(a) en la rutina del diario vivir.

Grillo: Representa buena fortuna, prosperidad que llega si abres tu corazón para recibirla. Si oyes el grillo en el sueño, quiere decir que alguna pequeñez te está molestando, ocupando más de tu tiempo que lo merecido.

Gris: Simboliza período de cambio entre una cosa y otra. El color gris también representa temor, inseguridad, depresión, enfermedad, ambivalencia y confusión. Las emociones densas debilitan tus energías, causando enfermedad física, malestar y retraso espiritual. Es esencial que comiences una práctica espiritual que incluya la meditación, oración y sanación y que abras tu corazón para que el Amor del Creador llegue a ti en todo su esplendor disolviendo las energías negativas y transmutándolas en Luz.

Grito, Gritar, Bramar, Rugir: Simboliza temor e ira. Estás expresando una emoción potente que has mantenido en tus adentros. Si en el sueño tratas de gritar, pero no sale ningún sonido esto indica que te sientes indefenso, desamparado en alguna situación de tu vida. Este sueño es un indicio claro de que tienes gran dificultad comunicándote con alguna persona. Necesitas identificar tus temores y otras emociones y enfrentarte a la situación que te está causando ansiedad y miedo.

Grúa: Representa la carga de tus responsabilidades y obligaciones. Sientes que otros no están contribuyendo como deben y tú llevas el peso de las cosas que necesitan hacerse. También puede reflejar tu sentir de que necesitas una ayuda que levante de ti el peso de tantas obligaciones, responsabilidades, cargas emocionales.

Gruñir, Gruñido: Simboliza ira reprimida que necesitas sacar a la superficie de manera apropiada.

Grupo: Los diferentes aspectos de tu ser se fusionan. Así logras sentirte completo(a).

Guante: Representa la protección espiritual que está disponible para ti. También puede indicar que estás evitando contacto con otros. Por otro lado, puede señalar que hay algo o alguien que está bloqueando el que tu energía entre o salga.

Guardería infantil: Un aspecto nuevo de tu ser ha nacido y ahora necesita que lo nutras y ames.

Guardia: Simboliza protección divina. Si sueñas con un guardia de prisiones, un aspecto de tu ser te está manteniendo aprisionado.

Guarida, Madriguera: Tu ser sombra está listo para ser explorado, adentrándote en las emociones y pensamientos reprimidos para reconocerlos y traerlos a la Luz.

Guerra: Indica una lucha interna, diferentes aspectos de tu ser en pugna. Es posible que estés rechazando algunas partes de ti misma que no quieres reconocer. Todos los aspectos de tu ser deben estar en balance y armonía. Esto incluye tus aspectos femenino y masculino; tu ser físico y tu ser espiritual; tu cuerpo, mente y emociones. Te hace falta una integración armoniosa.

Guerrero: Tienes la fuerza interna para confrontar y solucionar tus problemas.

Gueto: Simboliza la pobreza espiritual y la necesidad de nutrirte espiritualmente a través de una práctica que eleve tu vibración y te permita disfrutar de las bendiciones que llevas en tu corazón.

Guía: Tus guías espirituales te están dirigiendo hacia una más elevada espiritualidad.

Guillotina: Estás analizando las cosas demasiado. Es hora de salirte de la cabeza y seguir las directrices sabias de tu corazón.

Guineo, Banana, Plátano: Aprecia y agradece todo en la vida, incluyendo las cosas cotidianas o que aparentan no ser valiosas.

Guiñar: Hay un regocijo dentro de ti y quisieras compartirlo con otros.

Guisantes: Pequeñas molestias e irritaciones te restan paz.

Guitarra: Representa la creación de armonía o desarmonía. Si estás tocando una melodía armoniosa, simboliza la armonía en algún aspecto de tu vida. Si lo que produces es desagradable al oído, hay algo que necesitas armonizar.

Gusano: Representa tus ansiedades acerca de la muerte. También puede indicar un problema o asunto que te está comiendo por dentro. Necesitas enfrentarte a ello, ya que te está restando la paz y el balance.

H

Hablar en público: Necesitas expresar tus pensamientos y sentir. El sueño puede indicarte que es urgente que comuniques algo importante que no puede mantenerse oculto por más tiempo.

Hacha: El hacha simboliza destrucción y hostilidad. Representa el abuso del poder ejercido por ti o por otros hacia ti.

Hacienda: Ver "Rancho".

Hada: El hada representa una energía útil, servicial que nos conecta a las energías de la naturaleza. Estás en búsqueda de ayuda o consejo relacionado a un problema que quisieras solucionar o una decisión que necesitas tomar.

Halar: Representa tus luchas, tus cargas. Debido al peso de tus responsabilidades, se te hace difícil lograr tus metas. Necesitas soltar algunas de estas situaciones o personas que te abruman con responsabilidades o críticas.

Halcón: Simboliza la habilidad de percibir las cosas desde una altura muy elevada. También simboliza el poder espiritual que tienes. Representa el ascenso espiritual.

Halitosis: Ver "Mal aliento".

Halo: Simboliza la energía espiritual que tienes. La intensidad de la Luz del halo es un indicio de la condición de tu energía espiritual. Mientras más intensa la Luz, más claridad espiritual tienes.

Hamaca: Necesitas dedicarle más tiempo al ocio, a actividades que te traen placer.

Hambre, Hambruna: Simboliza la necesidad de recibir alimentación espiritual a través de la meditación y oración. También puede indicar que te sientes insatisfecha(o) en algún aspecto de tu vida. Es posible que desees amor, prestigio, fama o riquezas. Estás añorando alcanzar algo que has deseado por mucho tiempo.

Harén: Pierdes el tiempo y energía en actividades frívolas. Es posible que busques un remedio rápido a algo que te aqueja.

Hebilla: Aceptas una responsabilidad nueva y te ajustas a la situación.

Heces, Excremento: Símbolo de aspectos sumamente negativos dentro de ti mismo que necesitan limpiarse, purificarse. También puede indicar que existen actitudes y creencias innecesarias y caducas.

Hechicero, Hechicera: Otros intentan controlar tus opiniones, pensamientos y acciones. Necesitas retomar tu poder personal.

Hechizo: Soñar que estás hechizado(a) indica que temes perder el control o cederle tu poder personal a otra persona.

Helado, Mantecado: Este sueño señala que has logrado algo exitosamente. También indica placer y satisfacción en la vida.

Helecho: Representa nuestra conexión con la trayectoria milenaria de la Tierra, la memoria celular de todas las cosas y la memoria que compartimos con el reino natural. El sueño señala los beneficios de permanecer en el silencio de la naturaleza agradeciendo sus bendiciones, compartiendo con ella nuestra energía. Al conectar nuestra consciencia con la de ella nos damos cuenta que la naturaleza es un ser vivo como nosotros. Al comunicarnos con la naturaleza recibimos el beneficio de su sabiduría y la bendición de su profundo Amor.

Hélice: Simboliza la energía vital de la existencia.

Helicóptero: Simboliza el crecimiento espiritual. Estás disfrutando de un estado elevado de consciencia que te permite ver las cosas con claridad.

Hemorragia: Este sueño señala hacia un drenaje serio en tu sistema energético. El escape de energía puede deberse al estrés o a una persona que está chupando tu energía vital. Debido a este drenaje de energía, tus chacras no funcionan bien y esto puede tener un efecto

nocivo en tu cuerpo físico. Es recomendable que recibas sanación energética lo antes posible y aprendas a proteger tu cuerpo energético para que estos drenajes no ocurran en el futuro.

Henna: Simboliza la buena fortuna. Estás en el camino correcto.

Heno: Sientes la necesidad de trabajar fuerte ya que tienes la creencia de que lo que vale la pena en la vida requiere esfuerzo. Es posible que esta creencia te esté afectando de manera adversa, ya que te resta oportunidades de descanso, reflexión y el disfrute de las cosas hermosas de la vida.

Herencia: Se te está ofreciendo una oportunidad o un regalo espiritual para que puedas hacer cambios necesarios en tu vida.

Herida: Existe un desbalance interno a través del cual tus energías se están drenando. Es posible que exista un desgarre en el aura o en uno o varios de los chacras causado por energías negativas emocionales, mentales o físicas. Fíjate a donde aparece la herida en el sueño para darte mejor idea de lo que está ocurriendo. Por ejemplo, si la herida es en el vientre, es posible que tu chacra umbilical esté afectado. Usualmente cuando se sueña con una herida, ésta representa una herida emocional que necesita sanarse. Si no has perdonado, si no has soltado heridas causadas por otra persona, si estás aún sufriendo por traumas pasados es el momento de desprenderte de toda esa energía negativa, perdonar a otros y a ti misma(o) y sanar.

Hermana: Simboliza los aspectos femeninos que necesitas activar y desarrollar en ti mismo, aún si eres hombre. También puede representar aspectos de ti misma que proyectas en tu hermana, aspectos que están dentro de ti y necesitan reconocerse. Las energías masculinas y femeninas existen en todos y necesitan permanecer en balance perfecto.

Hermano: Soñar con tu hermano representa aspectos de ti misma(o) que proyectas en tu hermano. Estos aspectos de tu hermano residen dentro de ti y necesitas aceptarlos. También puede simbolizar los aspectos masculinos que necesitas activar y desarrollar en ti, aún si eres mujer. Un balance de las energías femeninas y masculinas crea armonía en el ser.

Héroe: Tienes el poder interno y el valor de enfrenarte a tus aspectos más internos y traerlos a la Luz. Este sueño también puede ser un mensaje de que te es posible triunfar sobre los retos del diario vivir.

Herramientas: Tienes dentro de ti las herramientas necesarias para lidiar con cualquier situación. Con tus herramientas internas puedes combatir el temor y reparar y renovar lo que necesite sanación.

Herrero: Simboliza fuerza y aguante. El sueño puede indicar que necesitas actuar ahora.

Hervor: Soñar con un líquido que está hirviendo indica que estás en un proceso de purificación y transformación. Si es agua lo que está hirviendo puede representar una situación emocional agitada. Si el líquido que está hirviendo se derrama, esto representa energías muy negativas, como la ira, que están fuera de balance y desbordándose.

Hielo: Este sueño representa congelamiento, parálisis y rigidez de emociones y sentimientos. Hay un bloqueo que impide el dar y el recibir. Estás inmovilizado(a) por el temor y no hay crecimiento o progreso en tu vida. Necesitas conocer lo que sientes. Si en el sueño estás caminando sobre hielo esto indica que necesitas proceder con precaución en algún asunto o situación de tu vida. También puede indicar que estás tomando riesgos que no debes tomar. Si resbalas en el hielo, esto indica que existe en ti la inseguridad y autoestima baja. Es posible también que exista un obstáculo ante ti. Si te caes en el hielo o a través de una capa de hielo, esto indica que tus emociones están por explotar.

Hierba: Simboliza crecimiento, nutrición, arraigamiento y protección. Indica que dentro de ti hay una fuerza con la que siempre puedes contar.

Hierba medicinal: Simboliza energía sanadora y calmante que está disponible para ti. También puede indicar que necesitas descanso, sosiego y sanación.

Hierro: Simboliza dureza, ira, agresión, crueldad y conflicto. En lo positivo, puede simbolizar fortaleza, voluntad férrea, resistencia.

Hígado: El sueño te señala que prestes atención a tu salud física y, si es necesario, solicita consejo médico.

Higo: Soñar con higos simboliza la necesidad de recibir nutrición espiritual. Es importante conectarte con tu ser superior, tu ser divino y, a través de esta conexión, entrar en resonancia con el Amor del Creador. Esto se logra a través de la meditación, oración y una práctica espiritual basada en el corazón.

Hija: Ver tu hija en un sueño simboliza las cualidades que ella proyecta. Algún aspecto de estas cualidades son importantes en estos momentos. También puede simbolizar la parte femenina de tu ser.

Hijo: Simboliza las cualidades que tiene tu hijo y que son importantes para ti ahora. Puede simbolizar los aspectos masculinos de tu ser. También puede representar los ideales, esperanzas y potencial que tuviste en tu juventud.

Hilo: Simboliza tu sendero de vida, tu destino. Representa también la conexión que existe entre todo en la existencia. La vida es un tapiz de unión.

Himno nacional: Si escuchas el himno nacional de tu país en un sueño, esto indica que saldrás ganando en una situación o encomienda.

Hinchazón: Simboliza un problema o asunto que sigue creciendo. Necesitas solucionar esta situación antes de que sea tarde. Nota el lugar a donde ocurre la hinchazón para obtener más información sobre el sueño.

Por ejemplo, si la hinchazón ocurre en la mano izquierda, esto significa que hay una situación en tu vida en que estás recibiendo algo que no te conviene. Refiérete a las partes del cuerpo que aparecen en este libro para mayor claridad sobre este sueño.

Hipnotizar: Estás bajo la influencia de creencias limitantes, creencias que ya no te sirven. Vives tu vida siguiendo las creencias de otros. Éstas ofrecen una visión muy limitada de la vida. Como ser divino no tienes limitaciones y las creencias fijas sólo sirven de obstáculo al ser ilimitado que eres.

Hipo: Te molestan las muchas interrupciones a las que eres sometido(a).

Hipocampo, Caballito de mar: Representa el poder de tu ser interno. Tienes una nueva perspectiva sobre la vida y esta nueva actitud está lista para salir a la superficie y guiarte hacia un nuevo horizonte.

Hipopótamo: Simboliza poder y fortaleza interna.

Hipoteca: Tienes el potencial de acumular energías y utilizarlas para proyectos y otras actividades de provecho.

Hippie: Representa la libertad de expresión.

Histerectomía: Este sueño te señala un bloqueo grande en tu chacra sacro. Esto causa dificultades en tu creatividad y poder de manifestación. También puede crear desbalance en tus otros chacras. Será de beneficio recibir sanación energética para remover el bloqueo y equilibrar tus chacras.

Hogar: Ver "Casa".

Hogar de ancianos: Refleja dependencia en otros y la necesidad de tomar control sobre tu propia vida.

Hojalata: Representa una expansión mental que causa la constricción del corazón espiritual. Será de beneficio despertar y abrir tu corazón para que tu mente no tome las riendas de tu vida y logres seguir la sabiduría de tu corazón.

Hojas: Las hojas de un árbol simbolizan lecciones aprendidas, logros, recompensas. Muchas hojas representan crecimiento y grandes logros. Si las hojas están en el suelo, esto indica que ya las cosas se han completado y es hora de dejarlas ir.

Hombre: Es posible que necesites más balance en tus energías masculinas y te vendría bien armonizar tus energías femeninas (que todos tenemos seamos hombre o mujer) con energías masculinas, esto es con la energía yang.

Hombre lobo: Simboliza temor, ira reprimida, violencia lista para explotar. También indica algunos aspectos de tu personalidad, quizás de naturaleza animal, que necesitan descartarse. Es posible que algún aspecto de tu personalidad constituya un peligro para tu bienestar.

Hombro: Simboliza fortaleza, poder, responsabilidad. Tienes la habilidad de asumir las responsabilidades que te ayudarán a crecer.

Hongo, Champiñón, Seta: Simboliza emociones negativas que están expandiendo y creciendo dentro de ti. Necesitas encontrar una manera productiva de expresarlas antes de que crezcan fuera de control. Por otro lado ver una seta, hongo o champiñón en un sueño puede indicar una necesidad de conectarte con los elementos de la naturaleza. La naturaleza nos ofrece hermosas dádivas que benefician nuestro estado emocional y espiritual.

Hongos (condición física): Las emociones reprimidas crecen y se expanden dentro de ti. Encuentra una manera productiva de expresarlas. De lo contrario, no podrás controlarlas.

Horca: Simboliza falta de independencia. Te sientes restringido(a) y se te hace difícil expresarte. Trabaja con el chacra de la garganta.

Horizonte: Simboliza un nuevo comienzo para ti. Estás en un estado de crecimiento, regeneración y renacimiento en que expandes tu estado de consciencia y ves las cosas con claridad.

Hormigas: Algo está molestándote y debes lidiar con ello. Es posible que te sientas insignificante o abandonada o que estés insatisfecha con tu vida o con aspectos de tu vida. Las hormigas también simbolizan industria y cooperación y es posible que el sueño signifique que habrá un aumento en tu productividad.

Hornear: El estar horneando o cocinando en un sueño simboliza tu creatividad y como combinas diferentes elementos para crear tu vida.

Horno: Representa la calidez, devoción, falta de egoísmo y unión con otros; atributos que te ayudan a progresar espiritualmente.

Hospital, Clínica: Soñar con un hospital te señala la necesidad de sanar o por lo menos mejorar tu salud física o mental. Estás lista para un rejuvenecimiento físico, mental, emocional y espiritual.

Hotel: Si el hotel es espacioso y limpio, este sueño te indica que tienes un gran potencial para crecimiento espiritual. Tienes gran riqueza interior y utilizas tus dones para el bien mayor. Si el hotel de tu sueño está destartalado, significa que no estás usando tu potencial y necesitas comenzar a realizarlo. Si sueñas con una pensión o posada, esto indica que estás pasando por un cambio o sientes la necesidad de alejarte por un tiempo de una situación, persona o responsabilidad.

Hoyo, Hueco oscuro: Te encuentras en una situación de la cual no encuentras salida. También puede indicar una parte de ti que no estás mirando o aceptando. Puede representar tu ser sombra que está compuesto por esas partes de ti misma que has reprimido por no querer verlas y aceptarlas.

Huelga: Sientes que los demás no aprecian tus esfuerzos, tus ideas o tu situación. Por otro lado, este sueño puede indicar que estás cansada(o) de alguna situación en tu vida en que no se te está proveyendo lo que necesitas y deseas que esta situación pare.

Huella digital: Te arrepientes de algo que hiciste o dijiste. El sueño también puede reflejar tus esfuerzos de ser reconocido(a).

Huella de la mano: Deseas hacer algo importante en la vida que deje una huella duradera.

Huellas: Analizas tu pasado repasando las lecciones aprendidas con la determinación de no repetir errores cometidos. Si ves la huellas frente a ti, el sueño puede indicarte el camino a tomar para tu mayor bien.

Huérfano, Huérfana: Simboliza temor a ser abandonado. Te sientes rechazada y sola.

Huerto: Simboliza gran potencial para crecimiento espiritual.

Huesos: Simbolizan el andamiaje de la vida, aquello que te sostiene y que es tu fundamento y base. Representa lo que te ofrece apoyo, solidez y sostén en la vida. Este sueño puede representar las fortalezas que tienes y que no has reconocido.

Huevo: Simboliza el nacimiento de una nueva vida, de algo deseado que está por materializarse.

Humo: Este sueño simboliza falta de claridad, confusión. Recibes una advertencia de que hay algo que necesitas ver claramente para que no te tome por sorpresa.

Hundirse: Si estás hundiéndote en el sueño, estás perdiendo el control en alguna situación emocional. También puede indicar que algo o alguien te está halando hacia abajo.

Huracán: Llegan cambios repentinos, inesperados y fuertes a tu vida. Te conviene establecer una práctica de meditación y auto-sanación para asegurarte de que te mantendrás en el centro de paz que hay dentro de tu ser, no obstante las transformaciones que ocurran.

I

Iceberg, Témpano de hielo: Este sueño sugiere que no estás aprovechando tu potencial y fortalezas al máximo. También puede indicar que estás escondiéndote detrás de una fachada o que no estás mirando con profundidad un problema o una decisión que necesitas tomar.

Identidad: Cuando entiendes que tu identidad está eternamente ligada a tu ser divino, no tienes necesidad de identificarte con tu personalidad o características individuales, ya que éstas no son quien eres verdaderamente. Eres un ser divino, un destello del Creador. Recuérdalo siempre.

Idioma extranjero: Tu ser superior o tus guías espirituales te están dando un mensaje que aún no entiendes. Con el tiempo el mensaje te llegará claramente a través de la meditación u otros sueños.

Ídolo: Estás venerando valores e ideas falsas.

Iglesia, Catedral: Si estás dentro de la iglesia o catedral, significa que añoras la iluminación espiritual y deseas recibir guía para lograr esta meta. Si estás mirando la iglesia o catedral de frente, esto representa la verdad sagrada que guardas en tu corazón.

Iglú: Simboliza una persona en tu vida que aparenta ser fría e indiferente en el exterior, pero que realmente es cálida y comprensiva en el interior.

Ignición: Necesitas echar hacia delante, encender la llama dentro de ti para que puedas tomar acción y evolucionar.

Iguana: Representa dureza, severidad, hostilidad o ferocidad. También simboliza frialdad de corazón. Es posible que te enfrentes a situaciones con hostilidad aunque puede que también tengas dentro de ti una resolución fuerte ante los problemas de la vida.

Imán: Simboliza una fuerza potente dentro de ti que atrae situaciones, personas, relaciones a ti. Esta fuerza puede utilizarse de manera positiva, atrayendo lo que es para tu mayor bien, o de manera negativa, atrayendo cosas que no te convienen.

Imperdible: Hay una situación en tu vida que está lista para desencajarse, desbaratarse y esto te causa temor y ansiedad.

Implantes: Si sueñas que tienes o te hacen implantes en los senos u otros lugares de tu cuerpo, esto indica asuntos de auto-estima baja, dificultad aceptando tu apariencia física. Te sientes descontenta(o) con tu cuerpo físico y sientes que otros te critican. El sueño también puede indicar una falsa realidad que intenta penetrar tu entendimiento y afectar la apertura de tu corazón. Enfoca tu atención en tu alma que es un destello del Creador y trae perfección y Luz a tu vida.

Impostor: Estás tratando de ser quién no eres.

Impotencia: Este sueño señala el miedo a perder el poder. Representa temor e inseguridad que impiden reconocer tu valor propio. Es posible que temas no poder cumplir con las expectativas de otros o tus propias expectativas sobre lo que piensas que debes lograr.

Impresora: Situaciones en tu vida se repiten una y otra vez sin que aprendas las lecciones que necesitas aprender de ellas.

Impuestos: Te has impuesto cargas innecesarias y necesitas desprenderte de ellas.

Inauguración: Representa un nuevo comienzo con entendimiento elevado.

Incapacidad, Inválido: Si sueñas con un inválido o que tú estás incapacitado(a), esto indica que estás limitando tu potencial para el crecimiento, quizás debido a autoestima baja. Desechas el poder personal que tienes. Necesitas recobrar este poder y utilizarlo para seguir adelante.

Incienso: Simboliza el aprendizaje espiritual por el que pasas. Representa un nivel elevado de consciencia.

Incineración, Cremación: Soñar que se está incinerando a alguien significa purificación. También puede simbolizar el fin de una etapa de tu vida y el comienzo de una etapa nueva.

Incoherencia: Simboliza la falta de poder personal. Es posible que le hayas entregado tu poder personal a otra persona y necesitas recobrarlo. Puede indicar bloqueos en el chacra umbilical y el chacra de la garganta.

Incubadora: Este sueño sugiere que necesitas más estabilidad y calma en tu vida. También puede representar ideas nuevas que te llegan y que te ayudan a crecer y evolucionar espiritualmente. Permite que estas ideas maduren para que puedan hacerse realidad.

Indecisión: Si sueñas que estás indeciso(a), esto representa tu falta de decisión en un asunto importante. Analiza atentamente los demás símbolos del sueño para información adicional.

Indiferencia: Tienes preocupaciones que tratas de ocultar.

Indígena, Aborigen: Te beneficiaría conectarte a tu intuición y permitir que el poder que llevas dentro se manifieste. Este poder espiritual es de por sí libre de las dictaduras de la mente y te ofrece una perspectiva clara sobre tu vida y lo que necesitas hacer. El sueño también puede indicar que te beneficiaría conectarte más con la naturaleza y verla como parte de ti mismo(a). Si te sientes en estado de separación de la naturaleza, es el momento de darte cuenta de que esta separación no es real, ya que todo y todos somos Uno.

Indigestión: Símbolo de tu incapacidad de tolerar ideas, creencias o situaciones en tu vida. Evalúa lo que está ocurriendo en tu diario vivir e intenta tomar las cosas con más calma.

Índigo: Este color representa la espiritualidad elevada y protección divina.

Indio(a): Simboliza maestría espiritual, guía de tu ser superior o de tus guías espirituales. Si la india, el indio –o alguna otra persona que no sea de tu raza– te persigue esto indica que hay aspectos de tu ser que desconoces. Temes aquello que no entiendes.

Infección: Internalizas pensamientos negativos. Fíjate en qué lugar del cuerpo hay infección para más información sobre el mensaje del sueño.

Infertilidad: Simboliza falta de creatividad que puede ser causada por un bloqueo en el chacra sacro. Este bloqueo interfiere con los aspectos creativos de tu vida.

Infidelidad: Aspiras a la estabilidad y lealtad en una relación o situación.

Infierno: Te encuentras en una situación tan difícil que parece inescapable.

Infinito: Anhelas alcanzar una consciencia más elevada que te permita vivir como un ser cósmico, conectado(a) al Todo.

Informe: Piensa detenidamente en el asunto que te preocupa antes de actuar.

Ingeniero: Estás en control de tu vida.

Iniciación: Entras a un nuevo nivel en tu evolución espiritual. Representa un nuevo entendimiento sobre la Luz y el Amor divino.

Inmigrante: Hay un aspecto de tu ser que mantienes escondido, sin expresar. También puede indicar tu sentir de no ser aceptado(a) por aquellos que te rodean.

Inmolación: Simboliza la purificación, una transformación mayor que hará posible una elevación en tu vibración y un nuevo entendimiento espiritual.

Inmunidad: Si sueñas que eres inmune a alguna enfermedad o virus, esto indica que se te revela un nuevo poder espiritual que puedes utilizar para ayudar a otros, para el mayor bien.

Inodoro: Necesitas limpiarte de experiencias pasadas que han dejado huellas negativas en tu vida. Señala la necesidad de perdonar, dejar ir y deshacerte de algo inútil en tu vida que no te beneficia. Si el inodoro está tapado, esto indica que estás bloqueando el proceso de limpieza y purificación al aferrarte a experiencias negativas o al negarle el perdón a los que te han herido.

Insecticida: Indica la necesidad de deshacerte de las ansiedades y el estrés que te avasallan.

Insectos: El soñar con insectos sugiere que tienes pequeñas, pero molestosas preocupaciones. Los insectos simbolizan tus ansiedades y temores y esas cosas que, aunque pequeñas, te restan paz.

Insomnio: Si sueñas que tienes insomnio, esto indica que te agobian situaciones o personas en tu vida. Necesitas manejar tus responsabilidades de manera más organizada.

Instrucciones: El leer o seguir instrucciones en un sueño indica que estás buscando consejo sobre el próximo paso a tomar en tu vida.

Instrumentos musicales: Ver instrumentos musicales en un sueño indica una expectativa de placer y diversión. Te enfocas en disfrutar de la vida y te aprovechas de lo que la vida te ofrece. Este sueño también puede representar tus talentos y tu habilidad para comunicarte con otros.

Instrumentos quirúrgicos o médicos: Necesitas planificar tu próximo paso con mucho cuidado. Es importante que actúes con precisión.

Insulto: Si sueñas que insultas a otra persona, esto indica que te sientes insegura sobre alguna relación o situación. También puede indicar que intentas esconder lo que sientes verdaderamente. Si eres insultado por otra persona en el sueño, esto indica que estás padeciendo de baja autoestima.

Intercambio: Simboliza el compartir de ideas y un sentido comunitario en que reconoces el bien mayor en tus acciones.

Internet: Simboliza la comunicación entre personas y te señala hacia una más efectiva cooperación con otros para logar metas comunes.

Interrogación: Si eres interrogada en el sueño, esto indica que algo o alguien en tu vida está tratando de chuparte tu energía o sacar información que no quieres darle. Te sientes preocupado, con estrés y avasallada.

Interrumpir: Cosas pequeñas y sin importancia te distraen y no atiendes a lo que verdaderamente importa. Trata de controlar las distracciones para que puedas hacer las cosas que traen satisfacción y paz a tu vida.

Interruptor, Switch: Simboliza el control espiritual que ejerces. Puedes prender o apagar lo que desees cuando lo desees. El sueño puede indicar el estatus de una situación o relación en tu vida, dependiendo de la posición del interruptor, si prendido o apagado. Si en el sueño estás en un lugar oscuro y no encuentras el interruptor, esto indica que necesitas elevar tus energías bajas. Si logras encender el interruptor, esto indica que nuevas cosas llegan a tu vida. Si el interruptor está roto, esto indica una falta de perspectiva y claridad en alguna situación de tu vida.

Intersección: Representa una decisión que necesitas tomar para poder progresar. Si en el sueño llegas a la intersección y tomas el lado derecho, esto indica que has tomado el camino de la intuición y la creatividad. Si sigues el lado izquierdo, tomas el camino de la mente.

Intestinos: Símbolo de las vueltas que da la vida. La vida es un ir y venir constante y es importante que dentro de esas vueltas de la vida te mantengas dentro de la calma, paz y estabilidad armoniosa del centro de tu ser. También puede indicar debilidad en el chacra umbilical o el chacra raíz.

Inundación: Te sientes avasallado por emociones muy intensas.

Inválido, Incapacitado: Estás limitando tu potencial para el crecimiento, quizás debido a autoestima baja. Desechas el poder personal que tienes y necesitas recobrar este poder y utilizarlo para seguir adelante.

Invasión: Simboliza la falta de privacidad. Necesitas espacio privado en que puedas realizar tu práctica espiritual. También puede indicar que estás permitiendo que pensamientos negativos invadan tu paz interior.

Inventario: Simboliza la abundancia que tienes o que llega a ti pronto.

Inventor: Este sueño te recuerda que tienes una capacidad creativa enorme. Sólo necesitas abrirte al potencial de creación que tienes.

Invernadero, Vivero: Representa transformación espiritual. Tu vibración está elevándose y pronto florecerá en ti un entendimiento

nuevo que cambiará por completo tu perspectiva de vida. Estarás en más unión con la naturaleza y disfrutarás de la unión con el Todo.

Inversión: Invertir en un sueño representa los preparativos que haces para tu futuro. Estos preparativos pueden ser físicos, para apoyar los aspectos materiales de tu vida, o pueden ser espirituales, para apoyar tu evolución hacia niveles más elevados de consciencia.

Invisible: Tienes un sentir de no ser notado o reconocida tal y como eres. Sientes que se te está ignorando, pasando por alto.

Invitación: Tus ángeles y guías espirituales esperan que abras tu corazón para recibir mensajes espirituales importantes que estás lista(o) para recibir.

Inyección: Necesitas un realce espiritual a través de la sanación, meditación y otras prácticas espirituales ya que tus energías se debilitan.

Ira: Representa frustraciones y desilusiones contigo mismo(a) y heridas profundas dentro de tu ser. Es posible que tengas la tendencia de reprimir tus emociones o de proyectar tus frustraciones, enojos y otras emociones densas en las personas que te rodean.

Iris: Esta flor simboliza fe, sabiduría, esperanza, pureza y valor.

Irrigador: Simboliza limpieza, purificación, rejuvenecimiento e iluminación. Claridad llegará a una situación.

Isla: Simboliza un refugio para el descanso y la autoexpresión. Es posible que necesites encontrar este refugio en tu vida para escapar el estrés del diario vivir. En estos momentos necesitas estar en la soledad del silencio. Si estás varado(a) en una isla, sugiere que necesitas escapar las demandas de tu vida. Es posible, por otro lado, que estés tratando de huir de una situación en lugar de enfrentarla.

Izquierda: El lado izquierdo es el que recibe. También representa lo racional e intelectual.

J

Jabón: Necesitas limpiar algún aspecto de tu pasado o memorias que no te benefician. También puede indicar la necesidad de limpiarte de pensamientos, emociones y actos negativos, de purificarte a todos los niveles.

Jacinto: La flor de jacinto azul simboliza sinceridad y constancia, el amarillo representa celos y el violeta representa tristeza.

Jade: Simboliza crecimiento espiritual, poder de sanación, pureza, verdad y armonía. Tienes el potencial de disfrutar de estos atributos espirituales cuando te emprendes en una práctica espiritual basada en el Amor divino. El jade es también un símbolo de buena fortuna e inmortalidad.

Jamón: Si estás comiéndote el jamón en el sueño, esto puede indicar la necesidad que tienes de conservar tu energía. Si estás viendo el jamón, estás pasando por dificultades emocionales.

Jaqueca: Soñar que tienes dolor de cabeza sugiere que estás dirigiéndote en dirección equivocada. Ignoras las señales de tu corazón que te están indicando el camino correcto a tomar.

Jarabe, Almíbar, Sirope: Simboliza sentimentalismo excesivo y la nostalgia malsana. Despréndete de tus ataduras al pasado y vive en el presente que es lo único que existe.

Jardín: Este sueño indica que tu trabajo y esfuerzo rinden fruto. Un jardín también simboliza potencial y crecimiento espiritual.

Jardín del Edén: Intentas recapturar la inocencia perdida, la pureza del corazón. También simboliza belleza, armonía y paz.

Jardín de infantes: Pasas por una transición en tu vida en que dejas atrás la persona que eras y permites ser acogida(o) por una nueva fase de asombroso crecimiento.

Jardinería: Soñar que trabajas en un jardín simboliza tu progreso en la vida. Si el jardín se ve en buen estado indica que estás cumpliendo con tus metas, incluyendo tus objetivos espirituales. Si el jardín está cubierto de maleza, está pedregoso, esto te indica que hay situaciones en tu vida que te preocupan y necesitas resolver.

Jaula: Representa la prisión autoimpuesta como resultado de temores, de hábitos caducos y creencias fijas que ya no te sirven. Una jaula también puede indicar que le has cedido tu poder personal a otros.

Jazmín: Hermoso símbolo de amor, belleza y pureza.

Jefe: Simboliza tu crítico interno que puede ser constructivo o destructivo. También puede representar ese aspecto de tu personalidad que intenta controlar y mandar.

Jengibre: Necesitas añadirle más entusiasmo y variedad a tu vida.

Jeringuilla: Este sueño tiene que ver con asuntos de salud. Te avisa que necesitas sanación, específicamente te hace falta un influjo de energía sanadora en tus cuerpos físico, mental, emocional y espiritual.

Jeroglíficos: No estás viendo las cosas claramente y necesitas ver con claridad para poder escoger el sendero a seguir para tu bien mayor.

Jesús: Las enseñanzas espirituales llegan a ti a través de tu ser superior y te conectas fácilmente a tus maestros espirituales en los planos elevados de Luz. Adquieres consciencia de la verdad de la existencia.

Jinete: Estás mostrando confianza en tus habilidades.

Jirafa: Es importante que adquieras una perspectiva más amplia de la vida. Así puedes determinar con precisión hacia donde te encaminas.

Joroba, Jorobado: Te agobian las responsabilidades y problemas del diario vivir.

Joya, Gema: Este sueño te señala que tienes habilidades y talentos preciosos dentro de ti que no has reconocido. Reconoce tu belleza interior y las bendiciones creativas que hay en ti para expresar la Luz del universo.

Joyero: Simboliza las cosas que consideras valiosas en tu vida. Dependiendo del sueño, puede significar que cosas buenas llegan a tu vida o que temes perder las cosas que valoras.

Judas: Te estás traicionando a ti mismo. Observa la verdad de tu ser.

Juego: No le estás dando la importancia debida a algo que requiere más seriedad y consideración. Fíjate en tus acciones y las posibilidades de éxito que hay en ellas.

Juego de azar: Estás tomando riesgos innecesarios. Analiza tus acciones y determina si te encuentras en una situación que se presta a una pérdida. También puede significar que estás actuando impulsivamente. No estás tomando responsabilidad por tus decisiones o acciones.

Juez, Jueza: Por el lado positivo, puede simbolizar tu guía espiritual, tus guardianes. Por otro lado, puede indicar auto-juicio severo o severidad en enjuiciar a otros. El enjuiciamiento drena las energías. Sigue tu vida sin juzgar entendiendo que cada cual está en su propio proceso de superación espiritual, esté consciente de ello o no. No intentes cambiar a otros. La transformación de cada cual necesita provenir desde su propio ser interno.

Jugo: Si estás tomando el jugo en tu sueño, esto indica que sólo con abrir tu corazón para recibirlo, puedes traer vitalidad y regocijo a tu vida. Las bendiciones del Creador están ahí. Sólo necesitas abrir tu corazón y llegan a ti.

Juguete: Necesitas tomar tiempo para el ocio, para dejar de lado las responsabilidades de trabajo y disfrutar de momentos placenteros, con creatividad y gozo.

Juicio: Necesitas juzgar menos, esto incluye el auto-juicio. Es posible que demandes demasiado de ti mismo(a) y de otros.

Jungla, Selva: Este sueño simboliza potencial para crecimiento espiritual. Por otro lado, puede indicar que hay mucho ocurriendo en tu vida y se te hace difícil asimilarlo todo. El sueño puede señalar la necesidad de explorar las emociones atrapadas en tu ser sombra. Si no son reconocidas, estas emociones pueden irrumpir de manera inapropiada cuando menos se espere.

Junípero: Símbolo de evolución espiritual a través de la purificación.

Jurado: Sientes que estás bajo el escrutinio de otros, que otros te están juzgando a ti y tus acciones. También puede indicar que le das demasiada importancia a lo que los demás piensan de ti. Por otro lado, este sueño puede señalar que tienes una tendencia a juzgar a otros.

Juramento: Simboliza tu compromiso y dedicación al Creador. Si en el sueño rehúsas tomar un juramento, esto indica que aún no te has entregado al Creador, un paso que te traerá gran crecimiento espiritual.

K

Karaoke: No estás utilizando tus talentos a su potencial completo.

Karate: Tienes una energía hermosa y potente que puedes dirigir hacia la realización de tus metas, tus aspiraciones.

Karma: Representa los efectos de tus acciones. Si sueñas con una vida pasada, esto indica que necesitas sanar karma con lo sucedido en esa vida.

Kétchup: Representa simplicidad, juventud y diversión. No compliques tu vida. Disfruta de la vida con la inocencia de un niño y saca tiempo para divertirte.

Kimono: Simboliza elegancia, belleza y docilidad. Si en el sueño estás en Japón vestida con el kimono, esto señala que el sueño te está mostrando una vida pasada. Te ayudaría mucho hacer sanación kármica con la vida que tuviste en Japón.

Kiosco: Hay oportunidades esperando por ti, pero necesitas abrir tu corazón para ver con claridad que tienes más potencial de lo que te imaginas y las oportunidades que están frente a ti van más allá de lo que ahora piensas. Estás limitándote. Abre tu corazón para que te muestre lo que puedes lograr.

Kiwi: Necesitas revitalizarte, re-energizarte. Estás en la búsqueda de las fuerzas energéticas necesarias para moverte hacia delante en una situación de tu vida.

Koala: Representa tu enlace con el mundo físico, el subconsciente y los planos espirituales. También simboliza la seguridad, protección y tus cualidades femeninas.

Kundalini: Simboliza el poder espiritual que llevas dentro. Es la energía divina que te purifica e ilumina.

L

Laberinto: Este sueño indica confusión y sentido de estar perdido. Señala que estás haciendo las cosas más difíciles de lo que son. Recuerda que cualquier laberinto en que te encuentres es creado por ti misma y asimismo puedes crear una salida positiva, una solución que traerá crecimiento a tu vida.

Labios: Símbolo de la sensualidad y romance que deseas.

Laboratorio: Sugiere que estás experimentando con tu sentir, tus emociones, tus creencias e ideas. También es posible que este sueño refleje que estás pasando por una gran transformación.

Ladrido: Escuchar ladridos en tu sueño es un aviso de que necesitas estar alerta a alguna situación o persona en tu vida.

Ladrillo: Te apartas de los demás para protegerte contra ser herido(a).

Ladrón: Algo o alguien está robando tus energías, drenándote de tu energía vital. Es posible que tengas dificultad diciéndole que no a otros cuando te restan de tu tiempo. Necesitas establecer límites en cuanto a las demandas de otros. Este sueño también puede representar los ladrones internos que te drenan las energías como el sentido de culpabilidad, negatividad, temor, ansiedad y otras emociones densas o pensamientos negativos que albergues.

Lagarto, Lagartijo: Simboliza la creatividad emergente. También representa renovación, regeneración y revitalización. Simboliza buena fortuna y sugiere que estás bien arraigada(o).

Lago: Este sueño representa tu estado emocional. Si el agua está clara y plácida, tus emociones están bajo control. Si el agua se muestra turbia o revuelta, indica que necesitas calmar tus emociones encontrando tu centro.

Lágrimas: Representa la limpieza emocional, el soltar negatividad reprimida, frustración y tristeza. Si en el sueño sientes paz y regocijo, puede simbolizar el despertar del amor espiritual, la unión, la verdad interior.

Laguna: Dudas de ti misma, de tus opiniones. La duda puede ser muy dañina y necesitas encontrar la manera de abrir tu corazón para que puedas confiar en ti mismo y tener fe. Una práctica de meditación diaria te ayuda a lograrlo.

Lamer: Procede con cuidado ante situaciones nuevas.

Lámpara: Símbolo de guía, esperanza, inspiración, iluminación, consuelo. Representa la Luz divina dentro de tu ser. Si la lámpara está apagada, estás cerrando el corazón ante la Luz del Creador. Si la lámpara está rota, rechazas las bendiciones que están a tu alcance.

Lana: Simboliza la calidez, la protección de los elementos, una situación confortable y acogedora. Estos regalos se manifiestan en tu vida cuando entras en el eterno fluir de la energía divina.

Langosta: Símbolo de fuerza y persistencia. Puedes vencer las dificultades del diario vivir.

Lanza: Sigue tu iniciativa e intuición en una decisión que debes tomar.

Lanzar, Tirar: Hay algo o alguien que necesitas sacar de tu vida.

Lapislázuli: Significa protección espiritual, sabiduría y poder divino. El sueño te trae un mensaje del Arcángel Miguel.

Lápiz: Estás teniendo un impacto temporero en una situación.

Lápiz labial: Sugiere que no estás siendo honesta(o) sobre algo, no estás diciendo la verdad. También puede indicar que debes tener cuidado con lo que dices.

Láser: Simboliza energía potente, enfocada y concentrada. Representa claridad y verdad. Estás viendo y entendiendo las cosas claramente. Por otro lado, este sueño puede indicar que necesitas concentrarte en

una cosa a la vez.

Lata: Una lata sin abrir indica que te has encerrado en ti mismo(a) y se hace difícil para otros conocer tu verdadero yo. Una lata mohosa simboliza actitudes, hábitos y creencias viejas que ya no necesitas.

Látigo: Simboliza autocastigo. También puede representar vergüenza y sentimientos de culpabilidad o que no cumples con tu deber espiritual. Por otro lado, este sueño puede indicar la existencia de una relación, situación o circunstancia abusiva en tu vida.

Laurel: Simboliza el entendimiento y la sabiduría. Recibes claridad sobre una situación en tu vida.

Lava: Simboliza la ira violenta que has reprimido por mucho tiempo. Este es un mensaje de tu ser interno de que necesitas lidiar con esta ira para que fluya de manera constructiva y puedas liberarte de ella. Así lograrás alcanzar la paz interior.

Lavado de ropa: Necesitas limpiar y purificar tus cuerpos físico, mental, emocional y espiritual. Practica la auto-sanación, meditación y armonización de chacras para remover bloqueos energéticos que pueden causar dificultades.

Lavadora de platos: Necesitas resolver asuntos del pasado para que puedas tener un nuevo comienzo. La sanación energética y sanación kármica te serán de mucha ayuda.

Lavanda: Simboliza la pureza, devoción, serenidad y paz.

Lavar: Si estás lavándote, este sueño indica la necesidad de limpiar y purificar tus emociones o tu estado mental. Si estás lavándote los pies, esta es una señal de un cambio que llega a tu vida, un cambio que necesitas. El lavarte las manos sugiere que hay algo negativo en tu vida que necesitas remover. Si estás lavando un carro, esto indica que tus problemas personales necesitan resolverse para que puedas seguir tu vida en paz.

Lealtad: Buscas apoyo emocional. Pide ayuda.

Leche: Simboliza los instintos maternales, el amor incondicional. Representa lo sano, lo saludable, íntegro y honesto que existe en tu ser. Si estás tomando leche en el sueño, esto significa que estás disfrutando de la felicidad doméstica y estás nutriéndote a ti misma(o). Si la leche se derrama en el sueño, esto significa una pérdida de fe, de oportunidad o de confianza.

Lechuga: Simboliza abundancia espiritual y te señala la importancia de simplificar las cosas en tu vida material. Si estás comiendo lechuga, es señal de que necesitas nutrición espiritual.

Lectura, Leer: Para tomar tu decisión, necesitas valerte de conocimientos sobre el asunto que tienes frente a ti. Analiza todas tus opciones.

Lengua: Este sueño es una representación de cómo te expresas; cómo comunicas tus ideas, pensamientos y emociones. Una lengua cortada es una advertencia de que debes medir tus palabras. Si la lengua aparece larga, esto señala que estás sumergida en el chisme, la crítica y el enjuiciamiento de otros. Una lengua peluda indica que te arrepientes de algo que dijiste. Si la lengua duele, esto indica que te has expresado negativamente sobre otra persona. Si sueñas que alguien te saca la lengua, esto indica que te sientes insultado sobre algo que se dijo.

Lenguaje: Si escuchas lenguaje soez o vulgar en tu sueño, esto indica que estás en una situación embarazosa. El escuchar un lenguaje extranjero en un sueño indica que tu ser interno, tus guías espirituales o tus ángeles te están enviando un mensaje que no entiendes aún. Con el tiempo el mensaje te llegará claramente a través de la meditación u otros sueños.

Lenguaje de señas: Necesitas encontrar nuevas maneras de comunicar tus opiniones e ideas.

Lentejas: Representan tu conexión con la Tierra, con la naturaleza, la humanidad y el Todo. Eres parte del Uno.

Lentejuelas: Este sueño indica que deseas ser reconocida(o), que te presten atención.

Lentes, Espejuelos, Gafas: Necesitas ver las cosas con más claridad. Hay cosas que necesitan clarificarse en tu vida. Si los lentes están rotos no estás viendo los hechos correctamente.

Leña: Tienes la oportunidad de experimentar una purificación que trasformará tu vida. Un aspecto de tu ser está listo para pasar a un nuevo nivel de evolución espiritual.

León: Símbolo de gran poder, fortaleza, valor, dignidad y liderato. Tienes mucha influencia sobre otros. Este sueño también puede traerte el mensaje de que vencerás algunas de tus dificultades emocionales. Si aparece un domador de leones en el sueño, esto indica que tienes tus emociones bajo control.

Leopardo: Con el tiempo triunfarás sobre la adversidad debido a tu persistencia.

Lepra: Estás desperdiciando tus talentos, tus habilidades.

Letras: Ver "Alfabeto."

Letrero, Señal, Anuncio: El sueño contiene un mensaje espiritual importante. Presta atención.

Letrina: Indica la necesidad de una purificación que incluya no sólo tu ser físico, mental y espiritual sino también los espacios a donde resides y trabajas. También sugiere la existencia de emociones atascadas y que necesitas soltar.

Levadura: Símbolo de tu búsqueda espiritual. El sueño te indica que necesitas ahondarte más en tu práctica espiritual para continuar tu progreso.

Levantar pesas: Representa tu fortaleza y poder.

Levitar: Estás elevándote sobre una situación densa. Cuando mantienes tu vibración elevada, puedes mantenerte en tu corazón y disfrutar de una percepción amplia y elevada consciencia.

Ley, Leyes: El soñar que estás refiriéndote a alguna ley sugiere que necesitas ejercer más control en ciertos aspectos de tu vida. Si sueñas que estás estudiando leyes, esto indica éxito en tus proyectos y quehaceres.

Libélula: Simboliza cambio y regeneración. Indica que transformaciones internas positivas llegan a ti y te otorgan gran poder espiritual.

Libertad, Liberación: La libertad espiritual nace en la paz del corazón. Este sueño te indica que puedes encontrar la libertad que anhelas adentrándote en tu corazón y asentándote en su paz y Amor divino.

Libertad bajo palabra: Estás en un camino equivocado que trae muchas limitaciones a tu vida. Torna tu corazón hacia el Creador y encuentra en Él la solución para lo que te aqueja.

Librería: Simboliza tu búsqueda de conocimientos e ideas. Estás desarrollando tus dones mentales.

Libreta: Ver "Cuaderno".

Libro: Soñar con un libro significa que estás recibiendo un mensaje espiritual importante. Recibes guía sobre el propósito de tu vida, tu misión y debes estar atenta(o) a los mensajes que te lleguen en meditación, oración o a través de tus lecturas o relaciones con otras personas. Es posible que necesites visitar tus Registros Akáshicos para recibir más información.

Libro de texto, Libro escolar: Estás en la búsqueda de información que te beneficiará.

Licencia de conducir: Reconoce tu verdadera identidad que no está conectada a tu nombre, tu trabajo, ni las personas y cosas que te rodean. Eres un ser divino. Esa es tu verdadera identidad y es importante que lo reconozcas en las profundidades de tu ser.

Lienzo: Hay grandes posibilidades y potencial en tu vida, especialmente si en el sueño el lienzo está en blanco.

Lila: Esta flor simboliza generosidad, inocencia y confianza.

Limón, Limonada: Tienes necesidad de sanación y limpieza. Este sueño también puede indicar que una situación o relación en tu vida se ha agriado o echado a perder. Necesitas tranquilizarte, apaciguarte.

Limosina: Simboliza un potencial enorme. No desperdicies tu tiempo con cosas que te limitan. Tienes el potencial de alcanzar grandes logros.

Limosna: Representa tu generosidad.

Limpiar: Si estás limpiando en un sueño, esto indica que necesitas purificarte y remover energías densas que acumulas dentro y que te drenan. Éstas incluyen el sentido de culpabilidad, negatividad, temor, ansiedad y otras emociones densas o pensamientos negativos que albergues.

Línea, Fila: Si sueñas que estás parada(o) en una fila, esto te indica que necesitas ejercer más paciencia. Te vendría bien aprender a esperar por las cosas y no querer que te lleguen inmediatamente. Si en el sueño ves una fila de personas u objetos, esto indica que necesitas estar más consciente de alguna situación o relación.

Línea (raya): Ver una línea o raya en tu sueño simboliza dualidad, límites, fronteras y reglas. Estás limitando tu crecimiento debido a temores o falta de confianza en tus talentos. Si estás cruzando una línea, esto indica que estás pasando por una barrera en tu vida.

Linterna: Iluminas esos aspectos desconocidos de tu ser para reconocerlos, aceptarlos y amarlos. Fíjate con atención a este sueño ya que tiene un mensaje espiritual importante.

Líquido: Símbolo de tu capacidad para adaptarte a las circunstancias. Representa un fluir en tu vida. La vida consiste de cambios y nuevos comienzos. Este sueño te indica que eres capaz de ajustarte a los cambios que lleguen a tu vida y vivir dentro del fluir de la existencia. No luches contra cosas que no puedes cambiar, sino irradia Luz a todas las circunstancias de tu vida y ten la intención de fluir en el eterno ir y venir de la vida. En este hermoso fluir encuentras gran paz y armonía en tu ser.

Lirio: Simboliza serenidad, espiritualidad, paz, pureza, regocijo; cualidades que se manifiestan en ti cuando abres el corazón a la Luz divina.

Lisiado: Simboliza debilidad y necesidad de ser apoyado(a) en una encomienda o decisión. El sueño puede indicar que te enfrentas a numerosos retos y necesitas superarlos para realizar tu potencial. También puede indicar que estás limitando tu potencial para el crecimiento debido a autoestima baja. Desechas el poder personal que tienes. Necesitas recobrar este poder y utilizarlo para seguir adelante.

Litigio: Simboliza tu temor a ser juzgado(a) y sentimientos de culpabilidad.

Llaga: Estás sosteniendo energías negativas dentro de ti. Éstas pueden ser emociones, pensamientos o actitudes densas que te causan dolor y sufrimiento. El sufrimiento no es necesario y somos nosotros mismos los que creamos nuestro propio sufrimiento. Deja ir cualquier creencia falsa que tengas de que necesitas sufrir. Abre tu corazón al entendimiento de que puedes vivir tu vida en paz, amor y regocijo.

Llama: Simboliza la Luz del Creador dentro de tu corazón. Esta Luz te guía hacia la iluminación, la Unión con Dios y todo lo que existe. Al meditar y orar, sientes la Presencia divina en tu corazón y más se expande y fortalece la llama divina.

Llanta, Goma: Este símbolo de movilidad indica que necesitas actuar en alguna situación en tu vida de manera práctica y que te lleve hacia delante.

Llanto, Llorar: Soñar que estás llorando indica que estás soltando alguna carga emocional. Es importante que recobres el balance emocional en tu vida.

Llave: Simboliza la sabiduría interna que le abre la puerta a la Verdad. Representa las oportunidades, revelaciones, libertad y conocimiento que hay dentro de tu corazón.

Llave de paso: Representa tu habilidad para controlar tus emociones. Estás consciente de tus emociones y logras expresarlas de manera controlada y no dañina.

Lluvia: Simboliza la limpieza y purificación emocional que te prepara para avanzar en tu evolución espiritual.

Lobo: Algo o alguien ataca tu paz mental, tu sosiego interno. También puede significar que tienes deseos y apetitos demasiado fuertes que te pueden esclavizar.

Locura: Soñar que estás loca(o) significa que vives una realidad que no es la verdadera. En lugar de vivir tu vida de acuerdo a los dictados de tu corazón, estás viviendo de acuerdo a los dictados de tu mente, tu ego y de las creencias colectivas. Este sueño también puede representar el sentirte que no perteneces en ningún lugar.

Locutor: Tu voz interior intenta comunicarse con tu ser consciente para avisarte sobre alguna situación. Es aconsejable tomar el tiempo para estar en silencio, meditar y reflexionar para que puedas escuchar lo que te dice tu ser interno.

Lodo, Fango: Ver el lodo en un sueño, indica que necesitas purificación espiritual. Si estás atascada(o) en el lodo, el sueño te advierte que no estás creciendo en la vida, no estás moviéndote hacia delante. Necesitas liberarte de pensamientos y situaciones que te limitan, que obstaculizan tu progreso.

Loseta: Simboliza una cubierta protectora y representa la protección que está a tu disposición. Una loseta adornada representa la expresión creativa.

Lotería: Si juegas a la lotería en el sueño, esto indica que dependes demasiado de otras personas o cosas externas en lugar de tomar responsabilidad por tus propias acciones y decisiones. Si sueñas que te pegaste en la lotería, esto indica que una situación difícil está por llegar.

Loto: La flor de loto es un símbolo de iluminación, de despertar espiritual.

Lucha: Ver "Pelea."

Lucha libre: Luchas contra un problema difícil de solucionar. Hay emociones descontroladas que necesitas domar.

Luciérnaga, Cucubano: Simboliza el empuje espiritual hacia la iluminación que te ofrece la naturaleza. Representa el despertar espiritual a través de tu conexión con los elementos naturales.

Luna: Simboliza la intuición, paz, amor, serenidad y creatividad que hay dentro de ti. Puede representar los cambios cíclicos, la renovación y el movimiento hacia delante que te llevan hacia el progreso espiritual. Refleja la verdad y la luz.

Luna de miel: El sueño te señala hacia un nuevo comienzo en una relación o proyecto.

Lupa: Simboliza algo en tu vida, puede ser una situación o una relación, que necesita examinarse, evaluarse con detenimiento.

Luz: Representa la iluminación, la sabiduría divina, tu habilidad de ver con claridad y entender la verdad de las cosas.

Luz ultravioleta: El sueño te advierte que no estás viendo una situación o las cosas en tu entorno con claridad. También puede indicar que rehúsas ver la realidad de lo que te rodea. O hay una verdad que tratas de esconder.

M

Machete: Simboliza gran hostilidad y destrucción. Indica que no expresas tu ira de manera productiva y esto causa corrosión interna. El sueño te indica que te es posible remover estas cosas negativas de tu vida siempre y cuando las reconozcas y te esfuerces por hacerlo.

Machina, Noria, Tiovivo: Soñar que estás en una machina, noria o tiovivo significa que estás dando vueltas y vueltas sin llegar a ningún lado. Necesitas entrar a un estado de autorreflexión para determinar a donde estás atascado(a) en la vida. Entonces, te conviene bajarte de la machina y comenzar a progresar.

Madera: Tienes disponible lo que necesitas para construir buenas cosas para tu vida. Tienes la fortaleza y flexibilidad para comenzar a crear cosas nuevas, situaciones que te apoyen en tu evolución espiritual.

Madre: Ver tu madre en un sueño representa los aspectos maternales de tu propio carácter. Simboliza los aspectos más sabios y compasivos que tienes dentro de ti y que necesitan salir a la superficie para tu evolución. Si hay sentimientos de odio o resentimiento en el sueño, esto refleja odio o resentimiento hacia ti misma(o) que causa que le entregues tu poder personal a otros.

Maestra, Maestro: Símbolo de la persona que te muestra el camino. Todos los seres vivientes son maestros y puedes aprender lecciones valiosas de las personas que te rodean. Este sueño puede significar que te estás encaminando hacia un nuevo sendero en la vida y estás listo para un aprendizaje espiritual profundo. Si sueñas con tu maestra o maestro espiritual actual, esto indica que él o ella te está ofreciendo una enseñanza espiritual importante mientras duermes. Si sueñas que tú eres el maestro o la maestra, esto indica que estás listo(a) para impartirle tus conocimientos, tu sabiduría a otros.

Mafia: Hay un gran conflicto dentro de ti. Quizás estás permitiendo que otros te manipulen o estás usando tu poder contra otros.

Mafioso, Gánster: Estás siguiendo reglas, leyes autoimpuestas que impiden tu progreso espiritual. Es posible que sigas el camino del miedo en lugar de seguir la guía de tu corazón y tu sabiduría interna.

Magia: Necesitas mirar las cosas desde otro ángulo o enfrentar tus problemas desde otro punto de vista.

Mago: Este sueño indica que estás intentando engañarte a ti misma u otros. Vives en un mundo de fantasía, atrapado en la ilusión.

Maíz: Simboliza la abundancia, prosperidad, crecimiento y fertilidad. Un símbolo potente de la energía vital que le da vida a todo y que eres capaz de manifestar en tu ser para traer bienestar a tu vida.

Mal: Soñar con el mal representa ignorancia, falta de concientización, el no entender la verdad espiritual del ser. También puede representar emociones muy fuertes que has reprimido como la ira, la venganza, el odio.

Mal aliento: Piénsalo dos o tres veces antes de decir algo que ofenda o que sería mejor callar.

Malabarismo, Malabarista: Estás intentando hacer demasiadas cosas a la vez. Te sientes avasallada(o) por las responsabilidades y obligaciones. Concéntrate en lo que puedes hacer bien ya que ahora no estás haciendo nada bien.

Maldición, Maldecir: Simboliza temor, dolor, ira y el no poder lidiar con una situación difícil de manera positiva. Puede también representar deseo de venganza y resentimiento. Necesitas perdonar. Al perdonar a otros te liberas a ti mismo(a).

Malestar: Hay un desbalance en tu sistema energético y necesitas sanación energética y balancear tus chacras.

Maleta, Mochila, Equipaje: Simboliza las ataduras innecesarias que llevas en tu vida, las cosas que arrastras o cargas que no te pertenece llevar. Representa las responsabilidades que cargas. Estas cargas hacen que tu vida sea más difícil y ardua.

Maletero, Baúl: Necesitas despejarte de cosas innecesarias. Estás cargando con hábitos, costumbres, creencias, ideas, pensamientos que ya no te convienen.

Maletín: Representa aspectos de tu identidad que cargas contigo. También puede representar ataduras, creencias fijas, hábitos, comportamientos y otras cosas que cargas y que son obstáculos a tu desarrollo espiritual.

Maleza, Pasto: Necesitas remover las cosas negativas de tu vida, incluyendo la negatividad que hay dentro de ti.

Mamografía: Te dejas abrumar por las emociones fácilmente y esto te dificulta mantener tu corazón abierto. Con meditaciones basadas en el corazón y una práctica espiritual de amor incondicional, lograrás sentir amor y compasión en lugar de emociones dañinas.

Manada, Rebaño: Simboliza los muchos aspectos de tu ser. Si la manada de animales está desbocada, esto indica que tus energías están dispersas. Si la manada o el rebaño está calmado, tus energías están armonizadas. Este sueño también puede indicar que estás siguiendo ciegamente lo que piensa y hace la mayoría en lugar de tomar tus propias decisiones basadas en tu corazón.

Manatí: Simboliza la espiritualidad que existe dentro de la densidad material.

Mancha: Hay algo en tu vida que necesita limpiarse, purificarse y traerse a la pureza de la Luz.

Mandados: Estás atrapado(a) en la rutina. Necesitas incorporar actividades placenteras y nuevas en tu diario vivir.

Mándala: Simboliza unión divina, sanación, armonía y paz. Este sueño te avisa sobre una hermosa aceleración espiritual en tu vida.

Mandíbula: Hay un malentendido sobre una situación en tu vida.

Mangó: Representa la necesidad de soltar algo y dejarlo ir así tienes el espacio necesario para que cosas y personas positivas puedan entrar a tu vida.

Mango, Manilla, Tirador: Simboliza el control que tienes sobre alguna situación.

Manguera: Estás pasando por, o necesitas, una purificación a nivel emocional. Necesitas sanar heridas emocionales para poder continuar creciendo y evolucionando. Perdona a quien necesites perdonar, incluyéndote a ti misma(o). El perdón es un paso esencial hacia la liberación espiritual.

Maní: Necesitas llegar a la verdad de alguna situación. No la estás viendo con claridad.

Manicomio: Simboliza tremenda presión mental. Necesitas ayuda para aliviar el nivel de estrés en que vives.

Manicura: Tienes en tus manos el poder de ayudar a otros con generosidad y compasión sin juicio.

Manifestación: Si eres parte de la manifestación esto indica que necesitas expresarte y defender tu posición o tus derechos.

Maniquí: Este sueño indica que falta un elemento crucial en tu relación con tu pareja. Te sientes insatisfecha, descontento. La relación te hace sentir vacía.

Manos: Soñar con tus manos tiene que ver con la parte expresiva y sensible de tu ser. La mano izquierda recibe y la mano derecha da. Si tu mano izquierda aparece herida en el sueño, indica que no te estás permitiendo recibir lo que necesitas, o que recibes más de lo que das. Si la mano derecha está herida, esto indica que estás dando demasiado de tu energía sin reponerla. Si en el sueño ves una mano extendida hacia ti, quiere decir que tienes ayuda disponible y sólo necesitas pedirle al Creador que te ayude en lo que necesites.

Mansión: Simboliza gran potencial y crecimiento espiritual. Tienes muchos talentos, habilidades y dones que debes explorar muy dentro de tu ser. Eres un ser creativo y puedes crear la realidad que deseas.

Manteca: Despréndete de las cosas y personas negativas en tu vida.

Mantecado, Helado: Una señal de que has logrado algo exitosamente. También indica placer y satisfacción en la vida.

Mantel: Este sueño indica que necesitas sentarte con otra persona o personas y resolver un malentendido que causa descontento.

Mantequilla: Buscas gratificación. Analiza la falta de balance que existe en tu vida e intenta equilibrar tus horas de trabajo con tus horas de descanso. El ocio te ofrece la oportunidad de sentir la paz en el centro de tu ser.

Mantilla: Ver "Velo".

Mantra: Soñar que estás entonando un mantra significa que estás conectado(a) a los planos elevados de Luz e indica una espiritualidad elevada.

Manzana: Una manzana representa sabiduría, conocimientos y buena salud. Significa que recibirás alguna recompensa. Si la manzana está podrida o con gusanos, quiere decir que necesitas hacer una purificación profunda de tu ser para poder alcanzar la sabiduría espiritual que hay en tu corazón.

Mañana: Simboliza nuevos comienzos, un despertar a la Luz.

Mapa: Simboliza un sendero espiritual que te guía hacia el logro de tus objetivos, que te dirige hacia el despertar de tu ser. Si en el sueño tienes dificultad entendiendo el mapa, esto significa que te sientes perdida. Estás intentando encontrarte a ti mismo y a donde debes dirigir tu vida.

Maqueta: Algo nuevo se desarrolla en tu vida. Estás en medio de una etapa de planificación.

Maquillaje, Cosméticos: Intentas esconder o encubrir algún aspecto de tu ser. También puede indicar que tratas de mejorar tu imagen y acrecentar tu autoestima.

Máquina, Maquinaria: Representa tu estado físico y mental. Si la máquina está funcionando bien en el sueño, esto indica que tus condiciones son buenas. Si la máquina no funciona, o necesita repararse, esto indica que necesitas sanar algún aspecto de tu cuerpo físico o tu estado mental.

Máquina de coser: Este sueño indica que necesitas economizar para poder superar una dificultad económica.

Máquina expendedora: Representa las cosas que están más allá de tu alcance. Necesitas invertir más tiempo y esfuerzo para que puedas alcanzar tus metas.

Maquinilla: Simboliza los medios de comunicación y expresión propia. Necesitas organizar y verbalizar tus pensamientos y emociones. Si estás escribiendo a maquinilla, esto indica que se te dificulta la expresión verbal de tus pensamientos.

Mar, Océano: Representa enorme energía emocional que debes utilizar con cautela. También simboliza la fuente de tu fuerza vital. Si estás perdido(a) en el mar, a la deriva, esto significa que te avasallan las emociones. Si el agua está turbia esto representa emociones negativas y destructivas. Si el agua está clara y serena, significa que tus emociones están calmadas y en balance.

Maracas: Estás dando cabezazos en lugar de detenerte, analizar la situación y buscar una solución dentro de tu corazón.

Maratón: Si sueñas que participas en un maratón, esto representa el camino de tu vida y como estás sintiéndote o funcionando en estos momentos. Simboliza tu aguante y fuerza de voluntad. Analiza el sueño para determinar cómo te sientes en el sueño para poder interpretarlo más claramente.

Marchar: Soñar que estás marchando indica que todos los aspectos de tu ser están funcionando en unión y armonía.

Marchito: Si sueñas que algo está marchito, esto indica que estás drenada(o) física o emocionalmente. Es posible que estés en estado de depresión. Pide ayuda.

Marea: El sueño indica la necesidad de purificarte emocionalmente y espiritualmente. Tu cuerpo emocional necesita limpiarse de emociones densas. Tu ser espiritual necesita purificarse de energías que bloquean su desarrollo. Necesitas o comenzar o fortalecer tu sendero espiritual.

Maremoto: Te avasallan las emociones reprimidas y éstas salen a la superficie.

Mareo: Estás muy disperso(a), tu atención no tiene enfoque sino que te mueves en direcciones diversas. Necesitas balance, enfocar tus energías y arraigarlas.

Marfil: Símbolo de la pureza y fortaleza que existen dentro de ti.

Margarita: Esta flor simboliza simplicidad, inocencia, amistad y la pureza del amor.

Mariachi: Hay un mensaje emocionante y apasionado que necesitas ofrecer.

Marihuana: Representa la necesidad de introspección para llegar a un sentido de expansión espiritual sin necesidad de medios artificiales sino abriendo tu corazón. Al lograr esta expansión espiritual, necesitas aprovecharla y continuar la apertura, expansión y profundización de tu estado de consciencia elevado.

Marinero: Penetras profundamente tus emociones y logras alcanzar claridad sobre cómo mejor lidiar con ellas.

Marioneta: Permites que otros te manipulen. Estás entregándole tu poder personal a otros. Sientes que no puedes defenderte a ti mismo(a).

Mariposa: La mariposa simboliza la transmutación de energía hacia niveles muy elevados. Es una expresión de libertad, regocijo, creatividad y espiritualidad.

Mariscos: Estás reconociendo tu espiritualidad ya a un nivel consciente y entendiendo los cambios que son necesarios hacer para vivir una vida como tu ser verdadero, aceptando la divinidad de tu ser.

Mármol: Tienes el potencial de mantenerte firme en tus nuevas opiniones y creencias.

Marrón: Este color simboliza la Tierra y puede indicarte que necesitas arraigarte más, traer tus aspectos espirituales y físicos a un mejor balance.

Marte: Soñar con el planeta Marte simboliza energía, pasión y ambición. Cuando te entregas a lo que te apasiona, logras inyectar tu trabajo y otras actividades con la energía creativa que los lleva a altos niveles de satisfacción.

Martillo: El martillo simboliza poder, fortaleza y energía masculina. También representa la creación de cosas duraderas y el crecimiento. Un martillo es una herramienta útil para construir. Este sueño te recuerda que tienes las herramientas necesarias para crear tu realidad.

Mártir: Indica falta de amor propio. Es posible que estés dedicando tu vida a otros y no estés cuidándote a ti misma(o). Acepta la responsabilidad que tienes de nutrirte y dedicar tiempo a tu propio desarrollo espiritual.

Masa: Se despliegan ante ti grandes posibilidades de acción creativa e inspiración. Puedes crear la realidad que deseas.

Masacre: Las opiniones, pensamientos y creencias que adoptas de otros no permiten que desarrolles tu potencial como ser viviente y consciente.

Masaje: Si recibes un masaje en el sueño, esto significa que hay una falta de estímulo creativo en tu vida. Necesitas estar más consciente de tu creatividad. También puede indicar que necesitas cuidar mejor tu cuerpo físico.

Máscara: Estás intentando ser quien no eres. Simboliza falta de honestidad, falta de aceptación de quien eres verdaderamente y el que estés escondiendo tu verdadera identidad, tus verdaderos sentimientos.

Mascota: Una mascota simboliza responsabilidades que has escogido y que te traen satisfacción. También puede representar algo en tu vida que te nutre y ofrece solaz.

Mastectomía: Tu corazón espiritual está cerrado y necesitas activar y despertarlo a través de la meditación y una práctica espiritual basada en el corazón.

Masticar: Cuidadosamente analizas una situación antes de expresar una opinión o tomar acción.

Mástil: Simboliza esperanza, salvación y redención.

Masturbación: Indica una necesidad de soltar la tensión que has acumulado en tu cuerpo físico y/o emocional. Puede señalar una falta de balance en los chacras raíz y sacro.

Matadero, Macelo: Pierdes o remueves un aspecto de tu ser que ya no necesitas. Esto puede ser una característica negativa o un hábito que ya no te sirve. Por otro lado, el sueño puede indicar que aunque sientes la necesidad de evitar la carne, aún tienes dudas sobre los efectos que tendrá en tu salud y bienestar físico general.

Matar: Ver "Asesinar".

Matemática: Este sueño indica que estás evaluando una situación en que necesitas encontrar una solución.

Matrimonio: Ver "Bodas".

Matriz: Simboliza la seguridad, la dependencia sin responsabilidades. Representa la creatividad y la protección amorosa.

Maullar: Si escuchas maullar en tu sueño, esto indica que estás buscando atención debido a necesidades emocionales.

Mayonesa: Simboliza desilusión con la vida.

Mazo de juez: Representa la toma de control de una situación descontrolada o desorganizada. Necesitas aceptar que esta situación existe y lidiar con ella.

Mecánico: Necesitas sanar los traumas del pasado. También es posible que necesites sanar tu cuerpo físico y devolverle su armonía a través del descanso, la meditación, la sanación y la relajación.

Mecedora: Simboliza relajación, falta de preocupaciones, confort y reflexión.

Medalla: Este sueño indica que recibes un premio espiritual y reconocimiento de tus guías espirituales por un trabajo bien hecho. Estás siendo reconocida(o) por tus logros espirituales.

Medias: Símbolo de calidez y confort. Disfrutas del bienestar interno.

Medicina: Simboliza sanación, rejuvenecimiento. Señala la necesidad de sanar a niveles físico, mental, emocional y espiritual.

Medida, Medición: Estás estableciendo normas, evaluando tus propias expectativas. El sueño te indica que estás comparándote a otros. También es posible que estés sintiendo dudas sobre tus propios logros en la vida.

Meditación: Simboliza autoconocimiento, conexión con el Creador y expansión del ser espiritual.

Médium, Psíquico, Vidente: Soñar con un médium indica un profundo deseo de conocer lo desconocido. Es posible que tengas inquietud sobre tu futuro. Si tú eres el psíquico, vidente o médium en el sueño, esto indica que estás desarrollando tu intuición.

Mejilla: Tienes una personalidad sólida y no le temes a los compromisos, responsabilidades o a la intimidad.

Mejillones: Tu corazón se ha cerrado debido a que te sientes emocionalmente herida(o). Un corazón cerrado sólo trae aislamiento y pesar. Comienza una práctica espiritual que te ayude a abrir tu corazón y así soltar las heridas sufridas y sanar las cicatrices del corazón.

Mellado: Se te hace difícil expresar tu verdad. Trabaja con tu chacra de la garganta para remover cualquier bloqueo energético que pueda existir ahí. Esto te ayuda a expresarte con claridad.

Melocotón: Disfrutas de las cosas sencillas de la vida y esto trae gran paz y alegría a tu vida.

Mendigo, Pordiosero: Estás negando la divinidad en ti, los talentos, dones, regalos y oportunidades de servirle al prójimo. No estás reconociendo tu propio valor.

Menopausia: Este sueño simboliza la liberación del espíritu al soltar los requerimientos del cuerpo físico. Representa el florecimiento de la sabiduría a través de la madurez y la apertura al amor incondicional.

Mensaje, Mensajero: El sueño te trae un mensaje espiritual al que debes prestarle atención.

Mensaje de texto: Un mensaje espiritual te llega en este sueño. Presta atención.

Mensaje de voz: Tus guías espirituales te ofrecen un mensaje espiritual en este sueño. Presta atención.

Menstruación: Es el momento para descansar, purificar tu ser y estimular los aspectos creativos dentro de ti. Reconoce la energía creativa que está despertándose en ti.

Menta: Sugiere que hay una influencia calmante en tu vida. También puede indicar que estás demasiado alterado(a) y necesitas calmarte y relajarte. Puede indicar, además, que hay una situación en tu vida que necesitas calmar o mitigar.

Mentira, Mentiroso: Si sueñas que estás mintiendo, esto sugiere que estás tratando de engañarte a ti misma sobre algo que sabes no es cierto, pero que insistes en mantener como una creencia o idea. Le temes a la verdad y rehúsas ver las cosas como son. Si sueñas que otra persona está mintiendo, esto indica que has perdido la confianza en alguna persona en tu vida o en ti mismo. Si sueñas con un detector de mentiras, esto revela falta de confianza en ti y falta de fe en los demás. Si estás tomando una prueba para detectar mentiras en el sueño, esto indica que estás en negación sobre algo y debes enfrentarte a los hechos.

Mentón, Barbilla: Si notas tu mentón en un sueño esto representa tu habilidad de recomponerte, de recuperarte aún después de situaciones adversas.

Menú: Estás buscando nutrición espiritual o emocional. Es el momento de dedicarle tiempo a la meditación y auto-sanación. Ya tú sabes lo que necesitas hacer.

Meñique: Sonar con el dedo meñique representa poder intelectual y el poder de la comunicación.

Mercado: Estás en la búsqueda de nuevas maneras de ver y hacer. Lo que necesitas está en ti y dentro de ti puedes encontrar lo que buscas.

Mercado de valores: Te conviene invertir en tu desarrollo personal y espiritual.

Mermelada: El comer mermelada representa sorpresas agradables y nuevos descubrimientos. Si estás untando la mermelada, esto indica que te estás extendiendo demasiado y necesitas limitar tus responsabilidades y compromisos. Aprende a decir que no. Delega.

Mesa: Este sueño tiene que ver con tu vida cotidiana, tus actividades diarias. Si la mesa está rota o tambaleante, esto indica que hay situaciones en tu vida que necesitan estabilizarse o corregirse. También puede sugerir un estado de inseguridad. Si estás poniendo la mesa, esto indica que estás organizando las cosas para llevar a cabo un proyecto o gestión. Si estás acostado(a) sobre una mesa, este sueño te señala que necesitas sanación y debes contactar una sanadora o sanador o hacerte auto-sanación. Si sueñas con una mesa redonda, esto señala hacia la igualdad que gozas con los que te rodean.

Mesera, Mesero: Este sueño indica que estás abasteciendo las demandas y necesidades de otros por encima de tus propias necesidades. Sientes que no se aprecian tus esfuerzos aún cuando estás sirviéndole a otros.

Meta, Objetivo: Soñar que cumples con una meta u objetivo indica que lograrás el éxito en lo que aspiras.

Meteorito, Meteoro: Estás próximo a lograr tus deseos y objetivos. También puede simbolizar la siembra de semillas espirituales en tu corazón.

Mezquita: Si tienes vestimenta árabe, este sueño te está mostrando una vida pasada con la cual deberás sanar karma. Si tu vestir es contemporáneo, favor de ver la entrada para "Iglesia".

Microbio, Germen: Pequeños temores se albergan en ti. Cuando tu energía está débil, se intensifican y te agarran.

Microchip: Simboliza la identidad que le presentas al mundo.

Micrófono: Es importante que expreses tu verdad. Es posible que no estés expresando tus necesidades. Puede indicar falta de balance y armonía en el chacra de la garganta.

Microondas: Necesitas considerar nuevas y mejores maneras de hacer las cosas. Es posible que estés haciendo las cosas demasiado rápidamente y necesitas detenerte y analizar la mejor manera de actuar.

Microscopio: Es importante que te detengas y analices una situación en tu vida más cuidadosamente. Algo que parece insignificante puede en realidad causar muchos problemas y contratiempos.

Miedo: Estás muy cercana(o) a enfrentarte a una verdad que no quieres reconocer. Es importante que te enfrentes a esos aspectos de tu ser que mantienes escondidos, con reconocimiento y gratitud por la oportunidad que te ofrecen de crecer y evolucionar.

Miel: Simboliza dulzura, compasión, ternura y amor incondicional. También representa la paz, sabiduría, regocijo y longevidad.

Migajas: Sientes que no se te está dando lo que mereces o no se reconocen tus logros.

Milagro: Recibes un mensaje importante en este sueño sobre todas las cosas supuestamente imposibles que puedes lograr si tienes fe.

Militar: Ver "Soldado".

Mimbre: Tienes el apoyo necesario para caminar por la vida. Pero a la vez, es importante que le ofrezcas apoyo a otros.

Mina: Estás llegando al centro de una situación o condición en tu vida. Por otro lado, este sueño puede significar que algún aspecto de tu ser sombra está saliendo a la superficie. También puede representar los tesoros internos que tienes y que necesitan aflorar.

Mineral: Simboliza optimismo. Aunque las cosas se vean difíciles al momento, el sueño te indica que saldrás de las dificultades y problemas.

Miniaturas: Estás expuesta(o) a acciones de otros en que sientes que se te falta el respeto.

Ministro: Simboliza tu guía espiritual. También puede representar el cuidado que le das a otros en lugar de cuidarte a ti mismo(a) para tu propio desarrollo y crecimiento espiritual.

Miopía: Tu perspectiva se ha limitado y no estás viendo las cosas desde una perspectiva amplia. El sueño también puede indicar que no estás viendo lo que necesitas ver.

Mirilla: Necesitas ampliar tu perspectiva en una situación que se te presenta. La puedes solucionar efectivamente cuando consideres opciones variadas.

Mirra: Purificas tu corazón cuando sanas las cicatrices causadas por heridas emocionales. Comienza una práctica de purificación de todo tu cuerpo energético y especialmente del corazón, a través de la sanación energética y la meditación.

Misa: Buscas la iluminación, esto es, la unión con el Creador en rituales y creencias fijas, en cosas que están fuera de ti. Sólo tienes que enfocarte en tu propio corazón para encontrar a Dios.

Misterio: Hay una situación o persona en tu vida que no es como se representa. Reflexiona sobre la situación o actos de la persona para llegar a la verdad.

Mochila: Ver "Maleta".

Modelo: Si sueñas que eres una modelo, esto representa la imagen que quieres presentarle al mundo. Estás intentando ser algo que no eres.

Moho: Hay mucho trabajo interno, espiritual que necesitas hacer ahora. También puede indicar que no estás utilizando tus talentos, tus habilidades.

Mojado: Soñar que estás mojada indica que estás listo para la limpieza y purificación necesarias conducentes a un renacimiento espiritual.

Molde: Cuando deseches las creencias fijas y las maneras habituales de pensar y actuar, logras una hermosa transformación espiritual y en tu vida en general.

Molino: Simboliza el poder de la mente. Este sueño te señala que la mente siempre debe ser controlada por el corazón y no a la inversa.

Momia: Sugiere que te encuentras atrapado(a) en una situación o que se te hace difícil desprenderte de ideas, creencias o hábitos que ya no te sirven. También puede indicar el fallecimiento de la creatividad interna. La creatividad nace en el chacra sacro y se expresa a través del chacra de la garganta. Sana y armoniza estos dos chacras para que renazca en ti la creatividad perdida.

Monasterio: Necesitas adentrarte en ti misma(o) y explorar el sendero a tomar antes de decidir lo que vas a hacer.

Mondar, Pelar: Despéjate de hábitos, creencias fijas, situaciones, pensamientos que ya no te sirven y limitan tu progreso espiritual.

Moneda: Indica cambios que vienen a tu vida. Fíjate en cuántas monedas hay en el sueño y busca la interpretación del número en la sección de "Números" en este libro.

Monedero, Cartera: Simboliza tu identidad. Si pierdes la cartera, esto indica que no sabes quién eres. Es posible que estés dándole tu poder personal a otros. Si sueñas que te roban la cartera o monedero, esto refleja temor a perder lo que tienes.

Monja: Representa un guía espiritual. Puede indicar las cualidades espirituales que tienes dentro de ti, como la pureza del corazón y la devoción al Creador.

Monje: Simboliza devoción, fe e iluminación espiritual. Es posible que el sueño tenga un mensaje de tus guías espirituales.

Mono: Estás muy dispersa(o) en tus decisiones y actuaciones saltando de lugar en lugar sin llegar al fondo de ninguna cosa. Necesitas centrarte para poder tomar decisiones precisas y actuar sobre ellas de manera acertada.

Monstruo: Indica temores a situaciones que tú mismo(a) has creado y que han crecido fuera de toda proporción. El temor es el instrumento favorito del ego y es la emoción que más afecta tu vibración adversamente. La vibración más elevada es el amor y el temor es la más baja.

Montaña: Simboliza claridad, perspectiva amplia, consciencia espiritual elevada. Si ves la montaña a la distancia, esto indica que estás teniendo experiencias de iluminación o que hay oportunidades en estos momentos para tenerlas. Nuevas lecciones se avecinan que causarán gran crecimiento espiritual. Si estás escalando la montaña, estás tomando la dirección correcta. Si estás bajando de la montaña, estás tomando una dirección que retrasa tu desarrollo espiritual.

Montaña rusa: Tu vida está atascada en un constante subir y bajar. Necesitas detenerte y encontrar un balance en tu vida para que puedas existir en armonía y paz.

Montón: Ver "Pila".

Montura: Soñar con una silla de montar indica que no necesitas depender de otros para lograr tus metas. Estás en plena libertad de manifestar lo que deseas para tu vida.

Monumento: Te preocupa el legado que dejas para generaciones futuras, cómo deseas que te recuerden.

Morder, Mordida: Te sientes vulnerable ante asuntos pendientes que necesitas resolver. Es posible que emociones densas no te permitan actuar. Necesitas atacar los problemas que tienes con determinación.

Moretón, Cardenal: El estrés se intensifica en ti debido a una situación difícil en tu vida. El sueño también puede indicar que estás reviviendo heridas emocionales del pasado que no han sido resueltas. Para más información sobre el mensaje del sueño, nota el lugar del cuerpo en que está el moretón.

Morgue: Soñar con un depósito de cadáveres sugiere que estás bloqueando tu propio desarrollo. También puede indicar que algunos aspectos de tu ser, como características o hábitos, han muerto debido a que ya no son necesarios.

Morir, Muerte: La muerte en un sueño representa el fin de algo en tu vida y el comienzo de lo nuevo. Lo viejo muere para que pueda llegar la regeneración y para que crecimiento ocurra. Este sueño te indica que necesitas abrir el espacio para que algo nuevo y positivo entre en tu vida. Es posible que estés lista(o) para un nuevo y más elevado estado de consciencia. Simboliza la muerte de lo viejo para que pueda haber nuevos comienzos en tu vida.

Mosaico: Representa los diferentes aspectos de tu ser, tu ser emocional, mental, físico y espiritual y el beneficio que derivas de traer estos diferentes aspectos a un balance que te permita sentirte completo(a).

Mosca: Representa energía negativa a nivel físico o emocional. También puede representar situaciones o personas irritantes.

Mosquito: Existe una situación o persona en tu vida que está drenando tus energías y reservas.

Mostrador: Al explorar tus opciones, te convendría el consejo de una persona objetiva y con los conocimiento necesarios para ayudarte.

Motel: Ver "Hotel".

Motocicleta: Indica un deseo que tienes de ser libre y de vivir aventuras. Es posible que estés tratando de escapar de alguna situación o responsabilidad en tu vida. También puede indicar que vas demasiado rápido y necesitas decelerar.

Motor: Simboliza gran fuente de poder, de fuerza vital. Un motor puede representar tu corazón y su poder. Fíjate si el motor funciona bien. Si el motor no funciona, esto significa que hay un obstáculo que te impide progresar.

Mucosidad, Moco: Necesitas limpiar energía reprimida.

Mudanza: Simboliza cambios internos. Indica cambio positivo, crecimiento y un movimiento hacia una integración del ser.

Mudez: Si sueñas que estás mudo, puede indicar que no estás verbalizando lo que sientes y no expresas lo que necesitas de otros. Es posible que temas ser juzgada. También puede representar la pérdida de identidad y la falta de poder personal. Necesitas expresar lo que sientes y piensas aún cuando no esté de acuerdo con lo que piensan otros. Te ayudará mucho sanar y armonizar tu chacra de la garganta.

Muebles: Representan creencias, ideas y actitudes de tu ambiente. También simbolizan como te autodefines, la expresión propia. Pueden representar la opinión que tienes de ti misma(o) y de tu familia. Se refiere a las relaciones que tienes y la cabida que otros tienen en tu vida. Fíjate en la condición de los muebles y dónde están colocados para poder analizar el sueño mejor.

Muelle: Ver "Embarcadero".

Muerte, Morir: La muerte en un sueño representa el fin de algo en tu vida y el comienzo de lo nuevo. Lo viejo muere para que pueda llegar la regeneración y para que crecimiento ocurra. Este sueño te indica que necesitas abrir el espacio para que algo nuevo y positivo entre en tu vida. Es posible que estés lista(o) para un nuevo y más elevado estado de consciencia. Simboliza la muerte de lo viejo para que pueda haber nuevos comienzos en tu vida.

Mujer: Simboliza los aspectos femeninos de tu ser. Si sueñas con una mujer en particular, puede representar los aspectos de esta persona que existen en ti y que no reconoces, o aspectos de ella que admiras. Por otro lado, puede representar aspectos de tu persona que proyectas en ella.

Mula: Ver "Burro".

Muletas: Estás apoyándote en otros demasiado en lugar de resolver tus asuntos por cuenta propia. También puede indicar que estás apoyándote sobre hábitos y comportamientos que ya no te sirven.

Multitud, Muchedumbre: Este sueño representa los muchos aspectos de tu ser y si hay alguna necesidad de integrarlos. Fíjate en el estado de la muchedumbre, si es pacífica, alborotosa, con propósito común. Esto te indica el estado en que se encuentran los diferentes aspectos de tu ser.

Mundo: Simboliza la realidad que estás viviendo, tu propio mundo de creencias, percepciones, ideas, emociones y pensamientos. Este sueño puede representar tu conexión con la Tierra.

Muñeca, Muñeco: Indica una necesidad de ser amada y nutrida emocionalmente.

Murciélago: Un símbolo potente de visión interna e intuición. Soñar con murciélagos representa la capacidad de percibir la verdad a través del velo de la ilusión. Un murciélago simboliza nuestra habilidad de superar el engaño de la realidad falsa del ego y encontrar la verdad divina. El murciélago es también un símbolo de renacimiento y conexión con la Tierra.

Músculo: Simboliza poder, fuerza, flexibilidad. Necesitas desarrollar estas cualidades dentro de ti.

Museo: Simboliza el aprendizaje, el conocimiento. Estás en un proceso de recibir e integrar información. Necesitas analizar lo que has aprendido de tus experiencias pasadas y utilizar estas enseñanzas en tu vida presente. Es importante que lo que reciba tu mente sea filtrado a través de tu corazón a donde existe la sabiduría verdadera. Por otro lado, soñar con un museo puede representar viejas ideas y creencias que ya no sirven y que debes desechar.

Música: Simboliza sanación, y el fluir creativo de la vida. Indica armonía interna, paz y belleza espiritual.

Muslos: Símbolo de aguante, resistencia, vigor. Tienes las características necesarias para actuar de manera decisiva.

Mutilación, Mutilar: Soñar que te están mutilando o que te estás mutilando a ti mismo indica falta de amor propio. El amarte a ti misma es de suma importancia. Como eres parte del Creador, un destello divino, si no te amas, no puedes amar al Creador ni al resto de Su creación. El amor comienza contigo. Al amarte, aceptas que eres un aspecto del Creador en unión con el Todo. Aún cuando en tu manifestación física no eres perfecta, tu ser infinito, que es tu verdadero ser, goza de la perfección absoluta de la Luz. Este sueño te indica que se te hace difícil amarte a ti misma(o) y necesitas establecer una práctica que te ayude a reconocer la hermosa divinidad en ti para que puedas amarte y desde ese amor propio, abrir tu corazón para que puedas amar a los demás.

N

Nacimiento: Este sueño representa el nacimiento de algo nuevo en tu vida; un nuevo comienzo.

Nadar: Estás explorando tu vida emocional y aprendiendo lecciones que necesitas aprender en los aspectos emocionales de tu ser. Por otro lado, el sueño puede indicar que sales a flote en alguna situación de tu vida.

Nalgas, Nalgadas; Hay una situación que te trae inseguridad y estás luchando contra ello.

Namaste: Esta palabra significa "la divinidad en mí reconoce la divinidad en ti" en sánscrito. Escuchar la palabra "namaste" en un sueño indica que estás consciente de tu unión con el Todo. Es un símbolo de estado de consciencia elevado, de tu entendimiento que todo en la existencia es parte del Todo que es Dios. Reconoces la divinidad que hay en otras personas, sean quienes sean.

Naranja, China: Simboliza buena salud y prosperidad. Si sueñas con jugo de naranja, es posible que necesites las vitaminas presentes en la naranja, como la Vitamina C.

Narciso: Símbolo de alegría, optimismo, esperanza, crecimiento y renovación interior. También representa un nuevo comienzo.

Narcóticos: Ver "Drogas".

Narcotraficante: Es posible que estés buscando alternativas equivocadas para escapar rápidamente de una situación.

Nariz: No estás viendo la lección que tienes frente a ti. Necesitas utilizar tu intuición para detectar las cosas que te están afectando y a las cuales necesitas prestarle atención.

Naturaleza: Tienes una fuente de bendiciones disponible que te trae paz y serenidad. La naturaleza te ofrece incontables dádivas que te ayudan a mantener la armonía y el sosiego en tu ser. Toma el tiempo necesario para estar en la naturaleza y disfrutar de sus bendiciones.

Naufragio: Indica conflicto emocional profundo.

Náusea: Necesitas dejar ir las energías negativas suprimidas. Estás abrumado(a) por experiencias que no entiendes. Abarcas tanta energía densa dentro de ti que te estás enfermando. Es importante que sueltes estas energías, aprendas las lecciones que viniste a aprender y continúes tu proceso de crecimiento y expansión espiritual.

Navaja: Representa la claridad mental, la consciencia despierta que traspasa el engaño para revelar la verdadera realidad. Es importante que abras tu corazón a la verdadera realidad de tu ser y despiertes del sueño que te ha convencido que la realidad material es real y es todo lo que hay. Te ayudará mucho sanar y armonizar tu ajna, el chacra del entrecejo.

Nave espacial: Ver "Platillo volador".

Navegar, Navegación: Intentas vencer tus emociones fuertes y superar sus efectos. Si las aguas en que navegas son tranquilas, tendrás éxito en este esfuerzo. Si hay turbulencia en las aguas, estás teniendo dificultades en vencer estas emociones negativas.

Navidad: Simboliza celebración, paz, el despertar al amor incondicional y el regalo de un estado de consciencia elevado. Representa la unión familiar y los regalos recibidos en tu núcleo familiar que te ayudaron a crecer y aprender las importantes lecciones de la vida. También representa un nuevo comienzo.

Neblina, Niebla: Simboliza confusión, falta de claridad, incapacidad de ver lo que necesitas ver. Sana y armoniza tu ajna, tu chacra del entrecejo, para que puedas ver y percibir las cosas con la claridad necesaria.

Negación: Te niegas a reconocer la verdad.

Negro: El color negro representa el subconsciente, lo desconocido y misterioso. Puede representar tu ser sombra.

Neón: Este sueño tiene un mensaje importante. Presta atención a los demás símbolos en el sueño. Es posible que tus guías espirituales te estén anunciando algo por venir.

Nerviosidad: Una situación en tu vida te causa desasosiego y te sientes insegura(o) sobre la mejor manera de lidiar con ella. Pide ayuda.

Nevera, Refrigerador: Representa emociones frías y paralizantes que no te permiten actuar.

Nido: Este sueño indica un deseo profundo por una familia estable y armoniosa o una relación íntima que traiga paz y sosiego a tu vida. También puede representar un lugar sereno y seguro dentro de ti. Por otro lado, es posible que este sueño represente tu deseo de tener tu propio espacio que te permita el nacimiento de ideas creativas en un ambiente silencioso.

Nieta, Nieto: Hay un renacer hermoso en tu vida. Al mirar hacia atrás, puedes ver todas las lecciones aprendidas y los beneficios de éstas.

Nieve: Simboliza pureza, verdad, paz espiritual. Si la nieve está limpia, sin haberse pisado, esto indica que habrá un nuevo comienzo en tu vida que te llenará de paz espiritual. Nieve sucia representa la pérdida de la inocencia y la pureza.

Ninja: Te sientes amenazada(o) por alguien en tu vida, ya que albergas sospechas sobre sus motivaciones.

Niña, Niño: Soñar con un niño o una niña representa esos aspectos internos de tu ser como la inocencia, apertura, alegría del corazón. Para poder evolucionar espiritualmente necesitamos ser como niños, esto es, vivir en el momento, disfrutando de las cosas sencillas de la vida e imaginando la perfección que es posible.

Niñera: Reconoce y apoya tu inocencia interior.

Noche: Soñar que es de noche significa que no estás viendo las cosas con claridad. Es posible que algo esté bloqueando tu comunicación con tus ángeles y otros guías espirituales y no logras alcanzar tu Luz interna. Una práctica que incluya la meditación y la armonización de chacras es de gran ayuda para abrir tu ser a las energías sutiles, comunicarte con tus guías espirituales y llegar a la Luz que hay dentro de ti y que puedes irradiar para el mayor bien tuyo y de todos.

Nombre: Si escuchas o ves tu nombre en un sueño este es un llamado de tus guías espirituales sobre un mensaje urgente que te quieren transmitir. Si escuchas o ves el nombre de otra persona representa las cualidades que asocias con la persona y que es posible deseas desarrollar en ti misma. También es posible que el nombre de esta persona sea un mensaje espiritual que puedes interpretar a través de la numerología. Busca el equivalente numérico del nombre bajo la sección de "Alfabeto" y luego busca el significado del número en la sección de "Números."

Noria: Ver "Machina".

Norte: Soñar que te diriges hacia el norte representa tu búsqueda de guía espiritual.

Notas escolares: Simboliza como te desempeñas en diferentes aspectos de tu vida.

Novela: El sueño te señala hacia una perspectiva más amplia al considerar las situaciones con las que te enfrentas en estos momentos. No limites tus opciones.

Novia: Una mujer vestida de novia simboliza la energía femenina divina y puede representar una nueva fase en tu vida en que la energía femenina divina despierta en tu ser y toma las riendas. La integración y asimilación de la energía femenina divina es necesaria tanto para hombres como mujeres ya que es la energía que nos impulsa hacia la unión con el Creador. Es una energía que nos permite recibir guía de la divinidad dentro de nosotros y en toda la Creación. Es la energía del Amor incondicional y la compasión.

Novio: Los aspectos fuertes y firmes de tu ser están listos para fundirse con los aspectos intuitivos y creativos de tu ser.

Nubes: Si las nubes son blancas y suaves, representan un estado de paz interior, de armonía espiritual y compasión. Simbolizan la elevación espiritual. Nubes grises y tormentosas representan ira, depresión y la falta de progreso debido a la falta en tu vida de una práctica espiritual dedicada al Creador.

Nudillos: Simboliza trabajo fuerte y consistente. Si en el sueño tocas una puerta con los nudillos, esto indica que se abre un camino ante ti pero necesitas actuar.

Nudo, Ataduras: Usualmente soñar con un nudo o ataduras representa las ataduras que tienes con alguna persona en tu vida. Necesitas disolver estas ataduras para poder evolucionar espiritualmente. Las ataduras siempre son negativas ya que cuando se ama verdaderamente, la única energía existente es la del amor. El verdadero amor no puede existir en conjunto con la energía negativa de las ataduras. Cuando se ama con ataduras el amor es condicional, dependiente de cómo la otra persona se comporta o actúa, de las expectativas que tienes de ella. Las ataduras provienen de los chacras inferiores, especialmente el chacra umbilical y limitan el amor. Cuando se ama sin ataduras, esto es de corazón a corazón, la única energía que existe entre tú y la persona amada —sea pareja, hijo, amiga, madre— es la hermosa energía de la Luz. Amar sin ataduras representa el amor en todo su esplendor.

Nueces: Simboliza un gran potencial para el crecimiento. También puede indicar que necesitas tiempo de preparación y trabajo para derivar los beneficios de alguna encomienda.

Nuez moscada: Simboliza calidez en el hogar y una vida familiar placentera.

Número de emergencia (911 o el número de emergencia de tu país): Pide ayuda de inmediato. Este sueño es un mensaje sobre algo que necesitas hacer ahora. El sueño te revela una lección importante. Analiza

el sueño con detenimiento, medita y pídele a tus ángeles y otros guías espirituales que te ayuden. Conéctate con el Creador a través de tu corazón abierto y despierto y dile: "Creador, dime lo que quieres que haga." Recibirás la guía que necesitas en tus sueños, meditaciones o a través de algún escrito o algo que te diga una persona. Mantente alerta a los mensajes divinos. A veces llegan cuando menos lo esperamos.

Número telefónico: Este sueño señala la necesidad de contactar a una persona y pedir o darle ayuda.

Números: La numerología es la práctica en que se interpretan los mensajes espirituales que nos llegan a través de los números. Cada número contiene una energía, una vibración distintiva que nos ayuda a interpretar mensajes de nuestros guías espirituales. A continuación se ofrece la interpretación de los números con su significado espiritual. Cuando sueñes con un número o con letras que has traducido a números, suma los números hasta llegar al número más pequeño menor del 9, a menos que los números sumen 10, 11, 12, 22, 33 ó 40 que son números maestros, según se indica en la lista que aparece abajo. Por ejemplo, si sueñas con el número 959 o en el sueño ves las letras IER que se traducen como 959 numéricamente (de acuerdo a la gráfica que aparece en la sección de "Alfabeto" en este libro), el total es 5. El cálculo es como sigue: $9 + 5 + 9 = 23, 2 + 3 = 5$. Si, por el contrario, sueñas con un número como el 354, $3 + 5 + 4 = 12$, el número 12 no se reduce más porque el número 12 es un número maestro. Los números maestros representan frecuencias de energías muy elevadas, potentes y poseen más potencial para la manifestación espiritual que los números sencillos.

Los números y lo que representan

Números sencillos

1 – Nuevo comienzo, unión con el Creador, unión con el Todo.
2 – Balance de las energías masculinas y femeninas. Puede significar falta de balance en algún aspecto de tu vida.
3 – Armonía perfecta de mente, cuerpo y espíritu. Este número representa la divina trinidad que es el símbolo de la armonía de las diferentes partes de nuestro ser.
4 – Crecimiento en perfecto balance.
5 – Un cambio ocurre ahora o muy pronto.
6 – Guía, orientación de maestros espirituales, de ángeles y otros guías espirituales. También simboliza el balance perfecto del ser humano.
7 – Número místico que representa los ciclos de comienzos y finales
8 – Consciencia cósmica, el infinito.
9 – Algo se completa. Terminación de lo viejo.

Números maestros

10 – Nuevo comienzo con entendimiento nuevo. Una frecuencia más elevada de estado de consciencia.
11 – El poder de expresar creativamente el balance divino del ser. Un número maestro que expresa la unión perfecta con el Creador y con el Todo.
12 – Unidad poderosa de energía. Ciclo de crecimiento y desarrollo.
22 – Expresión espiritual de balance e integración del ser.
33 – Símbolo de maestros o guías espirituales. Enseñanzas espirituales de alto nivel.
40 – Energía mística.
0 – Plenitud, perfección.

Ñ

Ñame: Indica la necesidad de arraigarte y volver a la simplicidad de la vida.

Ñangotar: Representa un estado de baja autoestima.

Ñapa: Falta algo en tu vida para sentirte completo(a). Busca en tu interior. Todo lo que necesitas está ahí en tu corazón.

Ñoco: Si falta la mano derecha quiere decir que no estás dándote a ti misma(o) o a otros lo necesario. Quizás indique mezquindad, egoísmo. Si falta la mano izquierda indica que no estás recibiendo la energía que necesitas para recargarte.

Ñoñería: No estás tomando las cosas con seriedad. Estás lidiando con demasiada liviandad una situación que requiere circunspección y sobriedad.

O

Oasis: Te conviene encontrar un refugio a donde puedas nutrir tus cuerpos físico, emocional, mental y espiritual. Hace falta que descanses y disfrutes de la relajación.

Obelisco: Simboliza el poder espiritual y crecimiento espiritual en tu vida. Representa una torre de poder que tienes y te sostiene en tu búsqueda de la iluminación.

Obesidad: Ver "Gordura."

Obituario: Significa la muerte de lo viejo incluyendo ideas, actitudes, hábitos y creencias que ya no convienen para tu evolución espiritual.

Objetivo, Meta: Soñar que cumples con un objetivo indica que lograrás el éxito en lo que aspiras.

Obligación: Simboliza tu sentido de responsabilidad y deber.

Obra teatral: Si estás en el público viendo una obra de teatro, esto indica que estás observando tu vida de manera tal que puedas cambiar las cosas que necesitan cambiarse. Tienes completo control de tu vida y si hay algo que no está bien, tienes el libre albedrío de cambiarlo, de reescribir el libreto. Si, por el contrario, estás actuando en la obra de teatro esto indica que estás listo(a) para recargarte de energías creativas.

Obras en la carretera: Este sueño representa los obstáculos, bloqueos, retrasos, y reveses que necesitas superar para seguir adelante. También puede indicar que necesitas más tiempo para lograr tus metas debido a reveses que deben solucionarse.

Observar, Vigilar: Si estás observando una situación, estás demasiado ocupada(o) con los asuntos de otros en lugar de enfocarte en la autorreflexión. También indica una actitud pasiva hacia la vida, falta de iniciativa, el permitir que la vida te pase por delante en lugar de ser un participante activo. Si en el sueño alguien te está observando, esto indica que sientes una falta de privacidad o sientes que alguien te está escudriñando, juzgando.

Observatorio: El sueño indica que tienes el potencial espiritual para elevar tu ser a las alturas necesarias para despertar a la iluminación en tu corazón.

Obstáculo: Ver o tener obstáculos en un sueño indica que estás pasando por dificultades. Representa lo que necesitas superar para poder alcanzar tus metas. Medita y ora para recibir guía sobre lo que debes hacer para vencer los obstáculos y superar las dificultades en tu vida.

Obstrucción: Necesitas remover un bloqueo que está obstaculizando tu progreso. Este bloqueo puede ser emocional, mental o espiritual. También puede referirse a un bloqueo en tus chacras.

Océano, Mar: Representa enorme energía emocional que debes utilizar con cautela. También simboliza la fuente de tu fuerza vital. Si estás perdido en el océano, a la deriva, esto significa que te avasallan las emociones. Si el agua está turbia esto representa emociones negativas y destructivas. Si el agua está clara y serena, significa que tus emociones están calmadas y en balance.

Odio: El soñar que odias a alguien indica que albergas resentimientos o sentido de agresión que sólo puede hacerte daño. Es importante que sueltes estas emociones para que puedas encontrar la paz en tu corazón.

Oeste: Símbolo de oportunidades para crecimiento y la realización de tus aspiraciones. Representa la satisfacción y plenitud.

Oficina: Soñar con una oficina representa tu situación de trabajo, tu productividad. Analiza los demás símbolos en el sueño para que puedas interpretarlo.

Ofrenda: Cuando das de ti mismo(a) a los demás con amor incondicional y sin juicio, ofreces una bendición enorme. Tienes el potencial de ayudar a otros con amor y compasión.

Ogro: Este sueño indica temor y sus consecuencias negativas. Cuando hay temor, el corazón se cierra al Amor divino y esto causa gran malestar y desasosiego en el alma. No hay nada que temer. El Creador está ahí, en ti, siempre.

Oído: El sueño tiene un mensaje espiritual importante. Analiza los otros símbolos en el sueño detalladamente. Escucha.

Ojo: Un ojo simboliza la iluminación, sabiduría y un estado de consciencia elevado. Cuentas con gran claridad y ves la realidad verdadera sin que medien los engaños del ego. Dos ojos abiertos representan el ver las cosas con claridad. Ojos cerrados indican que no estás viendo lo que necesitas ver. En este caso, sana y armoniza tu ajna (chacra del entrecejo) para remover los velos que no te permiten ver con claridad.

Ojo de vidrio: Estás viendo las cosas con claridad. Si el ojo de vidrio está roto, tu percepción ha cambiado y puedes ver las cosas de manera nueva y diferente. Si pierdes el ojo de vidrio indica que no estás viendo con claridad. Armoniza y sana tu ajna.

Ola: Símbolo de claridad y renovación. El sueño sugiere que estás recargando tu ser con energía regeneradora. Si estás atrapada en una ola, esto indica que te avasallan las emociones. Por otro lado, si la ola te arrastra esto puede indicar que estás listo para hacer un cambio en tu vida.

Olimpiadas: Este sueño te indica que llegó el momento para perseguir tus aspiraciones, tus metas.

Olla: Simboliza lo que estás haciendo con tu vida en estos momentos. Nota la condición de la olla. Una olla descascarada indica que estás tomando acciones incorrectas. Si el contenido de la olla está hirviendo y derramándose, esto indica que te avasallan las emociones o que tus emociones están descontroladas.

Olmo: Símbolo de fortaleza y longevidad. También representa la sabiduría de nuestros ancestros y de los maestros iluminados de todos los tiempos.

Olor: Este sueño te indica si una situación, idea o decisión es buena o si no te conviene. Si hueles algo placentero, lo que estás pensando hacer es positivo. El olor desagradable te indica que la situación, idea o decisión es negativa.

Olvido: La presencia del Creador está ahí mismo, en tu corazón, en el centro de tu ser. El sentirte sola, desamparado sólo indica que has olvidado la verdad de tu ser, la verdadera realidad de que eres un ser divino y el Creador habita en tu ser en todo momento. Su presencia está en ti siempre, ámándote. Sólo tienes que estar consciente de ello.

Om: Escuchar el mantra o ver el símbolo de Om en un sueño representa la presencia del Creador. Indica la integración de todas las vibraciones del universo en un Todo divino. Estás en sintonía con la consciencia divina.

Ombligo: Soñar con el ombligo, especialmente si sientes energías negativas en el sueño, indica que tu chacra umbilical está en desbalance y necesitas armonizarlo. El sueño también indica que desconfías del poder personal que tienes y no lo utilizas a cabalidad. Es posible que estés entregándole tu poder personal a otros.

Ónix: Simboliza el poder y la belleza que existe dentro de tu alma. El ónix representa la armonía espiritual y paz que deseas tener. También simboliza un don o talento que no has reconocido en ti.

Ópalo: Simboliza la transparencia espiritual en que la verdad es reflejada y transmitida. Tienes mucho potencial dentro de ti y necesitas actualizarlo, traerlo a la superficie.

Ópera: Añoras por una experiencia épica en tu vida. También puede simbolizar la armonía espiritual y el deseo o necesidad de trabajar con otros para lograr una meta grandiosa que beneficie a toda la humanidad. Por otro lado, soñar con una ópera puede indicar que estás demasiado envuelta en el drama en tu vida diaria.

Optómetra: Buscas claridad sobre un asunto que se te presenta de manera confusa. Necesitas asumir una nueva perspectiva, una manera más amplia de ver las cosas. El sueño también puede indicar que tienes un bloqueo en el chacra del entrecejo (ajna) que necesita aclararse.

Orador: Si estás dando un discurso en público, esto indica que necesitas expresar tu pensar y sentir. Hay algo importante que necesitas comunicarle a alguien. Sana y armoniza tu chacra de la garganta, Esto mejora tu habilidad para comunicarle tu verdad a otros. Si estás escuchando a un orador, esto indica que hay un mensaje importante que debes recibir.

Orangután: Ver "Gorila".

Orbe, Esfera: Te llega un nuevo entendimiento espiritual sobre la verdad de tu ser.

Ordenador: Ver "Computadora:"

Ordeñar: Si estás ordeñando una vaca o cabra, esto indica que recibes grandes oportunidades de progreso, pero aún no las puedes aprovechar. A través de la perseverancia y la intención enfocada puedes triunfar.

Oreja: Es importante que seas receptivo a tu guía espiritual. Es posible que dependas demasiado de tus propios juicios provenientes de la mente y no prestes atención a la información, la guía que te llega de los planos espirituales. Escucha, presta atención.

Orfanato, Orfelinato: Te sientes desamparada y solo en el mundo. Sin embargo, es importante que entiendas que no estás sola. El Creador está en ti, ámándote. Abre tu corazón para sentir esta verdad resonando en tu ser.

Organizar: El sueño indica que hay una situación en tu vida a la cual necesitas atender.

Órgano: Si escuchas un órgano en un sueño esto representa tu conexión espiritual con el Creador.

Orgasmo: Si sueñas que estás teniendo un orgasmo, esto puede indicar que algo se completa favorablemente en tu vida.

Orgía: Existe confusión en la integración de los diferentes aspectos de tu ser resultando en un drenaje de tu energía vital. Una práctica espiritual te ayudará a integrar tu ser de manera armoniosa.

Origami: Simboliza la creatividad. Aprende a expresarte, a darle a tu imaginación la importancia que se merece. La imaginación es un factor importante en la manifestación material de nuestros deseos y añoranzas.

Orilla: Es importante soltar lo que te mantiene anclada en la orilla de la vida para que puedas fluir en el Amor del Creador, llegar a la iluminación y ser uno en el Amor infinito.

Orines, Orinar: Este sueño te señala la necesidad de limpiar y purificar tus emociones, de desprenderte de la tensión emocional.

Oro: Simboliza el Amor y la Luz divinos. Recibes un gran regalo divino, una bendición. Dentro de ti están contenidos grandes tesoros. No lo olvides. El oro es símbolo de la iluminación y espiritualidad elevada.

Orquesta: Símbolo de armonía y resolución. Te acercas a una integración completa de tu ser, en resonancia con las vibraciones elevadas de la existencia. Se resuelven todas las partes disonantes de tu ser y entras en un hermoso equilibrio.

Orquídea: Simboliza ternura, belleza y romance. Es posible que exista una situación en tu vida que requiera atención y cuidado especial.

Ortiga: Representa una situación difícil que necesitas evitar.

Oruga: Aunque aún no has alcanzado tu meta, ésta se logra en un futuro cercano.

Oscuridad: Simboliza el temor a lo desconocido. Es posible que estés viviendo tu vida con energías bajas y poca claridad. Es hora de despertar. Medita, practica la auto-sanación, trae Luz a tu ser para que tu Luz interior, que es la Luz del Creador, te dé claridad y te guíe en la dirección que necesitas tomar.

Oso: Un oso simboliza gran poder y fuerza que puede utilizarse de manera sabia o desarmonizada. El oso puede ser tranquilo y adorable, pero también puede mostrar gran ferocidad. Por lo tanto, su comportamiento puede ser impredecible. Este sueño señala la importancia de utilizar tu poder personal con sabiduría en lugar de permitir que explote descontroladamente. Soñar con un oso también puede significar la necesidad de actuar con fortaleza, valor y discernimiento en alguna situación de tu vida, cuidándote de no enfrentarte a la situación de manera desequilibrada o fuera de control. Representa la necesidad de encontrar armonía, balance y paz en todas las situaciones de tu vida.

Ostra: Estás encerrada en ti misma, escondiendo tu belleza interna.

Óvalo: Simboliza la terminación de algo y un nuevo comienzo. El sueño te indica que ideas creativas llegan a ti y puedes completar favorablemente un proyecto comenzado. El óvalo también puede representar el aura, tu energía vital.

Ovario: Simboliza un nuevo comienzo. Existen en ti las semillas que necesitas para evolucionar.

Oveja: Simboliza la confianza inocente e ingenua, el otorgarle la responsabilidad de ti mismo(a) a otros. Representa docilidad y conformismo, el no tomar las riendas para controlar tu propia vida.

Ovni, Platillo volador: Progresas en tu evolución espiritual y estás próximo(a) a tener una apertura mayor que traerá un nuevo entendimiento a tu vida. Por otro lado, puede indicar un sentido de enajenamiento de tu ambiente y deseos de escapar tu realidad presente. Representa el temor que sientes de aspectos de tu ser sombra que has rechazado y quisieras no ver.

Oxígeno: Tienes gran energía creativa que debes manifestar. El sueño también puede indicar un renacer en ti que te trae regeneración y rejuvenecimiento.

Paciencia: Tu espera tendrá buenos resultados. Hacer las cosas con prisa en muchas ocasiones no rinde buenos resultados.

Paciente: Si sueñas que eres un paciente esto señala que estás pasando por un proceso de sanación. La sanación puede ser física o emocional.

Padre, Papá: Simboliza tu parte masculina y representa autoridad y protección.

Padres: Ver a ambos padres en tu sueño simboliza poder, refugio y amor. También puede representar la fusión de tus energías femeninas y masculinas.

Pagar: Representa las consecuencias de tus acciones y cómo necesitas enfrentarlas. El sueño también puede señalar hacia los beneficios de sanación kármica.

Página: Una página en blanco significa que no estás haciendo nada con tu vida. Si estás leyendo de una página o si la página está escrita, esto quiere decir que estás echándole un vistazo a tus Registros Akáshicos, una dimensión elevada de Luz en que existe todo lo que ocurre en la existencia.

Pagoda: Aunque este sueño puede representar tu espiritualidad, si estás vestido o vestida como un japonés, con vestimentas antiguas, este sueño te revela una vida pasada con la cual necesitas hacer sanación kármica.

Paja: Simboliza las necesidades básicas de la vida. Necesitas simplificar tu vida y volver a los valores básicos. Acepta y agradece lo que ya tienes y reconoce que tienes todo lo que necesitas.

Pájaro: Ver "Ave".

Pajilla, Sorbeto: Este sueño indica que necesitas aprender a guiar tus emociones para que puedas expresarlas de manera saludable y apropiada.

Pala: Indica que estás en la búsqueda de conocimientos y percepciones nuevas sobre tu propio ser.

Palabras: Si ves palabras al azar en tu sueño, esto indica confusión mental. Si sueñas con una palabra específica, puedes buscar el significado de la palabra para recibir más información.

Palacio: Hay un reino mágico dentro de ti con el cual puedes manifestar la vida que deseas. Cuentas con gran potencial.

Palillo de dientes: No estás comunicando algo que debes expresar. Tus pensamientos y emociones permanecen atascados dentro y no logras expresarlos.

Palma de la mano: Debido a tu generosidad, tienes gran potencial para ayudar a otros. Ofrece tu amor a los demás con ternura y compasión.

Palmera: Simboliza tranquilidad y longevidad. Es posible que necesites descansar, restaurar tus energías agotadas y entrar a un estado de relajamiento y paz que rejuvenece y regenera.

Palo, Rama: Hay una situación en tu vida que necesitas despejar.

Paloma: Soñar con una paloma simboliza paz, tranquilidad, armonía e inocencia. Es un símbolo místico que representa la libertad del alma y el despertar espiritual.

Palomitas de maíz (Popcorn): Representa la expansión de ideas creativas y crecimiento positivo. Si el maíz aún no ha reventado, esto simboliza potencial que no se ha realizado aún, pero que está listo para manifestarse.

Palpar, Tocar: Indica la necesidad de comunicar tu sentir.

Palpitaciones: Hay temor en ti y lo estás reprimiendo. Si en el sueño sientes palpitaciones del corazón, esto indica que necesitas sentir la resonancia, los ritmos de la vida en lugar de permanecer en un estado de parálisis emocional

Pan: Simboliza un estado de ser en que estás consciente de ser uno con el Creador. Una práctica espiritual basada en el amor divino te provee el pan de la vida en que existes en unión amorosa y serena con el Creador Amado.

Panadería: Simboliza calidez, seguridad, abundancia y bienestar.

Panal de abejas: Deseas más dulzura en tu vida. Logras esto amando al Creador, ya que su Amor es tierno y dulce.

Panda: Necesitas actuar con fortaleza en una situación que requiere una perspectiva balanceada.

Pandereta, Tamborín: Representa el ritmo de tu vida. Estás en un fluir donde ejerces control sobre los diferentes aspectos de tu vida.

Pandilla: Representa los aspectos rebeldes, primitivos de tu ser. También puede simbolizar actitudes y creencias que suscitan miedo dentro de ti.

Panel solar: Abre tu corazón para recibir los mensajes espirituales que tus ángeles y guías espirituales desean ofrecerte.

Pánico: Sientes descontrol en tu vida, tu poder personal y tus emociones. Necesitas asentarte en la paz de tu corazón. Pide ayuda cuanto antes.

Panorama: Adquieres una perspectiva más amplia sobre tu vida y la vida en general.

Pantalla, Monitor: Intentas solucionar tus problemas a través del esfuerzo mental restándole importancia a la intuición y la sabiduría del corazón.

Pantallas, Aretes, Zarcillos: Es muy importante que en estos momentos escuches tu voz interior, las directrices de tu corazón. Te está llegando un mensaje espiritual importante. Escucha. Presta atención.

Pantalones: Este sueño te señala la necesidad de armonizar tus chacras inferiores con los superiores. Los chacras raíz, sacro y umbilical necesitan armonizarse con los chacras del corazón, garganta, ajna y corona.

Pantano: Simboliza emociones negativas y otros aspectos densos de tu ser que están escondidos y no deseas reconocer. Representa tus aspectos sombra. También puede indicar falta de claridad o perspectiva en algún asunto de tu vida.

Pantera: La interpretación de este sueño depende de cómo te sientes en el sueño. Si tienes miedo, el sueño te avisa sobre una situación difícil que puede llegar a tu vida. Si te sientes bien en el sueño, esto indica que tienes gran poder interno y necesitas desarrollar tu potencial.

Pantis: Necesitas equilibrar los aspectos femeninos de tu ser con los aspectos masculinos. Seas hombre o mujer, tu energía femenina y tu energía masculina deben estar en balance.

Pantomima: Necesitas expresar de manera positiva, las emociones y pensamientos que llevas dentro.

Pañal: Estás desechando ataduras y programaciones viejas. Cuando reces, pídele al Creador que este proceso sea lo más suave posible.

Pañuelo: Simboliza lágrimas y tristeza.

Papa: Si sueñas con el Papa, este sueño contiene un mensaje espiritual y deberás prestarle atención.

Papá Noel, San Nicolás: Se te otorga un regalo espiritual importante. Abre tu corazón para recibirlo.

Papalote, Chiringa: Simboliza elevación de tus pensamientos y emociones. Disfrutas de un más elevado nivel de consciencia que trae gran crecimiento espiritual. Tienes la libertad espiritual necesaria para elevarte a planos elevados de Luz.

Paparazzi: Te preocupa la invasión de tu privacidad a través de las redes sociales y otros aspectos de la internet. Puedes tomar medidas para evitar una violación de tu privacidad.

Papas (comestibles): Necesitas simplificar tu vida y volver a los valores espirituales que son de mayor importancia. Acepta y agradece lo que ya tienes. No te enfoques en lo que no tienes.

Papaya: Símbolo de energía femenina, de creatividad y del chacra sacro; energías que necesitas armonizar para tu bienestar espiritual. También es posible que necesites las proteínas digestivas o enzimas contenidas en esta fruta deliciosa que Cristóbal Colón llamó la fruta de los ángeles.

Papel: Simboliza la manera de expresarte. Si el papel está en blanco, esto indica que deseas comenzar una nueva vida o que necesitas expresarte a través de la escritura. Si ves una pila de papeles, esto indica que estás en medio de responsabilidades y estrés que te sobrecogen. Necesitas lidiar con esta situación y, si es necesario, comunicarle a otros como te sientes. Si ves una bolsa de papel en tu sueño, esto te recuerda que en muchas ocasiones cosas que aparentan ser ordinarias, pueden guardar dentro lo extraordinario.

Papel de aluminio: Te proteges de una situación o persona que sientes puede hacerte daño.

Papel de lija: Este sueño indica una necesidad de suavizar, alisar algo en tu vida. Es posible que existan cosas ásperas o irregulares en alguna situación o relación.

Papel sanitario, Papel higiénico: El sueño señala la necesidad de sanar las emociones densas que has reprimido. Estas lista(o) para dejarlas ir.

Papel toalla: Significa necesidad de purificar tu energía para que puedas avanzar espiritualmente. También puede indicar que algo de tu pasado necesita limpiarse.

Paperas: Tienes un bloqueo energético en tu chacra de la garganta y debido a este bloqueo no estás comunicando tu verdad. Te ayudará mucho recibir sanación energética dirigida a desbloquear este chacra.

Papiro: Buscas soluciones en el pasado. Te vendría bien permanecer en la sabiduría de tu corazón para recibir la guía que necesitas.

Paprika: El sueño te señala que necesitas traer más sabor a tu vida a través de actividades placenteras.

Paquete: Si envías un paquete, estás entregando una parte de tu ser a otro. Si recibes un paquete, estás aceptando una carga de otra persona. Si no sabes en el sueño si recibes o envías el paquete, esto significa que existe un aspecto desconocido de tu ser que necesita revelarse.

Parabrisas: Mirar a través del parabrisas indica que puedes ver lo que tienes por delante y las opciones que puedes tomar. Si el parabrisas está roto, esto indica que estás acercándote a tus metas de manera equivocada.

Paracaídas: Este sueño te asegura que hay ayuda para ti. Tienes toda la protección que necesites. Invoca tus guías espirituales, los ángeles, arcángeles y seres de Luz que están disponibles siempre para ayudarte y protegerte. Sólo necesitas pedirles su ayuda, protección y guía.

Paraguas, Sombrilla: Simboliza la protección y seguridad emocional. Estás protegiéndote para que ciertas emociones no te afecten y es posible que este esfuerzo no te permita lidiar con emociones que necesitan esclarecerse.

Paraíso, Cielo Divino: Representa el amor, la paz, el regocijo, la iluminación, un entendimiento elevado de la verdadera realidad. Simboliza nuestra unión con el Creador. También puede representar la añoranza que sientes por regresar a tu verdadero hogar, al regazo de tu Creador.

Parálisis: Te sientes indefenso, desamparada. El temor no te permite funcionar bien ni ver con claridad.

Paramédico, Paramédica: Hay una situación que necesitas solucionar de inmediato.

Paranoia: El temor y la desconfianza están causando dificultades en tu vida y no te permite seguir hacia delante.

Parásito: Estás drenada(o) energéticamente y físicamente. Algo o alguien está chupando tus energías. También es posible que sean tus propios pensamientos densos y tus propias emociones negativas lo que estén causando esta merma en tu energía.

Parcha: Representa tu conexión espiritual. Tienes un gran potencial para llegar a altos niveles de espiritualidad y unión con el Creador, con el Todo.

Pare, **Señal de pare:** Un aviso de que debes detenerte y pensar cuidadosamente sobre una situación o algún pensamiento que estás teniendo en estos momentos. Luego de parar y reflexionar, necesitas proceder con precaución. Por otro lado, soñar con una señal de pare puede representar las barreras, obstáculos y dificultades en tu camino.

Pared: Simboliza un obstáculo que necesitas vencer. Representa limitaciones, barreras a tu progreso. También puede indicar que has creado una pared que te separa de los demás y no permite que otros se te acerquen. Por otro lado, puede representar tus propias creencias caducas, pensamientos negativos y actitudes que necesitas desmantelar para que puedas vivir en la libertad del Amor y la Luz.

Paria: Representa aspectos de tu ser sombra con los que necesitas lidiar con premura ya que están afectándote adversamente.

Parpadear: Temes ver algo. Rehúsas ver la verdad que se presenta frente a ti.

Parque: Simboliza belleza, rejuvenecimiento y relajamiento. El sueño sugiere una necesidad que tienes de sacar tiempo para tu propia restauración física y emocional. Fíjate en las condiciones del parque. Si está limpio, en buenas condiciones y se siente en paz o si está sucio o da la sensación de miedo. Este es un reflejo de cómo te sientes en estos momentos y como estás desenvolviéndote en la vida.

Parque de diversiones: Ver "Carnaval."

Parquímetro: Tienes tiempo limitado para completar un proyecto o terminar con una situación. Debes actuar ahora. El sueño también puede señalar que necesitas decidir pronto qué hacer con tu vida, en qué dirección te mueves y las metas que deseas lograr.

Pasadía, Picnic: Simboliza una vida doméstica tranquila y alegre. También indica que prefieres las cosas sencillas de la vida. Te señala la necesidad de encontrar tranquilidad, ocio y relajación en tu vida.

Pasajero: Indica falta de control en tu vida. Estás dejando que otros tomen decisiones que deberías tú tomar.

Pasaporte: Este sueño tiene que ver con tu libertad. Eres libre para ser y hacer lo que escojas con tu vida. Tienes todas las herramientas que necesitas para crear tu realidad, tal y como la deseas. Si sueñas que el pasaporte se te ha perdido, esto indica que estás tratando de encontrarte a ti misma(o) y tienes dificultad reconociendo tu verdadera identidad. Si sueñas que te están timbrando el pasaporte, esto indica que tienes la aprobación necesaria para seguir adelante.

Pasas: Representan energías negativas que están trabajando en contra tuyo. Estas energías pueden ser energías de temor, de aferramiento a ideas o creencias caducas, o energías debilitadas.

Pasillo: Ver "Corredor".

Pasos: La evolución espiritual, al igual que el logro de objetivos materiales, conlleva la paciencia y determinación de tomar un paso a la vez. Todo comienza con un primer paso.

Pasta: Soñar con pasta en general puede indicar debilidad en tu energía. Los macarrones representan perspectivas estrechas, el espagueti simboliza situaciones enredadas, la pasta en forma de coditos indica que necesitas enfocarte más en ti mismo(a). Pasta tipo sacacorchos representa un aspecto de tu vida en estado de descontrol.

Pasta dental, Dentífrico: El sueño te señala la importancia de no usar tus palabras para herir. Si no tienes algo positivo que decir, no digas nada.

Pastilla, Píldora, Cápsula: Te vendría bien recibir sanación.

Pasto, Maleza: Necesitas remover las cosas negativas de tu vida, incluyendo la negatividad que hay dentro de ti mismo.

Pastor: Si ves un pastor con rebaño de ovejas en tu sueño, este representa la guía y dirección espiritual que recibes. Presta atención a tus sueños y las visiones que tengas en tus meditaciones. El sueño es también símbolo de unión con todos los aspectos de la naturaleza.

Pata (de animal): Confía en tu intuición.

Patada, Puntapiés: Despierta a la realidad de las cosas. Necesitas abrir los ojos y darte cuenta de lo que pasa en tu entorno.

Patillas: Deberás considerar una situación o propuesta con mucho detenimiento.

Patines, Patinar: Tienes la habilidad de mantener un buen balance en tu vida. Por otro lado, puede indicar que estás evitando las responsabilidades que te pertenecen.

Patio: Disfrutas de la apertura espiritual. Estás abierta(o) a la evolución espiritual que llega a todo el que despierte el corazón.

Pato: Los patos son seres flexibles que pueden caminar, volar y nadar. Este sueño representa tu flexibilidad en el manejo de diversas situaciones y tu habilidad para adaptarte a las circunstancias. También puede significar una conexión entre los planos espirituales y los planos físicos. Si el pato está volando simboliza la libertad espiritual. Si el pato está nadando, simboliza tu buen manejo de situaciones emocionales.

Pavo: Representa la bobería, actitudes tontas y la imprudencia. Puede indicar falta de buen juicio. Si el pavo está horneado y es parte de una celebración, simboliza unión familiar y festejo.

Pavo real: Simboliza la belleza interna que llevas. También representa la confianza propia.

Payaso: En este sueño se te extiende una invitación para disfrutar de tu vida con regocijo, buen humor y liviandad de espíritu.

Paz: Un asunto que te afectaba se resuelve y retornas a la paz de tu corazón.

Pecado: Revela sentimientos de culpa que llevas dentro y rehúsas expresar. Las cosas que consideras pecaminosas son verdaderamente errores que te ayudan a aprender las lecciones de la vida y progresar espiritualmente.

Pecas: Tienes una personalidad única y aunque otros no te entiendan, disfruta y ten seguridad en tus ideas y conceptos originales. Tu intuición te guía.

Pecera, Acuario: Este sueño te señala la necesidad de purificación emocional. Por el contrario, puede indicar que muestras tus emociones de manera calmada, que estás en completo control de tus emociones.

Pecho: Soñar con el pecho o las mamas simboliza el chacra del corazón y el Amor divino que hay dentro de ti. Representa el amor incondicional que debes desarrollar hacia todos. El amor incondicional es un amor sin ataduras, una manifestación de la compasión sin juicio.

Pedestal: Cuidado con tu ego. Cada vez que sientas deseos de reconocimiento y admiración de otros, ten la intención de estar en tu corazón sintiendo la paz y el amor.

Pedicura: Este sueño indica que vas en la dirección correcta. Estás caminando por la vida con confianza e integridad. Por otro lado, puede significar que necesitas arraigarte mejor, disfrutando de la belleza natural que te rodea.

Pedófilo: Hay gran temor en tu vida de perder las cosas hermosas que te rodean.

Pegamento, Cola, Adhesivo: Este sueño señala tu temor a estar en una situación de la cual no puedes salir. También puede indicar que estás demasiado apegado a algo o alguien.

Pegar: Ver "Golpear."

Pegaso: Representa la libertad espiritual. Tienes el potencial de evolucionar espiritualmente con rapidez y gracia.

Peinilla: Necesitas organizar tus pensamientos. Estás en una situación que necesita desenredarse.

Pelaje, Piel de Animal: Símbolo de protección que te indica que tienes toda la protección espiritual que necesitas. También puede representar aspectos instintivos del ser.

Pelar: Ver "Mondar".

Pelea, Lucha, Riña: Agitación interna. Algún aspecto de tu ser está en conflicto con otro. Quizás algo que no se ha resuelto dentro de ti está luchando por ser reconocido. También puede representar emociones reprimidas que están siendo soltadas de manera destructiva. Necesitas verbalizar tus emociones, reconocerlas y sanarlas en lugar de reprimirlas.

Pelícano: Este sueño indica que eres una persona altruista, desinteresada y sueles pensar en otros por encima de ti mismo. Eres servicial y cuidas de los demás.

Película: Representa la manera en que ves el pasado. Recuerda que el pasado ya no existe. Lo único que existe es el momento presente y debes permanecer en el presente para continuar con tu evolución a todos los niveles de tu ser.

Peligro: Mantente alerta, despierto. Es posible que un cambio viene a tu vida, pero sin claridad. También puede significar nuevos aspectos de tu ser que están surgiendo y que quizás le temes por no serte familiar.

Pelo: Ver "Cabello".

Peluca: Hay algo falso en tu vida que necesitas resolver, puede ser una situación, la falsedad de una persona, o hasta un pensamiento o creencia que mantienes y que no contiene la verdad.

Peluche: Representa cariño, el acurrucarse en una energía tibia y serena. Puede indicar la necesidad que tienes de éstos.

Pelvis: El sueño te indica una bloqueo en el chacra sacro que está impidiendo que florezca la creatividad en ti.

Pena de muerte: Estás tomando el camino equivocado. Necesitas reevaluar tu vida y las decisiones que estás tomando.

Péndulo: Necesitas establecer el balance en tu vida ya que estás oscilando de una emoción o pensamiento a otro sin detenerte a reflexionar y observar las situaciones en que te encuentras. Es posible que le temas al cambio y por esto se te hace difícil tomar una decisión.

Pene: Simboliza la energía sexual, masculinidad y agresión. Es posible que te encuentres en una situación en que se te imponen cosas que no deseas, en las cuales no crees.

Pentagrama: Las cinco puntas del pentagrama simbolizan tu conexión con los elementos naturales de Tierra, Aire, Fuego, Agua y Espíritu. Esta conexión te beneficia en todos los aspectos de tu ser. Sin embargo, si sueñas con un pentagrama invertido, esto representa conflicto, maldad, negatividad, energía densa y agresión; y te beneficiará una inmediata sanación espiritual y energética para remover las energías negativas adheridas.

Penthouse: Representa el aspecto espiritual de tu ser. Estás utilizando tu potencial más elevado.

Pera: Un balance entre tu energía femenina y tu energía masculina te beneficiará mucho. Tanto hombres como mujeres necesitan equilibrar estas energías para sentirse completo y en paz.

Perderse: Estar perdido indica que has perdido la dirección, el propósito de tu vida. También simboliza la indecisión. Es posible que te sientas confundida o inseguro sobre los próximos pasos a tomar en tu vida. Medita y ora para recibir la guía que necesitas.

Pérdida: Si pierdes algo en un sueño, esto indica que es hora de reorganizar tu vida, botando las cosas que no necesitas y simplificando. También puede representar oportunidades perdidas o aspectos de ti mismo(a) que has olvidado.

Perdiz: Simboliza la libertad espiritual, la independencia física y emocional y señala que tienes habilidades de liderazgo.

Perdón, Perdonar: La falta de perdón es uno de los obstáculos más grandes a la evolución espiritual. Necesitas perdonar a aquellos que te han hecho daño entendiendo que en ese momento no les fue posible actuar de otra manera.

Peregrino, Peregrinaje: Te encaminas en un sendero espiritual.

Perejil: El sueño te señala que te conviene limpiar y purificar tu sistema físico y energético de energías densas a través de la meditación, sanación energética y una dieta saludable.

Perfume: Oler un perfume agradable en el sueño es usualmente señal de la presencia de tus guías espirituales o algún otro ser de los planos elevados de Luz, como un ángel o arcángel.

Pergamino: Representa el libro de tu vida, tu Registro Akáshico. Este sueño indica que se te revelan verdades poderosas y profundas.

Perico: El sueño representa falta de espontaneidad.

Periódico: Este sueño trae un mensaje sobre tu diario vivir. Presta atención a este sueño y lo que te está diciendo.

Periodista, Reportero: Es importante que mires la vida de una manera más consciente. Cuando vivimos nuestros días en el pasado o en el futuro, no disfrutamos del presente que es todo lo que existe. Estando consciente del presente nos permite vivir en la verdadera realidad de la existencia.

Periscopio: Necesitas salir o alejarte de una situación para poder lograr una más amplia perspectiva.

Perla: Es importante que reconozcas la belleza que hay dentro de ti. Es posible que otros no la puedan ver, pero tu hermosura interior está ahora lista para salir y resplandecer ante el mundo.

Permanente (de pelo): Deseas cambiar tu perspectiva, tu manera de pensar. Es importante que asumas otro punto de vista en un asunto que te concierne.

Permiso: El sueño te indica que necesitas dar tu permiso, desde tu corazón, para que cosas buenas lleguen a tu vida. Abre tu corazón para recibir las innumerables bendiciones que el Creador nos da.

Perrera: Hay un desbalance entre tus energías masculinas y femeninas siendo las femeninas más notables. Seas hombre o mujer, necesitas desarrollar los aspectos masculinos de tu ser.

Perro: Simboliza los aspectos masculinos de tu ser. Un perro feroz indica tendencias agresivas que necesitan transmutarse en energía positiva.

Persecución: El soñar que te están persiguiendo indica que estás tratando de escapar una situación difícil y que piensas no puedes superar.

Persianas: Intentas mantener a otra persona fuera de tu vida. También puede indicar que escondes lo que sientes y no le permites a otras personas verte como verdaderamente eres.

Pesadez, Peso: Si sueñas con algo pesado, esto puede representar las cargas que tienes sobre tus hombros, tus responsabilidades. Es importante establecer prioridades, simplificar tu vida y remover el peso que tienes y que está obstaculizando tu progreso.

Pesadilla: Toda pesadilla trae un mensaje importante. Has ignorado mensajes anteriores de tus guías espirituales y la pesadilla te indica que tus guías espirituales tienen un mensaje urgente para ti que no puedes ignorar. Necesitas prestar atención. Si sueñas que estás teniendo una pesadilla, entonces el mensaje es doblemente urgente.

Pescar: Tus emociones reprimidas salen a la superficie.

Pestillo: Ver "Candado".

Pétalo: Representa arrepentimiento y sentido de culpabilidad. Nota el color del pétalo para información adicional.

Petardo: Representa el dirigir la ira o alguna otra emoción fuerte de manera inapropiada o errónea.

Petición: Estás listo(a) para un gran cambio positivo en tu vida.

Petróleo: Representa el consumo excesivo. Es importante conservar y tener más consciencia ambiental.

Pez: Necesitas nutrirte espiritualmente a través de la meditación y oración. Si el sueño es con un pez espada, esto indica que necesitas reconocer tus emociones negativas e irrumpir a través de las barreras emocionales que no te permiten empezar a desarrollar tu ser espiritual.

Pezón: Este sueño representa la dependencia en otra persona y te señala la necesidad de comenzar a actuar por tu cuenta.

Pezuña: Necesitas arraigarte mejor con las energías de la Tierra. Haces esto pasando tiempo en la naturaleza y meditando.

Piano: Simboliza la armonía, balance y expresión creativa que hay dentro de ti.

Picadura: Indica que cosas pequeñas te están molestando. También puede representar pensamientos o palabras hirientes. Despeja lo negativo de tu vida, incluyendo tus pensamientos y palabras negativas. Si lo negativo proviene de otra persona, encuentra la manera de proteger tus energías para que la negatividad ajena no te afecte.

Picnic, Pasadía: Simboliza una vida doméstica tranquila y alegre. También indica que prefieres las cosas sencillas de la vida. Te señala la necesidad de encontrar tranquilidad, ocio y relajación en tu vida.

Pico: Si ves el pico de un pájaro en tu sueño esto indica que estás metiéndote en una situación que no te concierne.

Picor: Estás reprimiendo algo que necesitas expresar.

Piedras, Rocas: Simbolizan la fortaleza, el poder personal y la estabilidad que hay dentro de ti. Representan la búsqueda de tu verdadera identidad que es una de unión con el Todo, de poder espiritual y de creación.

Piel: Simboliza la fachada que le presentas al mundo. Es importante que mires hacia dentro de tu ser y encuentres ahí la verdadera belleza que hay en ti.

Piel de gallina: Recibes información válida, verdadera.

Pierna: Has recobrado la confianza propia para pararte y tomar el control nuevamente. Indica progreso y tu habilidad de caminar por la vida con aplomo. Si sueñas que tu pierna está herida o incapacitada, esto indica una falta de balance, de autonomía o independencia en tu vida. Es posible que se te haga difícil mantenerte en pie por ti misma, que estés inmovilizado por la pasividad.

Pies: Ver tus pies en un sueño representa tu base, tu afincamiento y estabilidad. Si estás herido en el pie derecho, esto indica que estás desperdiciando mucha energía. Si la herida es en el pie izquierdo, no estás permitiéndote recibir, disfrutar de la generosidad de otros. Si sueñas que te estás lavando los pies, este es un símbolo de sanación.

Pijamas: Necesitas dormir más, descansar más para no drenar tus energías vitales.

Pila, Montón: Te avasalla una responsabilidad que representa una carga en tu vida. No estás lidiando con la situación de manera efectiva.

Pilar: Ver "Columna."

Píldora, Pastilla, Cápsula: Este sueño indica la necesidad de recibir sanación.

Piloto: Este sueño te trae mensajes de tu ser superior o de tus guías espirituales. Representa la guía que el Creador te ofrece en cada momento para que puedas caminar por un sendero de Luz. Estás en completo control de tu camino por la vida. Tienes confianza en ti mismo y en tus decisiones.

Pimienta: Hay algo causándote irritación. Es hora de solucionar el asunto que te molesta.

Pincel: Tienes disponible las herramientas que necesitas para expresar tu creatividad.

Ping-pong: Tu indecisión causa mucha confusión y torbellino interno. Necesitas escoger y comprometerte a una decisión.

Pingüino: Las emociones te agobian.

Pino: Eres capaz de transmitir energía potente.

Pintura: Pintar una pared representa el cambio de actitudes, la limpieza, el rehacer las cosas para mejorarlas. Si estás pintando un cuadro, esto representa una nueva manera de expresarte creativamente. Fíjate en el color y lo que el color representa. Si ves una pintura en tu sueño, esto representa una necesidad de autoexpresión. La pintura puede simbolizar tu intuición y percepción.

Pinzas: Indica que necesitas observar alguna situación o asunto más cuidadosamente, acercándote al asunto para poder ver bien todos los aspectos envueltos.

Piña: Simboliza confianza propia, ambición y éxito. Confías en tus decisiones y encuentras el éxito. También representa la hospitalidad.

Piñata: Simboliza beneficios que te llegan como resultado de tu trabajo arduo. También puede representar celebración y festividad.

Piojo: Simboliza frustración y sentimientos de culpa. También puede representar tu deseo de distanciarte de alguna situación o relación. Es posible que sientas que te están usando o se están aprovechando de ti.

Pipa: Simboliza la contemplación y reflexión que necesitas para actuar con sabiduría. También puede representar descanso, relajamiento y satisfacción con tu vida.

Pirámide: Un símbolo espiritual potente que representa el poder místico y el paso de un nivel espiritual a otro más elevado. Has pasado exitosamente por una enseñanza muy importante. Has aprendido una gran lección que te trae a un nuevo escalón de elevación espiritual.

Piraña: Algo está comiéndote por dentro. Necesitas dejar ir las emociones y pensamientos densos que están causando conflicto interno.

Pirata: Algo o alguien en tu vida, o hasta tú mismo, te está drenando las energías. Es posible que una persona esté trayendo caos y confusión a tu bienestar emocional, robándote de la paz que tanto anhelas.

Pisadas, Pisar: Representa los esfuerzos tomados por lograr tus metas. Es posible que necesites pisar con cuidado, pero a la vez tomar los pasos necesarios para acercarte más a tus objetivos.

Piscina: Indica un deseo de relajación, de calmar las emociones y encontrar sosiego.

Piso: Ver un piso en tu sueño simboliza tu sentido de seguridad y la existencia de un buen sistema de apoyo en tu vida.

Pistacho: Estás listo(a) para explorar nuevas experiencias. Lo que antes pensaba que era difícil, es ahora algo que puedes lograr.

Pistola, Revólver: Simboliza agresión, ira, peligro. Si estás cargando el arma, es un aviso de que debes controlar tu ira. Si el arma falla, esto indica que te sientes desapoderado. Si eres herida por un balazo, significa que estás perdiendo energía en tus chacras. Fíjate en qué lugar de tu cuerpo sufres la herida para identificar el chacra o chacras que necesitas sanar y armonizar.

Pistola paralizante: Necesitas detenerte y pensar bien en lo que haces.

Pitar, Silbar: Este sueño es una advertencia. Hay algo que requiere tu atención inmediata.

Pizarra: Hay una lección importante en este sueño. Analiza los otros símbolos presentes en el sueño para descifrar el mensaje.

Pizza: Simboliza abundancia, calidez y amor familiar. Representa la satisfacción que traen las cosas sencillas de la vida.

Placenta: Simboliza la dependencia en otras personas, una dependencia que ya no necesitas.

Plaga: Estás enfrentando una situación que afecta a otras personas en tu entorno. La decisión que tomes tendrá un impacto extenso y de largo plazo.

Plan: Necesitas organizarte mejor para que puedas tomar decisiones correctas.

Plancha, Planchar: Soñar con una plancha o que estás planchando indica que solucionas problemas y eliminas los escollos que se te presentan en el camino de la vida.

Planeta: Este sueño simboliza un entendimiento de gran importancia. Representa las enseñanzas de un gran maestro espiritual. Los diferentes planetas representan aspectos más específicos, como sigue:

Mercurio: Simboliza el raciocinio, la mente, los pensamientos, la comunicación y el cambio. También representa un mensajero divino. Cuando soñamos con Mercurio, nos llega un mensaje específico del Creador. Presta atención al sueño.

Venus: Representa amor, armonía, belleza, energía femenina y fertilidad. Te recuerda la belleza luminosa que hay dentro de ti.

Tierra: Simboliza arraigamiento, crecimiento, estar centrado. También representa la compasión, generosidad y creatividad. Te señala que eres parte de una consciencia colectiva y que necesitas entender tu unión con los que habitan la Tierra y con la Tierra misma.

Marte: Símbolo de pasión, aventura, hostilidad, agresión, aventura, ambición y valentía. Te advierte del peligro de perseguir la ambición de manera agresiva.

Júpiter: Representa la expansión, abundancia de conocimiento y expresión espiritual. También simboliza la riqueza y buena fortuna.

Saturno: Símbolo de aprendizaje, disciplina, productividad y refinamiento.

Urano: Simboliza el despertar espiritual, la trascendencia. También representa cambios y fluctuaciones súbitas. Señala la existencia de habilidades inusuales.

Neptuno: Representa el ser interno, misticismo, dotes psíquicos. Símbolo de la imaginación e inspiración.

Plutón[13]*:* Símbolo del despertar a un estado de consciencia elevado. Representa la transformación interna, la expansión espiritual. Señal de un renacimiento en la Luz.

Planta: Simboliza el crecimiento, potencial y desarrollo espiritual. Si la planta está marchita, significa que no estás progresando en la vida.

Planta eléctrica: Símbolo de tu potencial y fuerza creativa. A medida que evoluciones espiritualmente, tus dones de manifestación crecen.

Plasticina, Plastilina, Arcilla: Representa la creatividad y flexibilidad. Estás listo para moldearte en algo nuevo, para crear nuevas realidades en tu vida. Puedes transformar cualquier situación en una experiencia armoniosa y llena de amor.

Plástico: Simboliza la artificialidad, falsedad e inflexibilidad, características que te convendría desechar. Soñar con una bolsa plástica representa responsabilidades y cargas pasajeras.

Plastilina, Plasticina, Arcilla: Representa la creatividad y flexibilidad. Estás listo para moldearte en algo nuevo, para crear nuevas realidades en tu vida. Puedes transformar cualquier situación en una experiencia armoniosa.

Plata: Simboliza la protección espiritual, la Luz, la verdad del Creador posada siempre en tu corazón.

Plateado: Este color representa la Verdad, protección espiritual, intuición, tranquilidad y los aspectos femeninos del ser.

Platillo: Representa tu apoyo espiritual que usualmente es una práctica espiritual y/o una maestra o maestro espiritual.

---

[13] A pesar de que los astrónomos ya no consideran que Plutón sea un planeta, este cuerpo celeste continúa sosteniendo y transmitiendo las energías espirituales que siempre tuvo.

Platillo volador, Ovni: Progresas en tu evolución espiritual y estás próximo(a) a tener una apertura mayor que traerá un nuevo entendimiento a tu vida. Por otro lado, puede indicar un sentido de enajenamiento de tu ambiente y deseos de escapar tu realidad presente. Representa el temor que sientes de aspectos de tu ser sombra que has rechazado y quisieras no ver.

Plato: Simboliza un vehículo de nutrición propia, proveedor de alimento espiritual. Un plato roto indica que estás negando esa parte de tu ser que te nutre y alimenta.

Playa: Una playa simboliza la conexión entre tu ser consciente y tu ser espiritual e indica balance entre ambos. Si estás mirando hacia el mar, esto representa tu capacidad para traer hacia ti poderes de manifestación que te permiten lograr lo que deseas en la vida.

Plomería: Representa el sistema interno que tenemos para deshacernos de impurezas. Si la plomería en el sueño está tapada, esto significa que estás reprimiendo tus emociones y necesitas una limpieza profunda que armonice y traiga a un balance saludable tus emociones atascadas.

Plomo: Un problema te resulta demasiado pesado para resolverlo por tu cuenta. Pide ayuda.

Pluma de agua, Grifo, Llave de paso: Simboliza tu habilidad para controlar tus emociones. Estás consciente de tus emociones y logras expresarlas de manera controlada y apropiada.

Pluma de ave: Simboliza los pensamientos edificantes que tienes y la liviandad que te permite disfrutar de la vida.

Pluma fuente, Bolígrafo: Simboliza la autoexpresión y la comunicación. El sueño te ofrece un mensaje sobre tu habilidad de expresarte y comunicarte.

Pobreza: No estás utilizando tu potencial o reconociendo tu valor. Esto causa que te drenes de energía. Necesitas meditar, hacer auto-sanación y armonizar tus chacras para que tus energías se fortalezcan y puedas entonces realizar tu potencial.

Podadora de grama: Controla tus emociones y pensamientos negativos; no los reprimas. Permite que salgan a la superficie para que puedan sanarse.

Poder: Este sueño indica que tu confianza y auto-estima crecen. Tu poder espiritual que te permite ser un instrumento de Luz en el mundo, florece.

Podio: Necesitas expresar algo que llevas dentro. Es importante que te escuchen.

Podrido, Pudrición, Putrefacción: Soñar con algo podrido sugiere que estás desperdiciando tu potencial. No estás aprovechándote de las oportunidades que se te presentan.

Poema, Poesía: Representa la inspiración, la creatividad. También puede indicar un mensaje de tus guías espirituales.

Policía: Representa tu guía espiritual y te señala que hay ayuda disponible para ti. Sólo necesitas pedirla.

Poliéster: El sueño te indica que debes elevar tus aspiraciones y tomar acción concentrada. Tienes el potencial de salir de la mediocridad que te rodea.

Pollo, Gallina: Simboliza la entrega de tu poder personal a otros, el temor y la falta de confianza en ti mismo, fuerza de voluntad débil y cobardía. También puede simbolizar los efectos dañinos del chisme.

Polvo: Sugiere que algunos aspectos de tu ser han sido abandonados o descuidados.

Polvo facial: Este sueño te indica que no estás viendo tu belleza interior.

Porcelana: Hay una situación delicada que necesitas solucionar. Puedes hacerlo con gracia y suavidad.

Portón: Representa nuevas oportunidades, nuevas posibilidades. Estás entrando a una nueva fase en tu vida. Si estás abriendo el portón, esto significa que ya estás lista para seguir adelante. Si el portón está cerrado, no estás lista(o) aún y necesitas pedir la guía de tus ángeles y otros guías espirituales para determinar el próximo paso a seguir. Si ya tienes un corazón abierto y despierto, puedes encontrar toda la guía que necesites a través de la sabiduría de tu corazón.

Posar: El verte posando en un sueño, indica que no estás presentándole al mundo quién eres verdaderamente. Necesitas el reconocimiento de otros y ocultas los aspectos negativos de tu ser.

Posesión: Si sueñas que tienes una posesión u otra persona tiene una posesión, esto indica que hay traumas pasados que te quitan el sosiego. Necesitas lidiar con ellos cuanto antes.

Postre: Simboliza una recompensa por trabajo exitoso.

Pote, Frasco, Vasija: Simboliza protección. También puede indicar que tu creatividad está bloqueada y necesitas sanar tu chacra sacro.

Pozo: Simboliza una reserva profunda de emociones que están atrapadas dentro de ti. También puede representar habilidades y talentos escondidos que aún no has reconocido.

Práctica: Ver "Ensayo".

Precio: Necesitas valorar tu tiempo y valorarte a ti mismo(a) evitando que otros se aprovechen de tu amabilidad.

Precipicio: Ver "Risco."

Pregunta: Dudas de ti misma(o) y de los demás. Cuestionas aún las cosas que llegan a tu vida para beneficiarte. La duda puede ser muy destructiva.

Premio: Soñar que estás recibiendo un premio es señal de que has logrado algo importante, tenido una percepción que te ha ofrecido apertura espiritual, o has logrado crecimiento en algún aspecto de tu vida. Representa que has hecho algo bien.

Presagio, Augurio: Te preocupa el futuro y debido a esta preocupación no estás disfrutando del momento presente. Enfoca tu atención en tu corazón desde donde puedes vivir en la paz del momento infinito.

Presentimiento, Premonición: Si sueñas que tienes una premonición o un presentimiento, esto indica crecimiento personal y espiritual.

Presidente: Simboliza tu guía espiritual. El sueño tiene un mensaje espiritual importante. Presta atención.

Presilla, Grapa: Necesitas organizar tu vida y mantener las cosas en orden. También puede indicar la necesidad de ordenar tus pensamientos antes de expresarlos.

Préstamo: Te preocupan asuntos de dinero. El sueño también puede indicarte que debes pedir ayuda en un asunto que no puedes resolver por tu cuenta.

Princesa: Este sueño indica que estás realizando tu potencial. Sin embargo, aún necesitas crecer y evolucionar para llegar a tu potencial máximo.

Principal de escuela: Si tú eres el principal, el sueño te recuerda utilizar tus destrezas de liderazgo. Si, por el contrario, estás en la oficina de un principal esto indica que sientes ansiedad sobre algo que has hecho y temes que tenga consecuencias adversas.

Príncipe: Indica que estás complacido con tus propios logros. También puede indicar un enfoque en el prestigio e importancia pública.

Prisa: Actuar con prisa en un sueño sugiere que no estás preparada(o) para una situación que se te presenta, quizás debido a falta de planificación.

El sueño también puede significar la necesidad de decelerar y coger las cosas con más calma.

Prisión, Cárcel: Existen barreras autoimpuestas que no te permiten progresar. Estas barreras son consecuencia de la inacción. Es importante tomar acción sabia en un asunto que te está afectando. Responsabilízate por lo que ocurre en tu vida.

Prisma: Simboliza crecimiento espiritual. Puedes lograr una elevación espiritual hermosa al dedicarte a una práctica espiritual que te traiga a la unión con el Creador y toda su creación.

Profesor: Ver "Maestra".

Profeta: Símbolo del entendimiento místico, guía espiritual, tu ser superior. Simboliza la sabiduría que llevas dentro de tu corazón y que siempre está ahí para guiarte.

Profundidad: Hay emociones profundas con las que necesitas lidiar. Reconoce que existen y determina la mejor manera de dejarlas ir. Una práctica de meditación basada en el corazón te ayudará.

Programación: Sigues una rutina diaria demasiado restringida.

Promesa: Cuando sigues una práctica espiritual basada en el corazón reconoces la promesa de vida que nos señala nuestra herencia como seres divinos.

Prostituta: Estás usando tu energía incorrectamente para lograr lo que quieres. No estás utilizando tus energías de manera positiva para lograr tu potencial máximo, sino que estás desperdiciando tus talentos y dones.

Protección: Si en el sueños estás siendo protegida o necesitado de protección, esto refleja sentimientos de impotencia y vulnerabilidad. Debes lidiar con una situación que necesita resolverse y no depender de otros para resolverla. El sueño también te puede indicar que la protección que buscas está en tu corazón.

Prótesis: Soñar con una parte artificial del cuerpo simboliza la exploración de una nueva perspectiva en tu vida. Estás percibiendo la realidad de una manera diferente y profunda. Soñar con un brazo artificial significa que estás encontrando una nueva manera de hacer algo. Soñar con una pierna artificial indica que estás por emprender un viaje nuevo. El viaje puede ser real o metafórico.

Protesta: Si sueñas que participas en una protesta, esto indica que necesitas expresar tu verdad, lo que necesitas de otros y lo que está en tu corazón. Es posible que estés ignorando algún asunto importante en tu vida. Es el momento de tomar acción.

Proyector: Es importante ser visto y escuchada.

Prueba, Examen: Simboliza inseguridad, temor al fracaso. Por otro lado, puede representar una oportunidad que te llega de crecimiento y evolución.

Prueba de inteligencia: El tomar una prueba de inteligencia indica inseguridades y preocupación que tienes en tu vida sobre el desempeño o cumplimiento de tus tareas, de tu trabajo. Sientes que no das la talla.

Psicóloga(o), Psiquiatra, Terapeuta: Representa la parte sabia de ti misma(o).

Psicópata: El sueño te avisa sobre el estado de tu ego que está a punto de descontrolarse.

Psíquico, Médium, Vidente: Soñar con un psíquico indica un profundo deseo de conocer lo desconocido. Es posible que tengas inquietud sobre tu futuro. Si tú eres el psíquico, vidente o médium en el sueño, esto indica que estás desarrollando tu intuición.

Puente: Representa un gran cambio en tu vida; el dejar atrás lo viejo y llegar a lo nuevo. También puede representar una decisión importante que necesitas tomar. Si estás cruzando el puente, puede indicar que estás cruzando de un estado de consciencia a otro, pasando a otro nivel de consciencia en que reconoces mejor la divina presencia.

Puercoespín: Sugiere que necesitas protegerte de algún daño sicológico o emocional.

Puerta: Simboliza una gran oportunidad para el crecimiento en todos los aspectos de tu vida. Si la puerta está abierta, indica que tienes lo que necesitas para avanzar. Si la puerta está cerrada, evalúa los temores o bloqueos que limitan tu progreso, que te impiden moverte hacia delante. Si entras por la puerta pero te detienes y no pasas completamente al otro lado, esto indica que aunque estás dispuesta(o) a tomar acción, aún hay temores que impiden que tomes la acción necesaria para progresar. Es importante que tomes una decisión y actúes.

Puerto: Representa el refugio que tienes disponible en medio de una relación o situación caótica.

Pulgar: Necesitas recuperar el autocontrol en alguna situación de tu vida. Si sueñas que no tienes pulgares, esto indica falta de poder, que no tienes control de tu vida. Si sueñas con el gesto de visto bueno con el pulgar hacia arriba, esto indica que algo que estás pensando hacer está bien. Si el pulgar está hacia abajo en gesto de voto negativo, esto indica que no te conviene algo que estás pensando hacer.

Pulgas: Simboliza la ira provocada por el intento de manipular tus emociones, usualmente por una persona cercana a ti.

Pulmones: Símbolo de inspiración, creatividad, percepción amplia y clara. Por otro lado, puede indicar una situación difícil o una relación o situación que te está sofocando. Es posible que necesites purificación.

Pulpo: Si el pulpo está nadando esto indica que hay balance y armonía en tu vida emocional. Si el pulpo está agarrándose de diferentes cosas, esto indica que estás tratando de hacer demasiado o tu atención está dispersa entre muchas cosas y pierdes control. Soñar con un pulpo también puede indicar enredo en una situación difícil. Es posible que no estés viendo las cosas con claridad porque estás en medio de una situación turbia.

Pulsera, Brazalete: Indica una necesidad de llegar a otros, sea para ayudarlos o para recibir ayuda. Si el brazalete está en la muñeca derecha indica un deseo de dar ayuda, si en la muñeca izquierda, un deseo de recibir ayuda.

Pulso: Estás conectándote a la energía vital de todos los seres vivientes.

Puma: La interpretación de este sueño depende de cómo te sientes en el sueño. Si tienes miedo, el sueño te avisa sobre una situación difícil que puede llegar a tu vida. Si te sientes bien en el sueño, esto indica que tienes gran poder interno y necesitas desarrollar tu potencial.

Puntadas, Puntos: Sientes que tienes la responsabilidad de reparar alguna situación o relación para que no se desintegre. Reflexiona sobre esto y decide si la integridad de la situación o relación es verdaderamente tu responsabilidad o, si por el contrario, le toca a otros asumir el peso de lo que está ocurriendo.

Puntapiés, Patada: Despierta a la realidad de las cosas. Necesitas abrir los ojos y darte cuenta de lo que pasa en tu entorno.

Puñal: Ver "Cuchillo".

Puño: Simboliza ira y agresión que reprimes y luego sale de maneras inapropiadas.

Purgante: Necesitas desprenderte de heridas emocionales y temores. Perdona a los que te han hecho daño y entra en un proceso de purificación para elevar tus emociones y desechar tus miedos.

Purgatorio: Necesitas purificación y limpieza espiritual y energética. Analiza los pensamientos negativos que están limitando tu crecimiento espiritual y purifícalos, transmutándolos en pensamientos de Luz.

Púrpura: Simboliza la protección espiritual, un estado elevado de consciencia.

Pus: Tu negación de las emociones y pensamientos negativos que mantienes dentro llegan a un punto corrosivo en que pueden tornarse dañinos. Se te advierte en el sueño que es hora de reconocer estos pensamientos y emociones, sacarlas a la superficie y elevarlas a una vibración sana.

Q

Queja: Refleja emociones reprimidas, sentimientos sin expresar que intentan salir a la superficie. De no expresarlos, corres el peligro de que salgan de maneras inapropiadas.

Quemar, Quemadura: Tus emociones, acaloradas e intensas, no te permiten ver la realidad de las cosas. También puede indicar que una situación o relación te está consumiendo.

Querosén: Simboliza el vigor, la vitalidad y el poder que tienes. Te llegan nuevas ideas que contribuirán a tu bienestar físico y espiritual.

Querubín: Simboliza la inocencia y pureza que hay dentro de ti.

Queso: Representa ganancias que llegan a tu vida.

Quiebra: Estás completamente drenado(a) emocional y mentalmente. Tus recursos internos están demasiado débiles para permitirte actuar de manera beneficiosa.

Quijada: Necesites ejercer más fuerza de voluntad y fortaleza en alguna situación. Si sueñas que tienes las quijadas apretadas, esto indica que reprimes la ira o alguna otra emoción fuerte y necesitas no sólo reconocerlo, sino encontrar un medio positivo de expresión. Si estás moliendo o machucando las quijadas esto indica temor a las palabras, pérdida de control. También indica que le estás cediendo tu poder a otros, dándole demasiado importancia a las palabras de otros.

Químicos: Soñar con sustancias o productos químicos indica que estás pasando por una gran transformación personal. Tu creatividad e intuición continuarán ayudándote a crecer y evolucionar.

Quingombó: Ejerce precaución con una situación o persona resbaladiza. No es lo que representa.

Quinqué: Símbolo de guía, esperanza, inspiración, iluminación, consuelo. Estos atributos están disponibles para ti. El quinqué también representa la Luz divina dentro de tu ser. Si el quinqué está apagado, estás cerrando el corazón ante la Luz del Creador. Si el quinqué está roto, te cierras ante las abundantes bendiciones que hay en tu entorno.

Quiosco: Estás buscando guía y consejo en algún aspecto de tu vida.

Quirófano: Necesitas sacar de tu vida algo que te hace daño o salir de una relación que no te conviene.

Quiste: Hay algo que necesitas expresar. También puede indicar actitudes y emociones negativas que deben expulsarse.

R

Rábano: Simboliza abundancia y prosperidad.

Rabia (emoción): Ver "Ira."

Rabia (enfermedad): La agresividad y hostilidad reprimidas están a punto de estallar.

Rabieta: Expresas la ira que llevas dentro de manera inapropiada.

Rabino: Simboliza el ser superior o maestro o guía espiritual. El sueño tiene un mensaje espiritual. Presta atención.

Rabo: Indica que estás atrasado(a) en alguna gestión, proyecto o actividad. Si el rabo está entre las patas de algún animal, esto representa humillación y temor. Si tú tienes un rabo en el sueño, esto indica que hay un aspecto de tu pasado que aún te causa molestia.

Racismo: Indica la tendencia de juzgar a otros, mostrando desamor y falta de compasión. Esta tendencia se mantiene reprimida y forma parte del ser sombra.

Radar: Simboliza intuición y percepción. El sueño tiene un mensaje espiritual. Analízalo detenidamente para descifrar lo que tus guías quieren comunicarte.

Radiación: Hay mucha energía negativa en tu entorno y te afecta de manera nociva.

Radio: Indica comunicación de tus guías espirituales o un mensaje de tu ser infinito, tu ser superior. Préstale atención a este sueño, ya que tiene un mensaje espiritual importante para ti.

Radioactividad: Indica la existencia de emociones reprimidas y que están a punto de expresarse de manera tóxica.

Raíces: Representan las profundidades del ser y el centro de tu alma. Simbolizan tu conexión con la Tierra, con la naturaleza. Si estás halando las raíces, esto significa que estás lista para dejar el pasado atrás y seguir hacia delante. Necesitas soltar cualquier persona o cosa que te esté impidiendo este movimiento hacia el frente. Si las raíces están en malas condiciones, esto significa que tu chacra raíz necesita sanación, balance y conectarse con los otros chacras.

Rajadura, Grieta: Algo en tu vida necesita repararse, sea físico, mental o emocional. Existe una imperfección que puede echar abajo el fundamento mismo de algún aspecto importante de tu vida.

Rama, Palo: Soñar con las ramas de un árbol representa buena fortuna, crecimiento y una nueva vida. Si ves un palo en el sueño, esto indica que hay una situación en tu vida que necesitas despejar.

Ramo de flores: Simboliza cariño, respeto, aprobación, admiración y amor. Puede indicar que necesitas recibir sanación energética. Para información adicional, nota el color de las flores.

Rampa: Si estás subiendo por la rampa, indica que estás tomando las decisiones o acciones correctas. Si bajas por la rampa, esto indica que vas en dirección equivocada.

Rana: Ver "Sapo."

Rancho, Hacienda: Se presenta ante ti una expansión hermosa que te permite crecer espiritualmente y lograr tus metas.

Raqueta: Refleja los mecanismos de defensa que niegas tener.

Rascar: Simboliza pequeñas irritaciones o frustración.

Rastrillo: Una tarea o proyecto no se completará a menos que tú lo hagas. Necesitas tomar las riendas en este asunto.

Rata: Este sueño simboliza una traición a ti mismo(a) al actuar de manera que no representa tu verdadero ser. Por otro lado, el sueño puede indicar que estás dejándote llevar por el chisme o que estás

enjuiciando a otros. También puede representar un problema que te está royendo por dentro.

Ratón: Representa un temor, preocupación o algo irritante en tu vida que está drenando tus energías. También puede indicar que estás sintiendo incapacidad en el logro de tus metas. Es posible que estés escondiéndote detrás de la sombra de otra persona. No dejes que pequeños problemas o asuntos insignificantes te afecten adversamente.

Ratonera: Necesitas tener más precaución. Cuidado con alguna persona que dice que quiere ayudarte y, al contrario, complica tu vida más de lo necesario y puede aprovecharse de ti.

Rebaño: Ver "Manada".

Rebelde, Rebelión: Aunque las opiniones de las personas en tu entorno no te apoyen, mantente firme en tus propias ideas.

Rebobinar: Simboliza arrepentimiento, remordimiento y el deseo de volver hacia atrás para reparar daños hechos.

Rebozo: Ver "Chal".

Recepción: Necesitas conectarte mejor a otras personas de manera personal y no a través de las redes sociales.

Receta culinaria: Simboliza tu creatividad, talentos y tu disfrute de la vida. Si estás en la cocina, el sueño tiene que ver con el área de tu trabajo y productividad.

Receta médica: Hay una solución a tu problema. Es importante que estés en un estado de armonía para que puedas recibir claridad sobre el asunto que te preocupa.

Rechazo: Estás en negación sobre algo o alguien.

Recibo: Llegas a un nuevo entendimiento sobre tu ser interno y aceptas y reconoces esos aspectos de tu ser que salen a la Luz.

Reciclaje, Reciclar: Intentas reflexionar sobre tus errores pasados y aprender de ellos, tomando decisiones más positivas en el presente.

Reclamo de equipaje: Simboliza problemas de identidad. Es posible que aún no sepas quién eres verdaderamente o no aceptes que eres un ser divino, un destello del Creador.

Reclinar: Necesitas evaluar más detalladamente una situación que te concierne, tomando un paso hacia atrás para tener una mejor perspectiva.

Reconciliación: Hay una carga en tu vida que necesitas soltar. También puede indicar que te beneficiará perdonar a alguien que te ha herido.

Reconocimiento: Reconoce quién eres verdaderamente. Reconoce tu Luz, reconoce tu divinidad. Eres un destello divino del Creador y el Amor es tu herencia.

Recordar: Recordar algo en un sueño indica que has aprendido lecciones valiosas a través de errores y experiencias pasadas.

Recreación, Receso, Recreo: Necesitas una pausa relajante en tu vida. No todo puede ser trabajo y responsabilidades.

Red: Estás atrapada en una situación difícil y no encuentras salida. También puede indicar que estás atrapado en una red de pensamientos nocivos que no sirven ningún propósito positivo. Es importante salir de la trampa y recobrar la libertad de tu ser.

Redada: Temes que algún aspecto oculto de tu vida sea descubierto.

Reencarnación: Te espera una gran transformación espiritual. Tu vida cambia.

Reflector: Buscas respuesta a preguntas sobre el propósito de tu vida.

Reflejo: El ver tu reflejo en un sueño indica que necesitas tornarte hacia adentro y conectarte a tu ser superior, tu ser infinito.

Refrigerador, Nevera: Representa emociones frías que causan inmovilidad y no te permiten actuar.

Refugiado: Estás emocionalmente aislado y es posibles que te sientas rechazada.

Refugio: Buscas seguridad y estabilidad mientras te mantienes en un estado de desesperanza.

Regalo: Simboliza un tipo de iniciación espiritual en que tus guías espirituales reconocen tu esfuerzo y te transmiten una recompensa energética.

Regaño, Regañar: Las inhibiciones no te permiten expresarte y limitan tu potencial.

Regla, Vara de medir: Simboliza rigidez en tu personalidad. También puede indicar zozobra por no estar a la par de otros, por no dar la medida.

Regulador de velocidad: Necesitas calmarte y decelerar. El sueño te indica que vas demasiado aprisa en una situación o relación.

Rehén: Te sientes abusada(o) y víctima de circunstancias que no has creado. Sientes que tus opciones son limitadas y es posible que te sientas incapaz de moverte. Hay aspectos de tu ser que has rechazado y permanecen aprisionados dentro de ti.

Reina: Dependiendo del sueño, puede representar guía espiritual o energía femenina potente que está desarrollándose en ti. También puede representar intuición, crecimiento personal y poder personal.

Relámpago: Este sueño simboliza la purificación que te lleva al despertar del Kundalini y una percepción que te trae a un estado de consciencia elevado. También puede representar la revelación espiritual de la verdad. Puede que esta verdad te sea revelada a través de un sueño o durante la meditación.

Religión: Necesitas afincarte en un sendero espiritual donde puedas tener una experiencia de Amor divino en un corazón despierto. Es posible encontrarlo fuera de dogmas religiosas. Pide al Creador que te ayude a encontrar la maestra o el maestro espiritual que necesitas en este momento y que no esté suscrita(o) a creencias basadas en el miedo. Que sólo el Amor te guíe.

Reliquia: Hay aspectos escondidos de tu ser que no has dejado ir. Para poder evolucionar espiritualmente, necesitas dejar tu pasado de lado, incluyendo quién eras, y caminar hacia un futuro lleno de Luz.

Reloj: El tiempo apremia y es hora de echar hacia delante. Si recuerdas la hora que indica el reloj, busca el significado de los números en la sección de "Números" en este libro. Por ejemplo, el reloj muestra las 8:30, la suma de estos números es 11. Éste es un número maestro que representa el balance del ser. Si sueñas con un reloj despertador, o escuchas un reloj despertador, tus guías te sugiere que actúes cuanto antes en un asunto que apremia. Si sueñas con un reloj de arena, esto indica que el tiempo se te está agotando para lograr algo y debes actuar con premura.

Remar, Remos: Controlas tus emociones positivamente; sin permitir que tus emociones te controlen a ti. Puedes navegar en la vida con estabilidad emocional.

Remendar: Te aflige un problema y debes remediarlo pronto.

Remolcar: Indica que estás avasallado(a) por las responsabilidades y el trabajo. Sientes que otros no están aportando y tú tienes que hacerlo todo en el trabajo, en tu hogar o en una relación personal. También puede indicar que sientes que das más de lo que recibes.

Remolino: Simboliza agitación emocional. Es importante que llegues a la paz y sosiego que existe en el centro de tu ser a través de la meditación y sanación.

Renacimiento: Soñar que naces nuevamente, significa un despertar espiritual importante. También puede representar el nacimiento de nuevas ideas.

Renacuajo: Este sueño indica que no has logrado alcanzar tu potencial máximo.

Renovar, Renovación: Te conviene mirar las cosas desde una nueva perspectiva dejando de lado creencias caducas que ya no te sirven.

Renunciar: Un nuevo comienzo te espera.

Reparación, Reparar, Arreglar: Algo en tu vida necesita resolución.

Reportero: Ver "Periodista".

Repostería: Aceptas las recompensas y el reconocimiento que recibes.

Represa, Dique: Representa emociones reprimidas o una emoción que necesitas soltar.

Reputación: No te preocupa mucho lo que piensen de ti.

Resbalar: Estás perdiendo el control.

Rescate: Si estás pidiendo que te rescaten, esto indica que necesitas ayuda para resolver un problema. Recuerda que siempre hay ayuda disponible para ti. Si en el sueño estás rescatando a otros, esto demuestra que estás intentando encontrar tu misión en la vida.

Respiración: Si en el sueño te falta la respiración, esto indica que estás pasando por una situación que te causa ansiedad, tensión y temor.

Restaurante: Este sueño te recuerda que tienes muchas opciones en la vida.

Resurrección, Resucitar: Simboliza profundo entendimiento sobre la vida, la muerte y la reencarnación. Indica un renacimiento espiritual, un despertar espiritual que trae iluminación y percepción elevada.

Retiro: Si sueñas que te retiras de algo, esto indica que tus energías se debilitan y se te hace difícil lidiar con una situación. Si sueñas que estás en un retiro, esto representa crecimiento espiritual y sanación.

Retrato: Si te ves en un retrato, este sueño representa la imagen que tienes de ti misma(o). Si estás sonriendo, indica que tienes auto-estima saludable. Si estás triste o con talante serio, tu auto-estima baja te causa sufrimiento emocional.

Reunión: Necesitas dirigir tus energías hacia esfuerzos más positivos. Este sueño indica la necesidad de integrar diferentes aspectos de tu ser. Si en el sueño llegas tarde a la reunión, esto sugiere ansiedad debido a la incapacidad de lograr tus objetivos.

Revelación: Una gran transformación espiritual te espera.

Reverencia: Inclinarse en reverencia en un sueño indica que honras al Creador dentro de ti, reconociendo y honrando tu esencia divina. También puede indicar que honras tus guías y maestros espirituales por transmitirte sus enseñanzas.

Reverendo: Ver "Sacerdote".

Revista: Representa una porción breve de tu vida, un capítulo que ya se cerró. Es hora de soltarlo y vivir en el presente.

Revolución: Grandes cambios están ocurriendo dentro de ti. Tu visión del mundo y de tu sendero en la vida ha cambiado.

Revólver: Ver "Pistola".

Rey: Simboliza poder, omnipotencia, la divinidad. También representa la riqueza de un entendimiento elevado, el reconocimiento de tu valor interno y de tu poder personal. Eres o debes ser el que rige tu vida. Eres responsable por tu vida, nadie más. Es tu responsabilidad usar tu poder personal con sabiduría y discernimiento.

Rezo, Rezar: Simboliza la expansión de tu estado de consciencia a uno de elevación y recogimiento espiritual. También puede indicar que necesitas dedicarle más tiempo a tu práctica espiritual.

Rieles: Si hay obstrucción en las rieles de un ferrocarril, esto representa los obstáculos que se te presentan para seguir tu sendero de mayor Luz. Si sueñas que estás cruzando las rieles de un ferrocarril, esto indica que estás tomando el camino incorrecto. El caminar al lado de las rieles indica que has cumplido con tus responsabilidades y metas.

Riendas: Permite que tu ser superior, tu ser infinito tome las riendas y guíe tus pasos. De lo contrario, tu ego tomará el control.

Rifa: Estás tomando riesgos innecesarios en tu vida cotidiana y tiendes a dejar que las cosas se resuelvan por su cuenta. Necesitas ejercer más control sobre situaciones y personas en tu vida y tomar decisiones concentradas.

Rifle: Ver "Pistola".

Rigidez: Si sueñas con algo rígido, esto indica ansiedad, estrés o tensión en tu vida.

Rima: Simboliza balance, equilibrio, armonía en tu vida.

Rinoceronte: Necesitas seguir adelante con determinación y firmeza. No permitas que los obstáculos te detengan o desvíen. Necesitas ser más asertiva(o).

Riña: Ver "Pelea."

Riñones: Hay elementos tóxicos en tu vida debido a una situación o relación. Necesitas purificarte de estas energías negativas y resolver la situación para que no sigas absorbiendo energía tóxica.

Río: Representa el fluir emocional de tu propia vida. Si el río se ve tranquilo en el sueño, esto significa que estás en una buena fase emocional de tu vida. Si el río se ve turbio, esto representa dificultades emocionales que necesitas resolver para que tu vida fluya más suavemente. Si estás nadando en contra de la corriente, indica que estás imponiéndote demasiados retos y necesitas establecer menos demandas sobre ti misma. Si estás tratando de cruzar el río y no encuentras la manera de hacerlo, esto significa que tienes un bloqueo emocional que debes resolver.

Riqueza: Simboliza ideas creativas ilimitadas, talentos y habilidades que existen dentro de ti. Tienes lo que necesitas para crear lo que deseas.

Risa: La risa es señal de placer y gozo. Si escuchas risa o te estás riendo en un sueño, indica que existe dentro de ti una energía sanadora e inspiradora. Si otros se están riendo de ti, esto indica que tienes inseguridades y temor a no ser aceptada. Una risa maléfica representa energías negativas fuertes que pueden estar contenidas en tus propios pensamientos o emociones.

Risco, Precipicio: Has llegado a un punto en tu vida en que necesitas hacer cambios radicales, tomar acciones firmes. Si en el sueño te empujan o brincas del risco o precipicio, esto indica que necesitas tomar una decisión, lanzarte hacia nuevas fronteras. Estás en un momento crítico en tu vida y estás listo para lograr un entendimiento claro de lo que necesitas hacer.

Ritual: Necesitas incorporar una práctica espiritual diaria en tu vida, basada en la gratitud y Amor y devoción al Creador.

Rival: Ver "Enemigo".

Roble: Un árbol de roble simboliza tremenda fortaleza interna. También representa tolerancia y prosperidad. Construiste una base sólida para triunfar en algún aspecto de tu vida.

Robo: Soñar con un robo indica que estás perdiendo energía. Necesitas detenerte y reflexionar sobre tu vida para determinar a quién o qué le estás cediendo tu poder personal. Si tú estás robando algo en el sueño, esto indica que te sientes desaventajado(a) o que hay una insatisfacción muy profunda en tu ser debido a aspiraciones que no has logrado realizar.

Robot: Hay gran rigidez en tu vida y estás viviendo tus días de manera mecánica y demasiado metódica. También puede indicar el estar aprisionada(o) por el intelecto.

Rocas, Piedras: Símbolos de la fortaleza, poder personal y estabilidad que hay dentro de ti. Representan una búsqueda de tu verdadera identidad que es una de unión con el Todo, de poder espiritual y de creación.

Rodilla: Estás recibiendo el apoyo que necesitas. Por otro lado, puede indicar inflexibilidad.

Roer, Carcomer: Algo está comiéndote por dentro.

Rojo: Representa energía, pasión, fuerza, peligro, ira, violencia, rechazo. También nos indica la necesidad de parar y evaluar.

Romance: Tu falta de afecto y cariño causa dificultades en tus relaciones con otras personas.

Romero: Simboliza recuerdo, lealtad, paz y puede utilizarse para la purificación física, emocional y espiritual.

Rompecabezas: No estás viendo el todo, sino partes de tu vida que aparentan estar incompletas. Sin embargo, cuando adquieras una perspectiva más amplia y veas el todo, puedes ver las cosas con claridad y obtener una visión más acertada sobre lo que te toca hacer en esta vida. Este sueño también puede simbolizar un problema que te agobia y que necesitas solucionar. Enfoca tus energías, encuentra el centro de tu ser y desde ahí, puedes encontrar las solución a cualquier situación.

Ron: Simboliza rituales y creencias caducas. Necesitas encontrar un sendero espiritual basado en el corazón y no las emociones.

Roncar: Estás completamente ajena a lo que ocurre alrededor tuyo. La vida se te escapa y un día despertarás preguntándote cómo es posible que tanto tiempo pasara sin percibirlo.

Ropa: Soñar con ropa simboliza tu ser externo, como eres percibido por otros. Si sueñas que tienes puesta ropa que no te queda bien, esto indica que estás presentando a otros lo que no eres. Si tienes ropa sucia, esto representa una necesidad de cambiar hábitos o comportamientos que no te benefician. El soñar con ropa desgarrada indica una autoimagen negativa que necesitas mejorar. Soñar con ropa interior indica que aún estás escondiendo quién eres verdaderamente.

Rosa: La rosa es un hermoso símbolo de amor divino, belleza, regocijo e inocencia.

Rosado: Simboliza amor, ternura, bondad. Puede significar que te es posible sanar a través del amor.

Rosario: Indica una necesidad de tu alma de estar en silencio meditando, orando y encontrando el centro de tu ser para poder escuchar tu voz interna y la voz de Dios.

Rubí: Simboliza amor, pasión, vitalidad y la expansión espiritual de la que eres capaz.

Ruda: Simboliza protección y la manifestación a nivel físico.

Rueda: Simboliza la rueda de la vida, el círculo eterno en el que vivimos. También puede representar la rueda de karma, la ley de causa y efecto en que todo lo que hacemos, pensamos y decimos crea una consecuencia energética. Es posible que necesites explorar tus vidas pasadas y hacer procesos de sanación de karma.

Rugido: Escuchar un rugido en tu sueño indica gran ira, agresión o temor. También puede representar emociones que están surgiendo de los aspectos sombras de tu ser y que habían permanecido enterradas.

Ruido: Cuando sueñas con ruidos extraños, esto representa lo desconocido. Es posible que sientas temor o confusión sobre una situación en tu vida que no logras descifrar. El ruido en tu sueño es un llamado para que prestes atención al asunto.

Ruinas: Necesitas reflexionar sobre tu vida ya que estás encaminada(o) hacia una dirección incorrecta que puede resultar dolorosa.

Ruleta: Considera las consecuencias de tus acciones.

Rumor: El escuchar un rumor en tu sueño significa que un aspecto de tu ser sombra está intentando salir a la superficie para que lo reconozcas y sanes.

S

Sábana: Simboliza receptividad, apertura, el ser sombra. Sábanas limpias representan un nuevo comienzo, el haber limpiado la negatividad. Sábanas sucias señalan la presencia de negatividad que necesita limpiarse y purificarse.

Sabor: Si sientes el sabor de algo en el sueño, esto indica que necesitas reconsiderar alguna situación, relación o decisión.

Sabotaje: Este sueño te señala que existen en ti tendencias autodestructivas que no te permiten crecer y progresar.

Sacacorchos: Si en el sueño tienes dificultad usando el sacacorchos, esto indica que hay un descontrol en tu vida. Si usas el sacacorchos con facilidad, el sueño puede señalar un nuevo comienzo en tu vida.

Sacerdote: Simboliza tu ser superior o tu guía espiritual. El sueño tiene un mensaje espiritual. Presta atención.

Saco: Simboliza encubrimiento, mantener algo en secreto. Es importante darte cuenta de toda la energía que te toma mantener un secreto. Es hora de que la verdad salga a la superficie y se transforme con la Luz.

Sacrificio: Si sueñas que estás siendo sacrificada, esto señala tu tendencia a la auto-condena y auto-castigo. Es posible que sientas que otros no aprecian lo que haces. No ha habido reconocimiento por las cosas que has estado dispuesta a sacrificar. Si ves que se sacrifica un animal en el sueño, esto indica que estás listo para desprenderte de tus deseos materiales para enfocarte en tu evolución espiritual e iluminación. En general, el mensaje de este sueño es que no necesitas sacrificar tus ideales y aspiraciones por otros. Lo único que necesitas hacer es desprenderte de la negatividad en el pensamiento y las emociones y cualquier tendencia a la auto-condena y auto-castigo que te limita.

Safari: Estás en un proceso de exploración de tu ser interno.

Sal: Estás sintiendo una nueva sensación de gozo y vitalidad en tu vida. Tu autoestima se fortalece.

Sala: Este sueño se trata de tu interacción diaria con otros.

Sala de chat: Refleja tu necesidad de conectarte a otros para compartir ideas y opiniones. Recuerda que es importante alejarte de la computadora y otros aparatos electrónicos y relacionarte a otros de manera personal, en el mundo real.

Sala de emergencias: Los hábitos, costumbres y creencias de tu vida ya no te sirven. Al contrario, te hacen daño y mientras te aferres a ellos no podrás evolucionar espiritualmente. Tus guías te indican que es necesario hacer cambios en tu vida ahora para que puedas dirigir tu vida hacia el camino que te traerá el mayor desarrollo para tu alma.

Sala de espera: Símbolo de paciencia. El sueño te indica que seas paciente, ya que lo esperado llega en el momento perfecto.

Salamandra: Representa tu habilidad para sobrevivir situaciones de infortunio, vergüenza y adversidad. No importa la situación que estés enfrentando en estos momentos, vencerás.

Salario: Representa los frutos de tus acciones. Cosechas lo que siembras.

Salchicha: Simboliza los valores materiales que mantienes.

Salida: Es posible que te encuentres en una situación en que tienes que tomar una decisión, escoger una dirección a seguir. Necesitas salir de la situación en que estás y tomar un nuevo rumbo.

Saliva: Refleja ansiedad ante la posibilidad de comenzar algo nuevo, sea esto un nuevo comienzo, un nuevo proyecto o una nueva situación en tu vida.

Salmón: Simboliza sabiduría, fortaleza y acción concentrada.

Salón de baile: Disfrutas de la vida y estás abierto(a) para que lleguen a ti las cosas alegres de la vida. Recuerda siempre sentir profunda gratitud por todas las bendiciones que recibes a diario.

Salón de belleza: Este sueño indica la necesidad de amarte a ti misma(o) y mejorar tu autoestima.

Salpicar: Necesitas ser más expresiva(o).

Salsa: Necesitas más variedad y placer en tu vida. Si la salsa es picante, esto indica la necesidad de ser más directo(a) y audaz.

Saltamontes: Simboliza la libertad, independencia e iluminación espiritual que puedes lograr siguiendo una práctica espiritual basada en un corazón abierto al Creador y lleno de Amor y compasión.

Saltar: Indica la necesidad de enfocarte en las cosas importantes de la vida. Si en el sueño saltas con una cuerda de saltar esto indica que necesitas coordinar las situaciones más cuidadosamente antes de actuar.

Saludo, Saludar: Agradeces a la vida sus muchas bendiciones y reconoces lo mucho que la vida te da.

Salvavidas: Representa la seguridad dentro de las aguas emocionales. Indica que hay protección y guía espiritual disponibles para ti.

Salvia: Simboliza purificación, protección, sanación y conexión con la dimensión espiritual.

Samurái: Simboliza lealtad, honor, deber y disciplina.

Sanación: El mensaje de este sueño indica que necesitas recibir sanación energética para purificar, regenerar y rejuvenecer tu cuerpo físico y tu cuerpo energético.

Sandalias, Chancletas: Sientes que no tienes un punto de apoyo para poder tomar tus próximos pasos con estabilidad y seguridad.

Sándwich, Bocadillo: Le das demasiada importancia a lo que es práctico, restándole relieve a los aspectos espirituales de tu vida.

Sangre: Si estás sangrando en un sueño (u otra persona está sangrando) esto indica que estás perdiendo energía, que hay un escape de tu fuerza vital. Es posible que alguien te está chupando la energía o que estés perdiendo energía vital debido a preocupaciones, temor y estrés. Fíjate en qué parte del cuerpo ocurre el desangre ya que esto te indica los chacras que necesitan más atención.

Sanguijuela: Alguien o algo está drenando tu energía. Observa tu vida e identifica a qué o quién le estás entregando tu poder personal.

Santo: Simboliza tu guía espiritual, tu maestra o maestro espiritual. El sueño tiene un mensaje espiritual y debes prestar mucha atención.

Santuario: Indica una necesidad de entrar dentro de ti para sanar y encontrar paz y armonía en lo más profundo de tu ser.

Sapo, Rana: Existe el potencial para un cambio inesperado en tu vida. Si el sapo está brincando, significa que brincas de situación a situación sin aprender las lecciones que te ofrece cada experiencia.

Sarampión: Indica que tus preocupaciones están afectando tu desarrollo. Necesitas elevar tu vibración a través de la meditación y oración para eliminar el estrés de tu vida. La preocupación es un obstáculo al desarrollo espiritual ya que baja tu vibración.

Sarcasmo: Intentas disimular tus imperfecciones.

Sardinas: Simboliza los diferentes aspectos de tu ser emocional.

Sari: Simboliza sencillez y devoción espiritual.

Sarpullido, Urticaria: Indica que tienes ira, frustración o molestias reprimidas en lugar de expresarlas.

Sartén: Acepta las consecuencias de tus acciones.

Sastre: Simboliza creatividad e indica que estás en el proceso de crear una nueva manera de vivir, quizás reparando o haciendo cambios en la manera en que hacías las cosas anteriormente.

Satanás: Ver "Demonio".

Satélite: Este sueño trae un mensaje espiritual de los planos de Luz elevados. Representa un estado de consciencia elevado. También puede representar un movimiento hacia una nueva órbita espiritual, esto es un entendimiento espiritual más elevado. Por otro lado, este sueño puede indicar que estás siguiendo las creencias de otras personas y eres sólo un satélite que depende de las energías de otros en lugar de generar energías propias.

Sauna: Necesitas purificación emocional para liberarte de las emociones negativas que te afectan.

Saxofón: Tienes una gran necesidad de expresar algo desde las profundidades de tu ser. Es importante que lo hagas.

Secadora de pelo: Necesitas esclarecer tus pensamientos para que logres interpretar la realidad con una perspectiva más amplia.

Secretaria, Secretario: Simboliza el aspecto eficiente y servicial de tu ser. También puede indicar falta de organización o el que tomaras demasiadas cargas sobre tus hombros. Si este es el caso, necesitas identificar tus prioridades, delegar lo que puedas a otros y así lograr que se completen las tareas que tienes pendiente.

Secreto: Representa algo que sabes pero no quieres admitir o compartir. Has escogido reprimir algo para no estar consciente de ello.

Secuestro: El verte secuestrado(a) en un sueño usualmente indica que una persona o una circunstancia te está manipulando o está controlándote forzosamente. Es un símbolo potente de falta de control sobre tu propia vida. Si, por el contrario, eres testigo de un secuestro, esto indica que te sientes impotente. Soñar con secuestro refleja pérdida de control.

Sed: Este sueño señala tu deseo profundo de despertar espiritualmente. Anhelas la unión con el Creador.

Seda: Simboliza lujo, riquezas, abundancia. Representa la conducción de energía que suaviza las emociones y calma los nervios. También

representa la sensualidad y la habilidad de entrar en el fluir de la vida.

Sedante, Tranquilizante: Indica la necesidad de tomar el control, responsabilizarte por tu vida en lugar de depender de cosas y personas externas a ti.

Seducción: Has acordado hacer algo que no deseas debido a la persuasión inapropiada. Has cedido tu poder personal a otra persona.

Seguro: Soñar con una póliza de seguros significa falta de confianza, falta de fe. Temes perder algo que consideras valioso.

Selfie: Tu ego está dominando tu vida en lugar del corazón.

Sello: Este sueño es un mensaje de aprobación sobre lo que estás haciendo en tu vida en estos momentos. Tienes un nuevo entendimiento espiritual.

Sello de correos, Estampilla: Hay un asunto en tu vida que necesita tu aprobación o rechazo. Es importante que decidas.

Selva, Jungla: Este sueño simboliza potencial para crecimiento espiritual. Por otro lado, puede indicar que hay mucho ocurriendo en tu vida y se te hace difícil asimilarlo todo. El sueño puede señalar la necesidad de explorar las emociones atrapadas en tu ser sombra. Si no son reconocidas, estas emociones pueden irrumpir de manera inapropiada cuando menos se espere.

Semáforo: Tu progreso está siendo controlado por fuerzas externas a ti o por personas en tu entorno. Esto significa que no estás en control de tu propia vida. Si estás pensando en hacer algún cambio o tomar alguna decisión, la luz verde significa que puedes seguir adelante con lo que estás pensando. Si la luz es roja, significa que no te conviene lo que estás pensando. Si la luz es amarilla, debes pausar antes de tomar una decisión.

Sembrar: Tienes fe en el futuro y te enfrentas a él con optimismo.

Semen, Esperma: Se te presentan oportunidades para un nuevo comienzo.

Semilla: Simboliza nuevos comienzos, tu potencial espiritual. Si estás sembrando semillas, estás creando un futuro de abundancia espiritual. Según siembras, así cosechas.

Sendero: Ver "Camino".

Senilidad: Estás desperdiciando tu potencial. Tienes habilidades y talentos únicos que no estás aprovechando.

Sentarse: Este sueño refleja tu indecisión sobre un camino a tomar. También puede indicar la necesidad de detenerte y reflexionar antes de tomar una decisión.

Sentir: Lo que sientas en el sueño es importante en su interpretación. Fíjate si sientes temor, alegría, cansancio, sentido de poder, confusión, etc. Lo que sientas en el sueño te ayudará a entender el mensaje dado dependiendo de las situaciones de tu vida actual. Si sueñas con emociones fuertes esto indica que hay emociones en ti que no puedes expresar libremente en tu vida diaria, por lo tanto las expresas en tus sueños. Así las emociones se sueltan en lugar de embotellarlas.

Señal, Anuncio, Letrero: El sueño contiene un mensaje importante. Presta atención.

Señal de pare: Un aviso de que debes detenerte y pensar cuidadosamente sobre una situación o algún pensamiento que estás teniendo en estos momentos. Luego de parar y reflexionar, necesitas proceder con precaución. Por otro lado, soñar con una señal de pare puede representar las barreras, obstáculos y dificultades en tu camino.

Señalar: Este sueño te indica una manera de solucionar el problema con que te enfrentas. Analiza los demás símbolos en el sueño.

Separación: Añoras regresar a tu dulce hogar, en el regazo del Creador. Tienes la idea equivocada de que te has separado del Creador, pero esto es un engaño del ego. Nunca te has separado del Creador, el Creador y tú son uno.

Sepia: Memorias del pasado no te permiten seguir hacia delante.

Sequía: Representa la depresión o represión de emociones.

Serenata: Simboliza satisfacción emocional y espiritual. También puede indicar la necesidad de expresar el amor que sientes por otros.

Sermón: Buscas guía espiritual. Pide ayuda a tus ángeles. Pide que te den un mensaje.

Serpiente: Ver "Culebra."

Serrucho, Sierra: El sueño te señala que tienes las herramientas necesarias para poder eliminar de tu vida esas cosas que no te ayudan a evolucionar espiritualmente. El sueño te indica que puedes desprenderte de tus ataduras y seguir tu crecimiento espiritual hacia las alturas más elevadas de Luz.

Servilleta: Te preparas para recibir buenas noticias.

Sesión espiritista: Estás desviándote del sendero espiritual más beneficioso para ti al mantenerte atascada(o) en el deseo de adquirir poderes psíquicos. Los poderes psíquicos sin entendimiento espiritual son dañinos y contra-productivos.

Seta, Hongo, Champiñón: Simboliza emociones negativas que están expandiendo y creciendo dentro de ti. Necesitas encontrar una manera productiva de expresarlas antes de que crezcan fuera de control. Por otro lado ver una seta, hongo o champiñón en un sueño indica una necesidad de conectarte con los elementos de la naturaleza. La naturaleza nos ofrece hermosas dádivas que benefician nuestro estado emocional y espiritual.

Sexo: Representa la integración de los diferentes aspectos de tu ser.

SIDA: Refleja gran desequilibrio interior. Te sientes indefensa, desvalido y sin poder debido a emociones corrosivas que enconan tu ser interno. Si sientes odio, rabia, frustración, desilusión, reconoce que estas emociones existen dentro de ti y comienza de inmediato a soltar todas estas emociones que te hacen tanto daño.

Sífilis: Ver "Enfermedad venérea".

Signo igual: Simboliza balance y armonía. Traes armonía a tu vida cuando vives en tu corazón, sintiendo la paz de la Divina presencia.

Silbar, Pitar: Este sueño es una advertencia. Hay algo que requiere tu atención inmediata.

Silencio: Si te mantienes en silencio en un sueño, esto indica tu anhelo por encontrar la paz y sosiego que te permitan reflexionar sobre tu vida y a donde te diriges.

Silla, Banco, Banquillo: Necesitas detenerte y reflexionar sobre una decisión que necesitas tomar. También puede indicar la necesidad de descansar.

Silla de montar: Estás comprometiéndote a una situación innecesaria. Si estás montada(o) en un caballo, esto representa la necesidad de tomar el control en alguna situación en tu vida.

Silla de ruedas: Necesitas parar de depender de otros.

Silueta: Hay un aspecto de tu vida que no reconoces y necesita clarificarse.

Símbolo: Los misterios de la vida te confunden y sientes necesidad de entender aún cosas que no tienen explicación. Es importante reconocer que nuestro entendimiento mental tiene sus límites y no lo podemos saber todo.

Sinagoga: Ver "Iglesia."

Síndrome de Down: Estás desvalorizando tus propias habilidades o las de otras personas.

Sirena de mar: Representa distracciones a tu sendero espiritual. Necesitas detenerte y reflexionar sobre las cosas, situaciones, personas

que están causando que te alejes de tu quehacer espiritual como la meditación y la auto-sanación. Tus guías espirituales están intentando comunicarse contigo, pero no logran hacerlo debido a todas las distracciones que tienes y la falta de silencio en tu vida.

Sirope, Almíbar, Jarabe: Simboliza sentimentalismo excesivo y la nostalgia malsana. Despréndete de tus ataduras al pasado y vive en el presente que es todo lo que existe.

Sismo: Ver "Terremoto".

Sistema solar: Simboliza la vastedad de tu ser infinito, tu ser superior. Representa tu conexión con las estrellas, los universos, el cosmos entero. Eres Uno.

Sobaco: Ver "Axila".

Soborno: Indica que eres fácilmente influenciado(a) por las opiniones de otros. Es posible que estés permitiendo que otros te convenzan de hacer cosas que realmente no quieres hacer. Necesitas permitir que aflore tu fortaleza y determinación internas para que logres defender tus propias opiniones y actuar de acuerdo a tus mejor entendimiento.

Sobre: Este sueño indica que recibirás un mensaje que necesitas escuchar. Llegarán noticias importantes.

Sobredosis: Este sueño sugiere que estás en una situación autodestructiva. Necesitas hacer grandes cambios en tu vida.

Soda: Estás llenándote de energías vacías que no te ofrecen nutrición. Refleja sobre las maneras en que pasas tu tiempo y las actividades y personas que desperdician tu tiempo que podrías pasar dedicado a tu crecimiento espiritual.

Sofá: Puede simbolizar descanso, relajación, pereza o aburrimiento, dependiendo de los demás símbolos en el sueño.

Software: Simboliza tus características, comportamientos y hábitos.

Soga: Este sueño puede significar varias cosas, dependiendo de lo que esté ocurriendo en tu vida en este momento. Si en el sueño te sientes incómoda, una soga representa tu atadura a otra persona o cosa. Si estás caminando sobre una cuerda, esto indica que estás pasando por una situación precaria y necesitas proceder con cautela antes de tomar una decisión al respecto. Si estás subiendo por una soga, esto indica que estás dispuesto a progresar en la vida, superando cualquier adversidad. Si estás bajando por una soga, esto indica que estás tomando una dirección incorrecta en tu vida. Esto puede representar una decisión, una manera de actuar, una relación o cualquier otra situación o persona que te esté causando ansiedad o sufrimiento. Si estás atado con soga, esto sugiere que hay una situación o relación en tu vida que te mantiene atrapada. Soñar con una soga también puede simbolizar cautiverio emocional o falta de libertad en tu ser. Por otro lado, una soga puede simbolizar la fuerza del kundalini, un poder espiritual que tenemos dentro y que necesitas despertar y fortalecer para poder progresar espiritualmente.

Sol: Simboliza la Luz de Dios, la divinidad que hay dentro de ti. Representa la iluminación, la paz interna, el poder divino, la fuerza amorosa que le da vida a todo. Representa gran poder espiritual, energía divina, paz interior e iluminación.

Soldado: Simboliza la disciplina, estructura y rigidez que dominan tu vida. Por otro lado, puede indicar que te preparas para una batalla en que te ves obligada(o) a defender tus decisiones, creencias o ideas.

Solsticio: Simboliza la energía potente de regeneración, reflexión y la iluminación espiritual.

Sombras: Soñar que estás en un lugar en sombras, significa que no estás viendo con claridad lo que necesitas ver. Necesitas elevar tus energías para que puedas tener una percepción más clara sobre las cosas que te afectan. Es posible que tengas un bloqueo en el ajna, chacra del entrecejo, que necesite despejarse. Este sueño también puede representar un miedo que tienes muy adentro y que te persigue. La energía de miedo es la más densa que existe y es la energía contraria al amor. Necesitas deshacerte de este miedo para que puedas evolucionar espiritualmente

Sombrero: Representa los diferentes papeles que juegas en la vida, como te presentas ante otros, y como escondes aspectos de tu ser.

Sombrilla, Paraguas: Simboliza la protección y seguridad emocional. Estás protegiéndote para que ciertas emociones no te afecten y es posible que este esfuerzo no te permita lidiar con emociones que necesitan esclarecerse.

Sonrisa: Estás conforme con tus logros. Reconoces que la verdadera felicidad no se basa en cosas o personas externas a ti, sino reside en tu corazón.

Sopa: Representa el hambre espiritual. Tu alma te reclama.

Sorbeto, Pajilla: Este sueño indica que necesitas aprender a guiar tus emociones para que puedas expresarlas de manera saludable y apropiada.

Sordera: Entras en negación y no escuchas la verdad. Escoges no escuchar para no asumir la responsabilidad de tu propio crecimiento espiritual.

Sorpresa: Si te llega una buena sorpresa en el sueño, indica que estás en buena posición para lidiar con tus emociones y aclarar tu situación emocional. Si la sorpresa es desagradable, esto representa tus miedos a lo inesperado.

Sortija, Anillo: Simboliza perspectiva eterna, integridad emocional, continuidad y compromiso. Representa la unión. (Ver la definición de "Círculo" en este diccionario.)

Sótano: Soñar con sótano representa el ser sombra, las emociones y sentimientos que mantienes escondidos. Representa deseos reprimidos y que no te permites aceptar. Si el sótano aparece desordenado, esto significa que hay mucha confusión dentro de ti que necesita aclararse.

Soya: Tienes una preocupación referente a tu salud.

Spa: Necesitas sacar el tiempo para relajarte y cuidarte. También puede indicar la necesidad de sanación y purificación.

Subasta: Luego de aprender una lección importante en tu vida, estás lista(o) para seguir adelante con una nueva perspectiva.

Subibaja, Balancín: Estás atascada en un sube y baja que te quita el control de tu propia vida y drena tu poder personal. Es hora de bajarte del balancín y tomar responsabilidad por la dirección que tu vida tome.

Subir: El subir (escaleras, montaña, calle, ascensor, etc.) significa que vas en dirección correcta.

Submarino: Estás protegida(o) mientras exploras tus emociones y tu ser interno. Adquieres perspectivas amplias que te ayudan a identificar y resolver los aspectos sombras de tu ser.

Suciedad: Indica ansiedad y autoestima baja. Necesitas purificar tu mente, emociones y corazón.

Sudor, Sudar: Estás pasando por una situación de gran ansiedad, estrés, miedo o nerviosismo que te está drenando energéticamente. Necesitas recargarte y lidiar con esta situación de manera saludable y en actitud de entrega. Por otro lado, el sueño puede representar una limpieza energética o la disolución de karma negativo que está ocurriendo.

Suegra, Suegro: Un torbellino interno o asuntos sin resolver te están afectando en estos momento. También puede indicar que necesitas ceder un poco en lugar de tratar de imponer tus opiniones.

Suelo: Simboliza tu conexión con la Tierra y como ésta es la base de tu ser físico, pero a la vez representa el portal entre el mundo material y el mundo espiritual. El sueño indica la necesidad de equilibrar tu ser físico y tu ser espiritual logrando una unión perfecta.

Sueño: El soñar que estás soñando indica que estás consciente a algún nivel aún cuando duermes.

Suero: Es tiempo de sanar. Toma el tiempo que necesites para regenerar tu ser a niveles físico, mental, emocional y espiritual.

Sufrimiento: Hay un gran desbalance en tu vida y necesitas equilibrar los aspectos materiales con los espirituales y así encontrar un balance entre la mente y el alma.

Suicidio: Representa la autodestrucción, el estar avasallado por emociones y pensamientos negativos. También puede indicar que te has dado por vencida(o), que deseas escapar de lo que te aflige en la vida en lugar de enfrentarte a ello y solucionarlo. Es importante que recibas sanación, te armonices energéticamente y le entregues al Creador tus problemas.

Sujetapapeles: Intentas aferrarte a una situación o relación cuando quizás te sería de más beneficio dejarla ir.

Suma, Adición: Puedes resolver el problema que se presenta siempre y cuando no lo compliques.

Sumidero: Denota inestabilidad emocional. Sientes que no tienes una base firme para pararte.

Sumiller, Sommelier: Buscas consejos que te ayuden a tomar una decisión.

Sumo: Si ves un luchador sumo en tu sueño, esto indica que estás lidiando con un problema grande en tu vida que te está aplastando.

Superhéroe, Superhombre, Supermujer: Simboliza talentos, habilidades e ideas creativas superiores que hay dentro de ti, pero que no estás consciente de tener.

Sur: Si te diriges hacia el sur, esto indica entendimiento espiritual y la integración de tu consciencia espiritual con el diario vivir.

Surf: Ver "Navegar".

Sushi: El sueño indica que es el momento preciso para reconocer el ser espiritual que eres.

Suspiro: Te agobia una situación o persona en tu vida.

Susurro: Si escuchas susurrar en tu sueño esto indica que necesitas prestarle más atención a algún asunto o necesitas escuchar a alguien con más detenimiento. También puede indicar falta de claridad en la comunicación, el temor a expresarte abiertamente. Por otro lado, representa secretos, falta de apertura y falta de franqueza.

Switch: Ver "Interruptor".

T

Tabaco: Este sueño indica que estás rebelándote o deseas rebelarte contra una situación en tu vida.

Tabla: Si en el sueño caminas sobre una tabla o tablón, esto representa vulnerabilidad emocional. Temes ser herida(o).

Tabla Ouija: Tu búsqueda te lleva a prácticas equivocadas que no te ofrecen un despertar espiritual verdadero.

Tabla periódica: El sueño te señala la necesidad de llegar a la esencia de un asunto que te atañe para poder resolverlo. Si en el sueño puedes ver las letras que representan un elemento específico, refiérete a la sección del Alfabeto en este diccionario para obtener más información.

Tablilla de auto: Representa la libertad que tienes de dirigir tu propia vida y hacer lo que aspiras.

Tablón de anuncios: Soñar con un tablón de anuncios indica que tus guías espirituales intentan comunicarte algo que necesitas saber. Es importante que le prestes atención a un mensaje que te llega o en los sueños o durante la meditación.

Tacón de zapato: Símbolo de opresión y vulnerabilidad.

Tajo: Soñar con un tajo puede indicar que estás cortando esas partes de tu ser que ya no te son de beneficio, como viejos hábitos, creencias. Si estás sangrando debido al tajo, esto indica que estás perdiendo energías y es importante que encuentres qué o quién te está drenando. Puede ser una persona, una situación o emociones como la preocupación y el miedo.

Talón: Hay una vulnerabilidad en ti que necesitas resolver fortaleciéndote emocional y mentalmente al igual que energéticamente.

Tamarindo: Este sueño te alerta de un asunto de salud que necesitas atender.

Tambor: Simboliza el ritmo de la vida y la necesidad de moderar tu propio ritmo para que permanezca en sintonía con los elementos naturales.

Tamborín, Pandereta: Representa el ritmo de tu vida. Estás en un fluir donde ejerces control sobre los diferentes aspectos de tu vida.

Tampón: Este sueño indica merma de energía en el chacra raíz.

Tango: Hay demasiado drama en tu vida y te beneficiaría lidiar con las situaciones en tu vida de manera más calmada.

Tanque: Un tanque militar simboliza agresión, hostilidad, ira, deseos de venganza. Un tanque de gas, indica que tienes demasiada energía acumulada en algunos de tus chacras u otros lugares en tu cuerpo energético y debes recibir sanación para armonizar tus chacras a tal punto que contengan la energía balanceada que necesitan. Un tanque de agua indica la represión de emociones. Necesitas perdonar.

Tapete: Estás posado(a) en el umbral de un estado de consciencia elevado.

Tapiz: Simboliza como diseñas tu vida, como co-creas tu realidad a través de todas las experiencias que forman un patrón. Este patrón puede ser armonioso o desequilibrado. Busca las maneras de traer armonía y balance a tu vida. Sólo tú puedes hacerlo.

Tapizado: Representa la renovación, el sacar lo viejo para permitir que lo nuevo entre.

Taquilla: Has tomado una decisión importante sobre el camino a tomar en la vida y comienzas una nueva etapa de entendimiento y desarrollo espiritual.

Tararear: Si tarareas en un sueño, esto indica que estás evitando hacer algo que necesitas hacer. También puede indicar que hay una verdad que no quieres ver.

Tardanza: Si sueñas que llegas tarde a algún evento esto significa tu temor al cambio y tu ambivalencia en aprovecharte de una oportunidad que se presenta. Es posible que sientas que no estás lista o que no tienes el apoyo que necesitas. También es posible que te sientas avasallado o en conflicto sobre decisiones del futuro. El tiempo apremia. No esperes. Llegó el momento de actuar.

Tarea escolar: Simboliza las lecciones que estás aprendiendo. Tu alma llegó a este mundo para aprender y crecer. Las situaciones en tu vida, aún las que aparentan ser negativas, te ofrecen la oportunidad de aprender tus lecciones y continuar progresando. Presta atención a este sueño ya que te puede indicar lo que necesitas hacer en tu vida o a qué le debes prestar atención para tu mayor crecimiento espiritual.

Tarjeta de crédito: Este sueño tiene que ver con tus valores. Si sueñas que estás pagando algo con tarjeta de crédito, esto simboliza que estás adquiriendo algo que no te pertenece. Por ejemplo, es posible que estés adquiriendo hábitos o valores o comportamientos que le pertenecen a otras personas y no son tuyos. Los estás asumiendo porque piensas que así debes actuar, o por complacer a otros, aunque no representen los valores dentro de ti.

Tarjeta de identificación: El sueño te señala hacia una falta de confianza en ti mismo(a). También puede indicar confusión en cuanto a tu propia identidad, tu sentido de no tener una identidad firme. Cuando entiendes que tu identidad está eternamente ligada a tu ser divino, no tienes necesidad de identificarte con tu personalidad o características, ya que éstas son temporeras y no son quien eres verdaderamente, infinitamente. Eres un ser divino, un destello del Creador.

Tarot: Si sueñas que estás leyendo las cartas debes explorar las emociones y pensamientos que mantienes guardados muy dentro de ti. Es posible que no estés consciente de ellos. Presta atención a lo que las cartas revelan en el sueño, ya que las diferentes cartas tendrán diferentes mensajes, como sigue:

- *Arcanos:* El sueño tiene que ver con los asuntos centrales de tu vida y cómo te conectas con tu ser espiritual.
- *Copas:* El sueño te revela tu estado emocional.
- *Oros:* El sueño te ofrece un mensaje sobre tu vida material de trabajo y finanzas.
- *Espadas:* El sueño te revela alguna acción que necesitas tomar. Es posible que esta acción requiera valor y apertura al cambio.
- *Bastos:* El sueño tiene que ver con tu intuición y la realización de tus metas espirituales.

Fíjate también en los números que aparecen en las cartas.

Tartamudeo: Se te hace difícil expresarte claramente.

Tatuaje: Simboliza tu sentido de identidad, cómo deseas que te vean los demás. También representa el ego.

Taxi: Estás en transición. La identidad que sostienes ahora es temporera y no es tu identidad verdadera. Encuentra tu ser verdadero dentro de ti y vive como el ser divino que eres.

Taza, Tazón: Representa la matriz, el útero y un sentido de seguridad. También representa el corazón espiritual. Si la taza o tazón está vacía, significa que estás desconectado del Amor divino. Si llena, estás en armonía con el Amor Puro del Creador.

Té: Simboliza satisfacción y contento, relajamiento y el compartir con otros que deseas disfrutar.

Teatro, Escenario: Este sueño te señala la manera en que estás actuando en tu vida diaria en relación a tus comportamientos y tus relaciones con otros. También representa cómo te presentas a otros en cuanto a tus actitudes y creencias.

Techo: Representa límites que te has impuesto. Es importante que sobrepases tus límites autoimpuestos para que puedas crecer y expandir hacia nuevos y hermosos horizontes.

Teclado: Un teclado de computadora, ordenadora indica que hay un mensaje que necesitas llevarle a otros. También puede simbolizar alguna tarea que necesitas realizar.

Tejer: Simboliza creatividad, el fundir las experiencias de la vida en un tapiz completo y armonioso. Eres un ser divino y tienes el poder espiritual de crear una vida de paz y regocijo.

Tejido: Simboliza la unión armoniosa de los diferentes aspectos de la vida. Por otro lado, si ves un tejido malhecho en un sueño, puede indicar que hay un enredo en alguna situación de tu vida.

Tela: Simboliza los patrones en tu vida. Tú creas tu propia realidad y puedes crear una vida llena de energía positiva o una realidad de energías densas.

Telar: Tienes gran potencial para expresar tu creatividad y seguir tu intuición. Puedes manifestar lo que deseas en tu vida.

Telaraña: Estás atrapada(o) en una situación de la cual piensas no hay salida. También puede indicar enredos en tu vida que debes desanudar.

Teléfono: Si estás haciendo una llamada, esto indica que necesitas ayuda para entender o solucionar alguna situación. Si alguien te está llamando, esto significa que tus guías espirituales están intentando comunicarse contigo para impartir un mensaje importante. Presta atención, medita y recibe la información espiritual que necesitas en este momento. Si necesitas ayuda, eleva una oración al Creador y pide que te transmita lo que necesites para poder evolucionar espiritualmente con amor y compasión hacia todos.

Telegrama: Este sueño tiene un mensaje importante. Analiza el sueño cuidadosamente.

Telenovela: Hay demasiado drama en tu vida que, por estar tan arraigado en ti, no te permite ver las cosas con claridad. El sueño también puede indicar que otras personas traen drama a tu vida y no te permiten vivir en paz.

Telescopio: Necesitas mirar una situación con más detenimiento para tener claridad sobre el asunto.

Televisión: Necesitas observar mejor tu propia vida, cómo la vives, cómo manejas las situaciones de tu cotidiano vivir. Si en el sueño tú apareces en la televisión, esto indica que hay un mensaje que deseas llevar al mundo o que deseas expresarle ciertas ideas y perspectivas a otros.

Temblar: Estás en el proceso de soltar viejos hábitos, actitudes y formas de pensar.

Temor: Estás muy cercano a enfrentarte a una verdad que no quieres reconocer. Es importante que te enfrentes a esos aspectos de tu ser que mantienes escondidos, con reconocimiento y gratitud por la oportunidad que te ofrecen de crecer y evolucionar.

Témpano de hielo, Iceberg: Este sueño sugiere que no estás aprovechando tu potencial y fortalezas al máximo. También puede indicar que estás escondiéndote detrás de una fachada o que no estás mirando con profundidad un problema o una decisión que necesitas tomar.

Temperatura: Si estás tomando la temperatura de alguien o te la estás tomando a ti mismo(a), esto indica falta de control emocional. Si la temperatura es alta, emociones negativas como ira, odio o agresión están a punto de estallar. Si la temperatura es baja o normal, esto indica que tienes la capacidad de controlar las emociones y permanecer en estado de calma aún ante situaciones difíciles.

Templo: Simboliza tu crecimiento espiritual. Si estás dentro del templo significa que añoras la iluminación espiritual y deseas recibir guía para lograr esta meta. Si estás mirando el templo de frente, esto representa la verdad sagrada que guardas en tu corazón. Indica que estás consciente de tu templo interno, lo sagrado dentro de ti.

Tenazas: Este sueño señala que necesitas distanciarte de alguna situación o asunto que no te concierne.

Tenedor: Estás en el camino correcto para alcanzar tus metas.

Tenis: Simboliza los cambios y retos de tu vida. Puede indicar que estás intentando decidir entre dos situaciones o acciones. Es importante que te comprometas de una vez y tomes la decisión necesaria.

Tentación: Refleja conflicto entre tu ser superior, tu ser infinito, y los deseos de tu ego.

Tentáculos: Hay emociones fuertes que rehúsas reconocer o confrontar. El sueño te señala que éstas necesitan salir a la superficie para que puedas lidiar con ellas de manera que no hagan daño.

Terapeuta, Psicóloga(o), Psiquiatra: Representa la parte sabia de ti misma(o).

Terciopelo: Símbolo de honor y mérito. Fíjate en el color para poder identificar mejor el significado completo de este símbolo.

Termo: Simboliza un recipiente emocional que mantiene tus emociones embotelladas. Permite que tus emociones encuentren una válvula de salida apropiada. Es importante que las reconozcas, con gratitud, por el mensaje que te traen. Emociones negativas como el temor, la ira, la falta de perdón, el resentimiento causan un bajón en tu vibración que atrasa tu desarrollo espiritual. A través de la meditación y auto-sanación, el perdón y la oración puedes disolver emociones negativas y elevar tu vibración hacia las emociones de alta vibración como la paz, regocijo y amor.

Termómetro: Simboliza tus emociones y refleja si tus emociones están calientes o frías o término medio. Si la temperatura está elevada, esto significa que tus emociones están caldeadas y necesitas normalizarlas.

Si la temperatura se muestra fría en el termómetro, estás paralizada emocionalmente y necesitas volver a sentir.

Termostato: Tus emociones están bajo control.

Terremoto: Un gran cambio se avecina en tu vida que puede sacudir tu realidad. Es posible que te sientas insegura, temerosa o desesperanzada. Abre tu corazón, pide que el cambio sea lo más suave posible y para el mayor bien.

Terreno: Simboliza arraigamiento, el cimiento sobre el cual puedes crear lo que necesites para apoyar tu evolución espiritual.

Terror: Indica temores o dudas que necesitas reconocer y resolver.

Terrorista: Tus frustraciones, iras y estrés están llevándote a un descontrol que puede ser violento. También puede indicar que te sientes resentido, frustrado y despojado de poder, autoridad o derechos. Representa energía dirigida erróneamente que no resolverá ningún problema. Es importante enfocar tu atención dentro de ti mismo y encontrar la causa de tu sufrimiento. A través de la meditación, sanación, oración y procesos kármicos puedes dirigir tus energías hacia una expresión positiva, creativa y apropiada.

Tesoro: Existe un talento, don o destreza escondida dentro de ti. Tienes amplios talentos, habilidades y poder creativo. Guardas en tu ser interno bendiciones espirituales que aún no has identificado. La Luz del Creador está dentro de ti, disponible para ti en todo momento. Sólo necesitas estar consciente de ello.

Testamento: Este sueño indica que debes tomar el tiempo para repasar tu vida, tomar decisiones y comenzar una nueva fase. Reflexiona sobre lo que deseas lograr en tu vida y como puedes servirle a la humanidad y los demás seres vivientes.

Testículos: Símbolos de la energía cruda que impulsa el poder, la fertilidad y la sexualidad. También puede representar una fuente de creatividad que proviene de energías ásperas y que necesitan suavizarse y expresarse con amor y sutileza.

Testificar, Testigo: Estás en búsqueda de la verdad.

Tetera: Tomas algunas cosas en tu vida por sentado. Siente y expresa gratitud al Creador y a las personas que te ayudan en la vida.

Textura: Si sientes una textura en un sueño, esto te ofrece un indicio del nivel de dificultad que estás teniendo con alguna situación de tu vida. Si la textura se siente suave, esto indica que las cosas van bien, si la textura es áspera, esto indica que la situación es difícil.

Tía: Si ves una tía en tus sueños, esto puede indicar aspectos de ti misma que esta persona tiene.

Tiara: Simboliza la energía femenina, la intuición y sensibilidad. Te indica la necesidad de desarrollar aún más tus regalos espirituales como la imaginación y la conexión con las energías sutiles del universo.

Tiburón: Simboliza un peligro potente y cercano que amenaza robarte de tu energía emocional. Este sueño te advierte que no debes entrar en las aguas emocionales que tienes frente a ti en estos momentos. Si lo haces, sufrirás gran pérdida energética que te debilitará sustancialmente.

Tiempo: Estás sintiéndote presionado(a) por las responsabilidades del diario vivir. Este sueño indica ansiedad, estrés, temor.

Tienda: Tienes a tu disposición las herramientas y oportunidades necesarias para tu crecimiento. Existen dentro de ti los recursos requeridos para actualizar tu potencial en todos los aspectos de tu vida. Si sueñas con una tienda de artículos usados, esto indica que experiencias pasadas te pueden servir de ayuda en estos momentos.

Tierra: El planeta Tierra es nuestra Madre, el aspecto femenino de las fuerzas creativas. Es la matriz de todo lo viviente. Soñar con la Tierra puede significar la necesidad de arraigo, de estabilidad y sentido de seguridad. También puede indicar tu consciencia global, tu sentido de unión con todo y tu conexión espiritual con los demás seres vivientes.

Tigre: Representa poder y tu habilidad de ejercer poder en diferentes situaciones. El tigre es también símbolo de energía femenina. Por otro lado, puede simbolizar el temor que tienes a tu propia ira, emociones y sentimientos reprimidos.

Tijeras: Necesitas deshacerte de algo o alguien en tu vida. Despréndete de lo que ya no necesitas, lo que no conviene para tu evolución espiritual.

Timbre: El escuchar un timbre indica que el sueño tiene un mensaje espiritual importante y debes analizar el sueño en detalle.

Timón: Si estás al timón, tienes control sobre tus emociones y eres capaz de guiar tu vida exitosamente aún a través de situaciones difíciles. Si otra persona está al timón, le has entregado tu poder personal a otros y no estás asumiendo la responsabilidad por tu propia vida, por tus propias decisiones.

Tinta: Simboliza la expresión creativa que hay dentro de ti lista para que la utilices.

Tinte, Teñir: Intentas cambiar y en esta transformación de tu personalidad, esperas que otros te vean de manera diferente. Fíjate en el color del tinte para más información sobre el significado de este sueño.

Tintorería: Indica la necesidad de limpiar y purificar tus emociones, tu mente y tu cuerpo energético.

Tío: Soñar con un tío representa un aspecto de tu herencia familiar o de atributos generacionales que están presentes en ti.

Tiovivo, Machina, Noria: Soñar que estás en un tiovivo, noria o machina significa que estás dando vueltas y vueltas sin llegar a ningún lado. Necesitas entrar a un estado de autorreflexión para determinar adónde estás atascada en la vida. Entonces, te conviene bajarte del tiovivo y comenzar a progresar.

Tirano: El sueño indica que intentas ejercer demasiado control sobre otras personas y situaciones.

Tirar, Lanzar: Hay algo que o alguien que necesitas sacar de tu vida.

Tiro al blanco: Representa los objetivos, las metas en tu vida y cómo las ves. Si ves el tiro al blanco de manera definida, tienes una idea clara de tus metas. Si estás tirando un dardo o flecha hacia el tiro al blanco, estás viendo tu vida en movimiento hacia el logro de tus metas.

Tiroides: El sueño te alerta a una condición de salud que debes atender.

Tiza: Estás listo(a) para ampliar tus conocimientos. Por otro lado, el sueño puede indicar que hay algo que permanece ilusivo en tu vida y no lo puedes agarrar. Si hay un mensaje escrito con tiza en tu sueño, préstale atención.

Toalla: Completaste una limpieza y purificación profunda y puedes ahora descansar, sintiéndote seguro y en paz.

Toalla sanitaria: Estás perdiendo energía en los chacras, especialmente en el chacra raíz. Necesitas recibir sanación energética para balancear tus chacras y parar el drenaje de energía. Es posible que debido a esta debilidad en tu chacra raíz, experimentes escasez en asuntos materiales.

Tobillo: Este sueño indica que necesitas apoyo en tu vida. Pide ayuda. No estás sola(o).

Tocar, Palpar: Indica la necesidad de comunicar tu sentir.

Tocar a la puerta: Necesitas prestarle atención a alguna situación en tu vida. Analiza bien este mensaje ya que te muestra algo que necesita tu consideración y acción.

Tocón: Algo o alguien está impidiendo tu crecimiento, el que sigas hacia delante. Identifica este bloqueo a tu evolución y despréndete de él para que puedas crecer y florecer como un hermoso árbol.

Tofu: Símbolo de versatilidad y adaptabilidad a cualquier situación.

Toga: Simboliza serenidad y paz. El sueño puede indicar que los ángeles de Karma desean trabajar contigo para sanar situaciones de vidas pasadas que están afectando tu vida presente.

Toldo, Carpa: Símbolo de protección. También puede indicar que necesitas establecer un cambio temporero en la rutina diaria de tu vida.

Tomate: Símbolo de felicidad y armonía doméstica que disfrutas o que deseas disfrutar. Representa el vivir saludable que te es posible a través de la buena nutrición, la sencillez en tu manera de vivir, el silencio, la práctica espiritual y la apertura de tu corazón al Amor divino que está siempre disponible para ti.

Tomillo: Simboliza valor. En estos momentos tienes el valor de enfrentarte a cualquier situación.

Topacio: Simboliza la calma y armonía que te llegan a través del perdón. El perdonarte a ti misma y perdonar a otros es un escalón importante en la evolución espiritual. Al perdonar, liberas tu alma. En esa liberación tu corazón se abre y encuentras la capacidad para el amor incondicional y la compasión sin juicio.

Tora, Biblia, Corán, Vedas: Soñar con un texto sagrado simboliza tu búsqueda de la verdad y tu deseo de lograr una conexión divina. Esta conexión se encuentra en tu corazón espiritual y es ahí donde te unes al Creador Amado. Puede representar un mensaje espiritual que llega de tus guías espirituales.

Torero: Necesitas encontrar el valor que tienes dentro de ti para enfrentarte a una situación difícil.

Tormenta: Enormes cambios llegan a tu vida que requieren gran purificación y limpieza en tus cuerpos emocional, físico, mental y espiritual. Es posible que llegue un período difícil en tu vida, pero resultará en gran paz y serenidad. El sueño señala la existencia de un diluvio emocional en que muchos cambios internos están ocurriendo trayendo consigo emociones como miedo y ansiedad que antes estaban reprimidas. Este sueño indica una necesidad de limpieza y purificación a todos los niveles. Te sentirás renovado(a).

Tornado: Llegan grandes y repentinos cambios a tu vida y necesitas enfrentarte a estos cambios de manera directa. No niegues o rechaces lo que está pasando. Los cambios, por difíciles que sean, traen consigo oportunidades de crecimiento y evolución.

Tornillo: No estás viendo las pequeñas cosas que lo mantiene todo en su lugar. Cada cosa, por insignificante que parezca, tiene un impacto en la totalidad. Es por esto que nuestros pensamientos, acciones, palabras e intenciones, aún las más nimias, tienen un impacto positivo o negativo en el universo. Al mantener tus pensamientos, acciones, palabras e intenciones elevadas, te aseguras de transmitirle energías positivas al universo.

Torniquete: Estás perdiendo energía y te sientes drenado. Necesitas enfocarte en suplantar la energía perdida a través de la sanación y meditación.

Toro: Un toro simboliza terquedad, voluntad fuerte y agresiva. Es posible que estés envuelta en una situación en que necesitas llegar a un compromiso o acuerdo y para ello debes ceder un poco.

Torpedo: Este sueño indica que necesitas ser más honesto(a) en aceptar lo que estás sintiendo. Te beneficiaría enfrentarte a las situaciones en tu vida más directamente en lugar de evadir las cosas.

Torre: Simboliza el poder espiritual, un lugar de claridad y visión que existe dentro de tu corazón.

Torta, Bizcocho: Representa celebración por tus avances. Simboliza un hermoso regalo.

Tortuga: Símbolo de perseverancia, constancia y longevidad, atributos que tienes o que deseas tener. Puede indicar que estás efectuando cambios necesarios con demasiada lentitud. Hay oportunidades de avance, pero necesitas tomar el próximo paso y hacerlo con prontitud.

Tortura: Si estás siendo torturada en el sueño, esto indica que te sientes la víctima o que te sientes desesperanzado en alguna situación de tu vida. Si estás torturando a otro o eres testigo de actos de tortura, esto sugiere que estás castigándote a ti misma por tus hábitos o actos negativos. También representa sentimientos de culpabilidad. Las personas que ves torturadas y torturando son proyecciones de ti mismo.

Toser: Este sueño indica que le temes al futuro. También puede indicar que has tomado una decisión incorrecta en un asunto de importancia.

Tostadora: Tienes la habilidad de actuar con rapidez cuando es necesario. Muchas ideas fluyen por ti, pero requieren que actúes.

Tótem: Simboliza intuición e identidad espiritual. Te llega un mensaje de tu ser superior.

Trabajo: Este sueño te indica lo que necesitas hacer en este momento. También puede indicarte los siguientes pasos a seguir. Representa cómo ves tu trabajo, si lo consideras tedioso o gratificante.

Tractor: Puedes escoger lo que deseas sembrar y cosechar en tu vida, ya que tienes el poder personal necesario para lograrlo.

Traducir, Traducción: Se te hace difícil entender una situación en tu vida. Debes pedir ayuda.

Tráfico, Tránsito: Simboliza el ajetreo del diario vivir. Una congestión de tránsito significa que las cosas no están fluyendo en tu vida y te sientes atascada. Si estás dirigiendo el tránsito, esto indica que tienes la capacidad de dirigir o guiar a otros. Un cono de tráfico te indica que debes disminuir la velocidad ya que estás lidiando con alguna situación demasiado aprisa.

Tragamonedas: Cuidado con tus gastos que podrían ser excesivos. El sueño también puede indicar que necesitas distribuir tu tiempo y energías de manera más productiva. Por otro lado, el sueño puede señalar un drenaje de energía, especialmente en los chacras.

Tragar: Soñar que estás tragando algo indica que estás reprimiendo tus emociones o palabras. No te sientes capaz de expresar lo que sientes. Necesitas remover bloqueos de tu chacra de la garganta.

Traición, Traidor: Sientes inseguridad ante los compromisos que necesitas hacer. Sospechas de otros y no confías en sus motivaciones.

Traje de buzo: Cuentas con la protección y fortaleza necesarias para explorar los aspectos emocionales e internos de tu ser.

Trampa: Estás limitándote y tus propios temores te aprisionan. Creamos nuestras propias jaulas al permitir que el miedo, la duda, la inseguridad nos esclavicen. Puedes deshacerte de la trampa y retomar tu poder.

Trampolín: Representa tu habilidad para superar situaciones difíciles. Puedes lidiar con las alzas y bajas de la vida con seguridad en ti mismo.

Trance: Soñar que estás en un trance indica que necesitas tornarte hacia adentro para poder llegar a un conocimiento elevado. La mente no te llevará a un entendimiento espiritual. Sólo el corazón puede.

Tranquilizante, Sedante: Indica la necesidad de tomar el control, responsabilizarte por tu vida en lugar de depender de cosas y personas externas a ti.

Transformación: El sueño te señala que necesitas hacer un cambio grande en tu vida para poder encaminarte firmemente en tu sendero espiritual.

Transfusión: Necesitas re-energizarte ya que tus energías se han debilitado.

Transmisión: Si sueñas con una transmisión de auto, esto indica que necesitas ajustarte a alguna situación o ambiente.

Transparencia: La situación que te preocupa puede verse claramente y entenderse fácilmente si la miras desde una perspectiva amplia en lugar de una visión limitada.

Trapecio: Representa tus aspiraciones elevadas, tus ideales. También puede indicar la indecisión al oscilar de un lado a otro.

Trapo: Es hora de limpiarte de pensamientos, ideas y hábitos que están drenando tus energías.

Trasplante: Dependiendo del órgano trasplantado, el sueño te indica que en algún aspecto de tu vida necesitas comenzar de nuevo. Si, por ejemplo, el trasplante es del corazón, te convendría comenzar a escuchar tu corazón más. Si el trasplante es de un riñón, tienes gran necesidad de purificar tu vida de relaciones y situaciones tóxicas. En fin, el sueño indica que necesitas revitalizar algún aspecto de tu ser. Llegó el momento de hacer un cambio necesario en tu vida para que puedas tener un nuevo comienzo, un renacer en la Luz.

Tren: Si sueñas con una locomotora, el sueño indica que tienes en tu haber un poder enorme para lograr tus metas. Si sueñas con un tren de pasajeros, esto indica que estás llevando sobre tus hombros la carga de muchas personas, arrastrándolas de modo que llevas un peso innecesario.

Tren subterráneo: Descubres aspectos muy profundos de tu ser. Si estás abordando el tren, estás lista para tomar una nueva dirección en tu vida. Si estás cambiando de trenes, esto indica que viene un cambio en la dirección de tu vida. El desembarcar de un tren subterráneo indica que has llegado a una nueva etapa de tu vida.

Trenza: Simboliza la fortaleza espiritual que resulta de la unión del cuerpo físico y el espíritu. Esta unión y fortaleza espiritual se logran a través de una práctica espiritual basada en el Amor divino.

Triángulo: Simboliza espiritualidad, la trinidad sagrada de cuerpo, mente y espíritu. Representa la integración de los diferentes aspectos del ser que puedes lograr fácilmente a través de la meditación y sanación.

Tribu: Una situación desconocida se presenta ante ti. Con la cooperación de otros, puedes solucionarla.

Tridente: Este sueño se trata de tus emociones y la importancia de manejarlas de manera apropiada.

Trigo: Símbolo de prosperidad y abundancia. Puertas de oportunidad se abren ante ti.

Trillizos: Tres cosas nuevas llegan a tu vida. También puede indicar que necesitas armonizar los tres aspectos de tu ser: el físico, mental y espiritual.

Trinitaria: Símbolo de gran protección.

Tripas: Estás mirando o necesitas mirar la verdad de alguna situación. También puede advertirte que necesitas sanar los chacras sacro y umbilical.

Trípode: Simboliza estabilidad.

Tristeza: Enfoca tu atención en lo que tienes y no en lo que no tienes. Cuentas con bendiciones sinfín en tu vida y necesitas reconocerlas y agradecerlas.

Trituradora de papeles: Estás en negación sobre algún asunto o emoción que sientes. El sueño también puede indicar que intentas esconder algo.

Triunfar, Triunfo: Confías en tus habilidades y destrezas.

Trofeo: Simboliza un reconocimiento de todo el trabajo que haces. El mensaje es que has hecho muy buen trabajo.

Trombón: Simboliza relaciones exitosas.

Trompeta: Necesitas escuchar tu voz interna, seguir tu intuición y las directrices de tu corazón. Tu corazón siempre sabe lo que se necesita hacer. Escúchalo.

Trono: Simboliza el poder, liderazgo y autoridad. Estás en control de los diferentes aspectos de tu vida. Si el trono está vacío, esto indica que no estás dispuesta a aceptar ciertas responsabilidades.

Tropezón, Tropiezo: Algo está fuera de balance en tu vida y las cosas no están fluyendo como deseas. Puede ser una advertencia de que estás por cometer un error.

Trotadora, Caminadora, Cinta de correr: Indica que estás atascado en la misma rutina y no logras salir. Sigues dando vueltas con las mismas creencias, actitudes, ideas, pensamientos que no te permiten crecer y evolucionar.

Trucha: Simboliza buena fortuna, prosperidad.

Trueno: Este sueño es una advertencia sobre emociones reprimidas como la ira, la hostilidad y la frustración que pueden estallar de manera violenta e inapropiada.

Tsunami: Ver "Maremoto".

Tuba: Tienes un mensaje importante que necesitas expresar.

Tubería: Simboliza la transmisión de energía. Tienes la habilidad y el don divino de conectarte a niveles elevados de poder espiritual y los aspectos más profundos de tu ser.

Tubo de ensayos: El sueño te indica que estás limitándote a lo conocido, lo habitual y te beneficiaría tener experiencias más variadas para que logres una perspectiva amplia sobre la vida, tu propósito y tu misión.

Tucán: Simboliza bienestar, relajación y nuestra añoranza por retornar a nuestro hogar celestial.

Tulipanes: Simbolizan nuevos comienzos. Un cambio llega a tu vida y tienes la oportunidad de comenzar de nuevo.

Tumba: Representa la incapacidad de tomar acción. Necesitas salir del atolladero en que te encuentras utilizando la fortaleza interna y tus pensamientos creativos. También puede simbolizar el fin de algo viejo y caduco para que pueda llegar a tu vida algo nuevo.

Tumor: Representa la represión de alguna memoria, un trauma pasado o una emoción que no se ha resuelto y está creando energías negativas dentro de ti. Necesitas explorar este asunto a través de la meditación, sanación y oración para poder desprenderte de lo que estás reprimiendo.

Túnel: Exploras diferentes niveles de consciencia para llegar a un nuevo entendimiento, una nueva perspectiva y la expansión de tu ser. Tu práctica de meditación y oración te lleva a la Luz.

Turbante: Te vendría bien armonizar tus chacras del ajna y corona.

Turista: Si sueñas con un turista, esto indica que tienes la habilidad y los recursos internos necesarios para ayudar a otros. Si eres un turista en el sueño, esto indica que estás lista para explorar tu fuero interno y descubrir aspectos de ti mismo que no conocías.

Turmalina: Símbolo de protección espiritual, sanación y pureza.

Turquesa: Simboliza la sanación, paz y espiritualidad que hay dentro de ti.

Tutú: Simboliza la energía femenina que necesitas fortalecer en ti para que exista un balance entre el empuje de las energías masculinas y la intuición creativa de la energía femenina.

U

Úlcera: Algo está comiéndote por dentro. Necesitas calmar tus emociones y encontrar la paz en tu corazón.

Ultraje: Ver "Violación".

Ultrasonido: Representa una nueva vida, una nueva perspectiva.

Unicornio: Simboliza poderes místicos y una orientación hacia los planos elevados de Luz. El sueño te revela la Luz hermosa que hay en ti.

Uniforme: Representa tu deseo de pertenecer a un grupo, de ser parte de una colectividad con una meta común. También puede indicar que estás aceptando las creencias de otros sin llegar a esas creencias por reflexión propia. Necesitas pensar por ti misma(o).

Universidad: Tienes una gran oportunidad de aprender lecciones importantes para tu evolución espiritual. Estás en una etapa de expansión, de crecimiento espiritual en que adquieres un estado de consciencia más elevado.

Universo: Simboliza tu unión con el Todo. Eres un ser cósmico, ilimitado, y es importante que reconozcas la vastedad de tu ser.

Uñas: Tus defensas están en estado de alerta. ¿A qué le temes?

Uranio: Símbolo de tu potencial. Tienes el poder interno de alcanzar tus metas.

Urticaria: Ver "Salpullido".

Utensilios: Tienes la habilidad y los conocimientos necesarios para ayudar a tu prójimo.

Útero: Dependiendo del sueño, puede indicar que necesitas sanación y balance en el chacra sacro. Si el sueño es agradable, es un hermoso símbolo de creatividad y te indica que estás lista(o) para emprender un proyecto creativo.

Utopía: Símbolo de tus ideales y tus esfuerzos por llegar a la perfección de tu ser.

Uvas: Este sueño representa riqueza, prosperidad y puede simbolizar tu disposición de ofrecerle la felicidad a otros. Después de arduo trabajo, cosechas recompensas.

V

Vaca: Simboliza nutrición espiritual o emocional que llega a ti a través de la paciencia y tu disposición de seguir, paso a paso, lo que necesites para evolucionar espiritualmente. Existen hermosas reservas de ternura, compasión y generosidad dentro de ti.

Vacación: Este sueño te indica que es hora de tomarte un descanso merecido. Necesitas tomar el tiempo para recargarte y revitalizarte, saliendo de tu rutina diaria para hacer algo diferente y regenerador.

Vacío: Este sueño simboliza un vacío emocional. Careces de algo en tu vida y sientes que hay un vacío que no puedes llenar. Enfoca tu atención en amarte a ti misma(o) y a través de un sendero espiritual, traer las energías de la Luz a tu ser. El vacío que sientes se llena cuando estás consciente de la presencia del Creador en tu corazón.

Vacuna: Hay situaciones dolorosas que representan oportunidades para crecer y aprender tus lecciones. A largo plazo, estas situaciones te fortalecen y ayudan a vivir mejor. Aprovechas las experiencias pasadas para dirigirte hacia el sendero de Luz que trae el mayor bien a tu vida y la de otros.

Vagina: Simboliza apertura y receptividad espiritual, energía femenina, un sendero seguro hacia el crecimiento y desarrollo. Esto está disponible para ti si abres tu corazón.

Vainilla: Símbolo de pureza e inocencia. Una experiencia positiva llega a tu vida.

Vajilla: Tienes el potencial para lograr lo que deseas. Este sueño revela gran promesa para el futuro.

Valentía: Soñar que eres valiente indica que estás dispuesto a

enfrentarte a los aspectos de tu ser sombra que has reprimido. Al sacar a la superficie y entender estos aspectos de ti misma que rechazas, logras un entendimiento nuevo sobre tu ego y cómo éste ejerce su dominio.

Valle: Representa un punto bajo en la vida que puede señalarte la necesidad de descansar y reflexionar antes de ascender la montaña de tu vida, el ascenso hacia nuevas oportunidades y aperturas. La vida tiene alzas y bajas y cada uno de estos puntos nos ofrece oportunidades para aprender nuestras lecciones y crecer.

Válvula: Simboliza un punto de control, un mecanismo regulador de energía o presión. Fíjate si la válvula está abierta o cerrada, si está descargando presión o conteniéndola. Esto te dará una idea de la condición de tus energías y emociones.

Vampiro: Algo o alguien está succionando tus energías. Es posible que el drenaje de energía sea causado por tu propia negatividad. Pensamientos negativos, miedo, ansiedad, preocupación, todas éstas emociones te roban las energías y el poder personal. Tú eres responsable por la condición de tus energías, si bajas o elevadas. Cada momento tú escoges si vives en la negatividad o en la elevación de la Luz.

Vandalismo: Representa la ira reprimida. Es importante que te expreses de manera apropiada y constructiva.

Vapor: Existe la necesidad de lidiar con alguna situación intensa en tu vida que está por estallar.

Vaquero: Representa el aspecto masculino de tu ser que necesitas desarrollar mejor y balancear con tu aspecto femenino.

Vara: Simboliza el caminar hacia la Luz de la evolución espiritual.

Vara mágica: Simboliza el poder creativo y personal que tienes dentro de tu ser. Lo único que te limita es tu propio temor, tus propias dudas. Dale rienda suelta a tu imaginación y cambia las cosas que necesitan cambiarse en tu vida con tu poder creativo, tu poder espiritual divino.

Vara de medir, Regla: Simboliza rigidez en la personalidad. También puede indicar zozobra por no estar a la par con otros, por no dar la medida.

Vasectomía: Tienes dudas internas que no te permiten actuar.

Vasija: Ver "Pote".

Vaso: Simboliza el contenido de tu ser emocional. Si el vaso está vacío, indica que anhelas encontrar satisfacción en tu vida. Si el vaso está roto, representa ilusiones y esperanzas rotas. Si el vaso está sucio o nublado, indica que no estás viendo con claridad. Si sueñas que estás tomando de un vaso, indica que disfrutas de algún bienestar de la vida.

Vecindario: Necesitas establecer un sentido comunal y cooperativo. Te vendría bien encontrar nuevas amistades y crear nuevos lazos sociales en persona, no en las redes sociales.

Vecino: Si el vecino es amable y cortés, significa que disfrutas de tranquilidad y satisfacción en tu hogar. Si el vecino está enojado o se muestra rudo en el sueño, esto indica que sientes desilusión e insatisfacción con tu situación familiar.

Vedas, Biblia, Corán, Tora: Soñar con un texto sagrado simboliza tu búsqueda de la verdad y tu deseo de lograr una conexión divina. Esta conexión se encuentra en tu corazón espiritual y es ahí donde te unes al Creador Amado. Puede representar un mensaje espiritual que llega de tus guías espirituales.

Vegetales: Simbolizan la nutrición espiritual que se consigue a través de la meditación y oración. También representan balance y la cosecha exitosa de lo que has sembrado.

Vela: Un vela encendida representa la Luz interior, tu ser infinito que está dentro de ti y a la vez eternamente conectado al Creador Amado. Una vela apagada te advierte que no estás cumpliendo con tu potencial. Eres un ser infinito, de gran poder espiritual, y es importante que reconozcas esta verdad y cumplas con tu potencial de Luz.

Velcro: El sueño te indica que hay una situación en tu vida que se te hace difícil soltar.

Velero, Barco de vela: Representa tu ser emocional. Estás aprendiendo a navegar en el fluir de los cambios que ocurren en la vida. Si estás en control del velero, esto indica que tienes buen control de tus emociones. Si estás navegando en aguas turbias, esto significa que las cosas están difíciles pero lograrás triunfar. Si estás navegando contra el viento, estás tomando una dirección incorrecta en tu vida emocional.

Vellonera: Buscas la felicidad a través de medios temporeros o artificiales. La verdadera y duradera felicidad se encuentra en el corazón con nuestra conexión al Amor divino.

Velo, Mantilla: Simboliza algo que deseas esconder. También puede indicar que las cosas no son lo que aparentan ser y necesitas ver una situación o una persona con más claridad.

Velo de novia: Una hermosa integración o fusión está ocurriendo en lo más profundo de tu ser. Símbolo de elevado cambio espiritual.

Velocidad: Estás entrando a una situación peligrosa. Detente, decelera.

Velorio: Aunque en muchas ocasiones sufrimos cuando tenemos pérdidas, estas pérdidas nos ofrecen la oportunidad de traer cosas nuevas a nuestras vidas. A veces cosas y personas tienen que partir para que otras puedan entrar. El sueño te señala que el duelo pasará y será reemplazado por la acogida de las cosas positivas que llegan.

Venado: Simboliza la gracia, inocencia, bondad, compasión, suavidad y belleza natural. Puede indicar que alguien se esté aprovechando de esos aspectos inocentes y dulces de tu ser debido a que no has activado tu protección y poder internos.

Venas: La energía vital que recorre tu cuerpo necesita estar en armonía y balance para nutrir tu ser físico y tu espíritu. Existe un sistema circulatorio energético que trae la energía pura de la Luz hacia ti para una regeneración y purificación continua. Este fluir de energía se mantiene en óptimas condiciones cuando los chacras están armonizados y funcionando bien.

Venda: No estás viendo lo que necesitas ver y has entrado en una negación profunda. Es importante purificar y activar tu chacra del entrecejo (el ajna) para que puedas ver con claridad.

Vendaje: Necesitas recibir sanación energética. Es posible que tengas heridas emocionales que necesitan sanarse para que puedas continuar con tu vida sin cargas del pasado. Intentas ocultar tus heridas de otros. Nota en qué lugar del cuerpo tienes el vendaje. Esto te ofrecerá información adicional sobre el significado del sueño.

Vendedor, Vendedora: Estás abierta(o) a cambios, nuevas ideas y nuevas maneras de ver las cosas.

Vender: Estás pasando por cambios en tu vida pero se te hace difícil dejar ir las cosas que ya no te convienen.

Veneno: Simboliza pensamientos y emociones negativas, temor, juicio. Estos son los más grandes agentes tóxicos que necesitas eliminar de tu vida. Es importante que limpies y purifiques cualquier negatividad en tu vida.

Venganza: Indica gran desbalance, desequilibrio emocional causado por temor y falta de confianza en ti mismo(a) y en los demás y la falta de perdón.

Venta: Soñar que algo está a la venta indica que hay muchas oportunidades de progreso disponibles para ti.

Ventana: Simboliza la habilidad de ver más allá de la realidad presente. Representa una visión o percepción amplia en que tienes consciencia de las diferentes dimensiones en las cuales existimos. Este sueño te indica que tienes un potencial enorme para lograr tus aspiraciones elevadas y percepción expansiva. Si la ventana está rota, indica que tienes una visión limitada o distorsionada. Si estás lavando la ventana, esto indica que necesitas más claridad sobre algún asunto. No lo estás viendo bien.

Ventanilla de información: Buscas el conocimiento que te permita encontrar el camino que más te conviene en la vida. El sueño puede indicar que aspiras a avanzar espiritualmente

Ventrílocuo: Simboliza engaño, decepción, fraude. Existe una situación engañosa que te está afectando adversamente. Es posible que esta situación exista dentro de ti misma. Hay un aspecto de ti mismo que estás escondiendo. Por otro lado, puede indicar que estás intentando manipular o controlar a otros.

Verde: Este color simboliza crecimiento, salud y creatividad. Representa cambios positivos y esperanza, paz y serenidad. También puede señalarte que debes seguir adelante en lo que te propones.

Vergüenza, Bochorno: Te preocupas demasiado por lo que otros piensen de ti. Temes la opinión ajena y te sientes insegura(o).

Verja, Valla, Cerca: Simboliza un obstáculo que necesitas superar para poder seguir adelante. Una verja grande y sólida indica que necesitas reflexionar mucho sobre la mejor manera de resolver el asunto. Una verja pequeña o transparente representa un obstáculo menor y que no requiere tanto esfuerzo para removerlo.

Verruga: Hay algo en tu vida que ya no necesitas y debes removerlo.

Vertedero: Rechazas algunos aspectos de tu ser. Éstos existen en tu ser sombra y necesitan ser reconocidos.

Vestido: Este sueño puede indicar que estás dándole expresión a las energías femeninas dentro de ti.

Vestido de novia: Estás preparándote para un gran cambio en tu vida, entregándote al futuro con confianza, amor y fe.

Veterinario, Veterinaria: Este sueño te señala la necesidad de elevar tus instintos y tu naturaleza inconsciente para poder actuar de manera consciente en todos los aspectos de tu vida.

Viajar, Viaje: Representa el movimiento hacia la realización de tus metas y aspiraciones. Al explorar tu ser interno, te mueves hacia el crecimiento y el auto-conocimiento.

Vías: Representan el sendero de crecimiento a seguir. Te indica que necesitas quedarte en este sendero y seguirlo. (Ver "Rieles" para más información.)

Víbora: Temes que algo o alguien amenaza tu bienestar.

Vibración: Es importante que le prestes más atención a tu intuición.

Víctima: Estás siendo oprimida, subyugado, dominada por otros. Indica un sentido de impotencia y desamparo. También puede indicar que asumes el rol de mártir y se te hace difícil discriminar entre lo que puede cambiarse y lo que no puede cambiarse. Por otro lado, este sueño puede advertirte que necesitas asumir responsabilidad por lo que te pasa en la vida.

Victoria: Indica confianza en tus habilidades y destrezas.

Vida pasada: Soñar con una vida pasada señala la necesidad de hacer procesos kármicos que te ayuden a sanar estas vidas para que no continúen afectando tu vida presente.

Vidente, Médium, Psíquico: Soñar con un vidente indica un profundo deseo de conocer lo desconocido. Es posible que tengas inquietud sobre tu futuro. Si tú eres el psíquico, vidente o médium en el sueño, esto indica que estás desarrollando tu intuición.

Videojuego: Tiendes a manipular a otros para que hagan lo que deseas. También puede indicar que estás intentando escapar de tus problemas en lugar de enfrentarte a ellos.

Vidrio: Si miras a través del vidrio, indica que estás abierto a posibilidades. Por otro lado puede significar que estás colocando barreras en tu entorno. Si el vidrio está roto, simboliza algún aspecto de tu vida que está en pedazos, carente de unión. Si caminas sobre vidrio roto significa que no estás segura sobre cómo proceder. Es posible que estés pasando por dolor, angustia o estés descorazonado. Un ojo de vidrio significa que estás viendo con claridad.

Viento: Indica que viene un cambio en tu vida. Una ventolera fuerte significa un cambio grande. Un viento liviano significa un cambio pequeño o varios cambios pequeños.

Vigilar: Ver "Observar".

Vigilia: El soñar que estás en vigilia indica que esperas por la solución de una situación difícil.

Vikingo: Este sueño indica que te apodera un conflicto interno. Es posible que estés envuelta(o) en alguna confrontación indeseada.

Vinagre: Soñar con vinagre señala que sientes amargura por alguna situación en tu vida. También puede indicar que necesitas perdonarte a ti misma o perdonar a otros.

Vino: Simboliza celebración, éxito, la esencia de la vida que es una de alegría y amor. Representa elevación espiritual, la fuerza vital y divina que llevas dentro.

Viñedo: Simboliza los frutos de tu labor. Has sembrado cosas positivas y ahora disfrutas de una hermosa cosecha.

Violación: Estás perdiendo energía, permitiendo que la influencia negativa de otra persona te robe de tu poder personal y auto-estima.

Violencia: Representa ira que no has podido expresar. Indica sentimientos de culpabilidad y desamparo. También puede sugerir que estás luchando contra algún aspecto de tu propio ser. Es hora de perdonarte a ti misma(o) y liberarte de los sentimientos de culpabilidad.

Violeta: Esta flor es símbolo de espiritualidad muy elevada, purificación y sabiduría.

Violín: Simboliza la paz y armonía que hay dentro de ti. No importa cuan ocupados estén tus días, no importa lo que ocurre en tu entorno, dentro de tu ser existe siempre una profunda paz. Un violín roto representa tristeza, separación. Si estás tocando el violín, esto simboliza refinamiento espiritual y el ser reconocido(a) por tus labores y esfuerzos.

Viraje en U: Este sueño indica que estás cambiando la dirección en que ibas. Tomas un nuevo camino. Fíjate en los demás símbolos del sueños para determinar si el cambio de dirección es favorable o no.

Virgen: Simboliza pureza y potencial. Indica que hay partes de tu ser que aún no has explorado.

Virus: Este sueño indica que algo en tu vida está descontrolado. Representa un cambio desagradable que está ocurriendo en tu vida o un descontrol emocional.

Visita: Ten la intención de abrir tu corazón para recibir las bendiciones de amor que están disponibles para ti y toda la humanidad. Para disfrutar de estas bendiciones, sólo necesitas abrir el portal de tu alma, tu corazón espiritual.

Visitante: Si sueñas que alguien te visita, esto indica que noticias importantes llegan a ti pronto.

Vitaminas: Tu fuerza de voluntad necesita robustecerse para no caer en la pasividad.

Vitorear: Estás encaminándote en la dirección correcta o tomando la decisión certera. Tienes confianza en ti misma(o).

Vitral: Simboliza gran evolución espiritual e iluminación.

Vitrina: Tienes el potencial de manifestar tus aspiraciones. Hay muchas opciones positivas ante ti.

Viuda: Simboliza el fallecimiento de energías masculinas dentro de ti.

Seas hombre o mujer, debe haber un balance de energías femeninas y masculinas en ti. Necesitas absorber más energías masculinas como la fortaleza, la acción, la pasión por la vida.

Viudo: Simboliza el fallecimiento de energías femeninas dentro de ti. Seas mujer u hombre, debe haber un balance de energías femeninas y masculinas en ti. Necesitas absorber más energías femeninas como la intuición, conexión con la Tierra, la receptividad y generosidad.

Vivero, Invernadero: Representa transformación espiritual. Tu vibración está elevándose y pronto florecerá en ti un entendimiento

nuevo que cambiará por completo tu perspectiva de vida. Estarás en más unión con la naturaleza y disfrutarás de la unión con el Todo.

Voces: Si escuchas voces en tu sueño, esto señala un mensaje espiritual que necesitas escuchar. Presta atención.

Volante: Estás en control de tu vida. Sigues la dirección correcta.

Volar: Soñar que estás volando representa la libertad espiritual absoluta. Estás libre de limitaciones físicas. El sueño contiene un mensaje espiritual importante.

Volcán: Este sueño te advierte que si no logras controlar tus emociones, corres el riesgo de una erupción emocional inapropiada o descontrolada.

Volcarse: El soñar que tu barco o bote se ha volcado indica que estás evitando situaciones o emociones que encuentras incómodas. Puede también indicar temor a las emociones.

Voleibol: Este sueño indica indecisión e incapacidad de comprometerte.

Volumen: Si sueñas que estás subiendo el volumen de algo, esto indica que quieres que se preste atención a algo que quieres comunicar. Si en el sueño bajas el volumen, esto indica que hay algo que no quieres escuchar. Es posible que lo que no quieres escuchar sea la voz de tu ser superior, la voz de tu corazón.

Voluntario(a): Ofrece tu ayuda a alguien que lo necesita.

Vómito, Vomitar: Necesitas desprenderte de algo en tu vida que te está causando daño. Puede ser una situación, una relación, un trabajo o ideas, hábitos, actitudes o creencias caducas que no te convienen y atrasan tu progreso espiritual.

Votar: Representa tus opciones. En cada momento tú escoges cómo vivir tu vida, si sumergida en la negatividad o elevado hacia los planos de Luz y en unión con el Creador Amado. Es tu decisión.

Voz: Soñar que escuchas una voz indica que tus guías espirituales te están comunicando algo importante. Presta atención a este sueño.

Vudú: Representa un aspecto sombra que está muy escondido dentro de ti. Te señala que hay algo que temes que salga a la superficie y que prefieres mantener en las profundidades de la negación.

Vuelo: Ver "Avión."

W

Whiskey: Representa las cosas que utilizas para adormecer los sentidos y no vivir la vida a plenitud. Esto incluye compras innecesarias, conversaciones telefónicas, juegos, navegar en la red cibernética para pasar el tiempo, las redes sociales y las otras múltiples distracciones que existen en nuestro mundo.

Wok: Simboliza calidez y apoyo incondicional.

X

X: Si ves una equis en tu sueño, significa algo que está prohibido. Se te está impidiendo que hagas algo.

Xilófono: Representa la sintonía de tu ritmo personal con los ritmos de la naturaleza. Cuando logras vibrar al mismo ritmo de la naturaleza, se crea un estado de unión con el Todo elevándote espiritualmente.

Y

Yate: Símbolo de riqueza, lujo y placer. Puede señalar que estos son importantes para ti.

Yegua: Representa tu intuición y la fortaleza de tus energías femeninas, como la creatividad. Si la yegua es blanca, representa elevación espiritual.

Yema: La yema de huevo simboliza nueva vida, nuevas ideas y creatividad naciente.

Yerba: Simboliza el crecimiento espiritual de que eres capaz. La fortaleza espiritual que desarrolles provee una protección natural.

Yermar, Yermo: Soñar con un terreno yermo simboliza oportunidades o habilidades y destrezas que no has aprovechado permitiendo que se desperdicien.

Yerto: Estás incapacitada por tu propio temor al cambio, miedo a expresar lo que sientes o piensas. Estás estancado debido a ideas, pensamientos y creencias caducas.

Yeso: Existe una inhibición que no te permite actuar. Pide guía a través de la oración y meditación para identificar lo que te está paralizando. Es hora de actuar.

Yin-Yang: Este símbolo oriental representa la unión en la dualidad. El principio femenino es el Yin que simboliza energías femeninas como la creatividad, energías emocionales, intuición, el mundo natural, receptividad, y el subconsciente. El Yang representa energías masculinas como lo racional, la fortaleza, la acción y el empuje. Es importante lograr un balance entre estos dos elementos vitales del universo.

Yodo: Estás contaminándote con energías negativas ajenas. Necesitas efectuar una limpieza y purificación profunda, desprendiéndote de personas que traen negatividad a tu vida.

Yoga: Representa la integración, la armonía y la unidad de los diferentes aspectos del ser.

Yogui: Simboliza los guías espirituales que tienes disponibles en cada momento.

Yogurt: El sueño te indica que necesitas tomar mejor control de los hábitos en tu vida para tu bienestar físico.

Yola: Simboliza tu estado emocional. Si estás remando, esto indica que tienes bajo control tu vida emocional. Si estás a la deriva, no tienes control de tus emociones. Si hay turbulencia en el agua, tus emociones están descontroladas. Si el agua está calmada, disfrutas de la paz emocional.

Yoyo: Representa las altas y bajas de la vida. Necesitas encontrar balance en tu vida emocional y dejar de fluctuar entre un estado emocional elevado y uno bajo.

Yudo: Este sueño te señala la necesidad de dirigir tus energías de manera apropiada, concentrándote en tus metas.

Yugo: Estás atada(o) a alguna creencia o actitud, situación o persona que se ha convertido en una gran carga emocional y mental.

Yugular: Representa un obstáculo que no te permite expresar tu verdad, probablemente causado por un bloqueo en el chacra de la garganta.

Yunque: Te mantienes firme y paciente, aún en la adversidad.

Z

Zabila: Este sueño te señala que necesitas de un bálsamo de sanación y descanso.

Zafacón, Basurero: Te beneficiaría descartar lo innecesario de tu vida que trae negatividad y atraso.

Zafiro: Simboliza la divinidad, la gloria y la protección espiritual que hay dentro de ti.

Zambullir: Estás intentando llegar al fondo de algún problema o situación. También puede representar tu exploración de tu ser interno.

Zanahoria: Ver una zanahoria en tu sueño simboliza la claridad en ver las cosas como son, no como quisieras que fueran. Si comes una zanahoria en el sueño, esto indica que te será de beneficio consumir vegetales que contienen vitaminas esenciales.

Zancos: Indica sentido de inseguridad e inestabilidad en una situación o relación. También puede indicar que estás esforzándote por alcanzar un balance entre los diferentes aspectos de tu vida.

Zanja: Hay algo que necesitas evitar.

Zapatero: El sueño te sugiere atender a aquellas cosas que necesitan tu atención. Para de posponer lo que necesitas hacer. Tú sabes lo que es.

Zapatillas de ballet: Necesitas enfrentarte a la situación que tienes con cuidado y atención a los detalles. Sólo así puedes tomar la decisión correcta.

Zapatos: Simbolizan arraigamiento y representan las protecciones que tienes en tu andar por la vida. Un hueco en el zapato te alerta a la necesidad de arraigarte. También puede indicar desbalance en el chacra raíz.

Zarcillos, Aretes, Pantallas: Es muy importante que en estos momentos escuches tu voz interior, las directrices de tu corazón. Te está llegando un mensaje espiritual importante. Escucha.

Zarpa, Zarpazo: Representa hostilidad, celos y sentido de vulnerabilidad. Sientes la necesidad de defenderte.

Zarzal: Te sientes atrapada(o) en una relación o en una situación emocionalmente cargada.

Zigzaguear: Simboliza indecisión y la necesidad de tomar una decisión y, una vez tomada, de actuar.

Zinc: Habrá gran progreso en tus objetivos profesionales.

Zinnia: Simboliza regocijo, amistad y bienestar.

Zombi: Soñar con un zombi indica que estás física o emocionalmente distante de otras personas o situaciones. Señala una insensibilidad profunda en la que no te permites sentir emociones. Este bloqueo emocional te impide disfrutar de la energía vital de la vida. Necesitas aprender a amarte a ti misma y, a través de este amor, volver a sentir. Logras esto despertando y abriendo tu corazón al Amor del Creador.

Zoológico: Este sueño sugiere que sientes que has perdido tu libertad personal. Te sientes enjaulado(a).

Zorro: Simboliza la astucia y la manipulación y puede representar una persona engañosa o furtiva.

Zumbar, Zumbido: Este sueño es un aviso de que algo en tu vida necesita atención inmediata.

Zumo: Representa la buena salud, vigor y energía que puedes disfrutar al practicar un vivir sano, sencillo y espiritual.

La autora

Desde que sostuvo una transformación espiritual hace muchos años, Alba se desempeña como maestra y consejera espiritual, recibiendo visiones místicas frecuentes relacionadas a los planos elevados de Luz. Recibió el Sendero Paramita, un sistema de sanación y desarrollo espiritual conducente a la iluminación, como resultado de una experiencia mística profunda. Desde entonces se dedica a transmitir las enseñanzas del Sendero Paramita internacionalmente. Alba es la autora de *Los siete pilares de la evolución espiritual, Tu espacio sagrado, Un sendero de Luz* y *Tu botica sagrada* publicados por Paramita Press.

Para información más detallada sobre el Sendero Paramita, favor de visitarnos en:

www.senderoparamita.org

Printed in the United States
By Bookmasters